태클

TALENT | **A**TTITUDE | **C**HALLENGE | **K**NOWLEDGE | **L**UCK | **E**FFORTS

TACKLE

태클
TACKLE

초판 1쇄 발행 2014년 12월 13일

지은이 김홍기
펴낸이 배충현
편집장 양기석 **디자인** 이경선, 주세은
일러스트 우승용, 김도훈 **진행** 조문태
저자 사진 박병혁 **독자교정단** 박종욱, 김양현

펴낸곳 갈라북스
출판등록 2011년 9월 19일(제25100-2011-260호)
주소 서울시 마포구 성산동 294-4 두일빌딩 301호
전화 (02)715-9102 **팩스** (02)325-9102
블로그 http://galabooks.blog.me
전자우편 galabooks@naver.com

ⓒ 김홍기 2014
ISBN 978-89-969165-7-4 03320

「이 도서의 국립중앙도서관 출판예정도서목록(CIP)은 서지정보유통지원시스템
홈페이지(http://seoji.nl.go.kr)와 국가자료공동목록시스템(http://www.nl.go.kr/kolisnet)에서
이용하실 수 있습니다.(CIP제어번호: CIP2014032312)」

* 갈라북스는 (주)아이디어스토리지의 출판브랜드입니다.
** 값은 뒤표지에 있습니다.

태클

TALENT | ATTITUDE | CHALLENGE | KNOWLEDGE | LUCK | EFFORTS

TACKLE

김홍기 지음

갈라북스

이길 수 있는 방법을 찾아 싸움에 임하라.
그리고 성공과 행복을 만끽하라.

다윗과 골리앗 이야기를 아는가? 다윗은 약자를 대표하며, 골리앗은 절대적 강자를 대표한다. 널리 알려진 이 이야기는 약자라고 해서 항상 패배하는 것이 아니며, 영원한 강자는 없다는 것이 일반적 교훈이다. 그러나 다윗과 골리앗의 싸움을 한 꺼풀 벗기면 다윗의 승리요인을 알 수 있다. 다윗이 승리한 이유는 게임의 규칙을 따르지 않았기 때문이다. 당시 싸움에서 게임의 규칙은 검투사와 검투사의 결투를 전제로 한다.

어리고 체격이 작은 다윗에게 무거운 투구와 갑옷을 입히고 큰 칼을 들게 하며 돌팔매를 못하게 규칙을 정했다면 다윗은 이기지 못했을 것이다. 그러나 다윗은 본인에게 패배가 결정지어진 게임의 규칙을 스스로 거부했다. 그는 돌팔매질을 하기 위해 오히려 몸을 가벼이 하고 싸움에 임하였고 완력이 강한 사람이 절대적으로 유리한 칼과 칼의 대결이 아닌 자신에게 유리한 원거리 전으로 싸움을 이끌어 마침내 승리한다.

미국의 애니메이션 『톰과 제리 Tom & Jerry』를 보면 작지만 꾀 많고 영리한 쥐인 제리는 덩치 큰 고양이인 톰과의 싸움에서 매번 이긴다. 톰은 항상 제리가 좋아하는 치즈나 음식 등으로 제리를 유혹하는 뻔한 방법으로 공격을 하는데 제리는 이 수를 간파해 자기에게 유리한 상황으로 반전시킨다. 여러분도 이와 같이 하라. 패배가 뻔히 보이는 싸움에 무작정 본인을 던지지 마라. 이길 수 있는 방법을 찾아 싸움에 임하라. 그리고 성공과 행복을 만끽하라.

 필자는 여러분에게 '성공과 행복에 이르기 위한 원칙'을 전하려 한다. 자수성가한 사람들의 '식상한 자기 자랑 스토리'가 아닐까 걱정할 필요없다. 다윗처럼 제리처럼 이순신 장군처럼 '어떻게 열악한 환경을 딛고 승리할 것이냐'에 대한 이야기다. 필자는 스펙 Spec 이나 스토리 Story 보다는 역량 Competences 을 키우라고 할 것이다. 능력 Capabilities 과 역량은 다른 것이라고도 얘기할 것이다.

'공부 잘하는 것이 적성이라면 못하는 것도 적성'이라고도 말할 것이다. 만약 당신이 공부를 못한다면 필자는 당신에게 '복싱을 하지 말고 이종격투기를 하라'고 이상한 조언도 할 것이다. 아니 공부를 못하면 사업을 하라고 하던가, 운동을 하라고 하던가 해야지 이게 무슨 뚱딴지같은 소린가 의아하기도 할 것이다. 본문에서 살펴보겠지만, 어찌되었건 당신이 '공부적성이 아닌 사람'이라면 '공부적성인 사람들'과 게임의 규칙이 정해진 장에서 경쟁하려 들지 마라. 백전백패일 것이다. 자신이 유리한 장에서 경쟁을 해야 이길 가능성이 큰 건 당연하다.

 만약 오늘보다 나은 내일을 원한다면 여러분은 지금 그 자리에 그대로 있어서는 안 된다. 성공과 행복에 이르는 길은 마치 축구 경기에서의 태클이, 과감히 상대 선수에게 몸을 던져 공을 빼앗아 결국 상대편 골문에 골을 넣는 것처럼 여러분 앞에 놓인 모든 장애물과 기회에 과감히 태클하는데 있다.

● 태클 = 도전

흔히 사람들이 "태클 걸지 말라"고 한다. 여기에서 '태클=딴지'다. 즉 "딴지 걸지 말라"는 것이다. 사사건건 간섭하고 딴지 거는 못된 사람들이 있기 때문일 게다. 하지만 여러분은 태클하라. 필자가 말하는 태클은 적극적으로 도전하는 것이다. '태클=도전'을 뜻한다. 남의 것을 빼앗으라는 것이 아니라 '승리를 위해 과감히 도전'하라는 것이다. 몸을 움츠려 수비하는데 급급한 게 아니라 주체적, 능동적, 적극적으로 내 삶의 주인공으로 나서는 것이다.

필자가 말하는 태클은 축구 경기에서 말하는 태클이 아니다. 축구경기에서의 태클은 상대방의 공을 빼앗아 '내가 득점하면 상대가 실점'하는 게임이다. '나의 기쁨이 곧 너의 슬픔'인 제로섬 게임이다. 이러한 태클은 '나밖에 모르는 태클'이다. 이렇다보니 2014 월드컵 경기에서 콜롬비아 수니가의 무자비한 태클이 브라질의 네이마르를 척추골절에 이르게 했듯 수단과 방법을 가리지 않는 무자비한 태클이 난무하기도 한다. 이러한 태클은 '지금 당장, 내가 이겨야만 하는' 편협하고 치졸한 태클이라 아니할 수 없다.

필자가 말하는 태클은 '함께 더불어 성공하고 행복할 수 있는' 위대한 태클=도전이다. 나의 입신양명만 생각하는 편협하고 초라한 태클이 아니라 이웃과 함께 건강하고 행복하게 오래오래 잘 살 수 있는 위대한 도전을 뜻한다. 그래서 앞으로 '초라한 태클은 소문자 tackle', '위대한 태클은 대문자 TACKLE'로 부르려고 한다.

여러분의 삶은 그 누구도 대신 살아 줄 수 없다. 남의 일과 삶에 딴지 걸지 말고, 여러분의 삶에 도전하라! 남의 일과 삶에 찌질하게 'tackle' 걸지 말고 여러분의 삶에 위대하게 'TACKLE' 하라! 남이 거는 tackle에 주눅 들고 넘어지지 말고 여러분의 인생길로 팡파레를 울리며 진군하라!

"남들과 다른 생각을 가지고 있는 것, 혹은 다른 길을 가고 있는 것이 두려운가? 남들과 다른 생각을 하는 것, 다른 길을 가는 것을 오히려 축복이라고 생각하라. 그런 사람은 자신이 삶의 주인이 되는 특별하고도 위대한 삶을 살게 될 가능성이 높은 사람이다. 다르게 생각하고 다르게 행동하라. 세상을 지배하는 사람은 같은 생각을 하는 다수가 아니라 다른 생각을 하는 소수다."_ 영국 최초의 여성 총리이자 '철의 여왕'으로 불리던 마거릿 대처(Margaret Thatcher)

도전을 특별한 기회에만 국한하지 마라. '해외 자원봉사단에 도전해볼까?' '행정고시에 도전해볼까?' 등 특별한 기회와 인생의 일시적 시점에 도전하는 것으로 도전을 좁혀서는 안 된다. 여러분의 인생을 걸고 '매 순간순간, 그리고 인생 전체에 이르기까지 전 과정'에 도전하는 것이다. 여러분이 가고자 하는 미래가 바로 비전 Vision 이다. 그리고 그 미래로 가기 위해 현재 해야 하는 일이 미션 Mission 이다. 도전을 '매순간 그리고 인생 전체'로 놓고 보면 비전과 미션이 명확해진다. 목표가 생기고 해야 할 일이 생기며 가슴이 뜨겁게 설레게 된다.

성공과 행복은 도전을 통해 이뤄질 수 있다. 정확히 표현하면 도전을 통해 그 단초가 시작될 수 있다. 그 기회가 마련될 수 있다. 하지만 도전은 성공과 행복에 이르는 필요조건일 뿐 충분조건이 아니라는데 인생과 사업의 어려움이 있다. 사람들이 원하는 재산, 명예, 권력 등은 대체로 희소하기에 경쟁을 놓고 다투는 양상이 벌어진다. 도전을 않고 사과나무 아래서 사과가 떨어지기만을 기다려서야 사과를 딸 수 없는 건 당연하다. 하지만 도전을 한다고 해서 그 사과가 내 것이 된다는 보장은 없다.

예를 들어, 누군가 부자로 살기를 원한다고 하자. 그래서 창업을 해서 사업에서의 성공을 기대한다고 가정하자. 그래서 창업을 했다. 즉 도전을 했다. 이 사람이 지금은 빈곤하지만 보다 나은 내일, 즉 부자로 사는 모습을 기대하고 변화하기로 했다. 변화를 위해 도전했다. 그렇다면 필자의 주장대로 성공과 행복의 단초를 마련한 것이다.

이 사람은 어떻게 해야 마침내 성공과 행복을 얻을 수 있을까? 바로 이 질문에 대한 해답이 필자가 이 책을 통해 얘기하고 싶은 핵심이다.

어떤 대학생이 취업을 하고자 한다고 치자. 이 학생은 어떻게 해야 단순히 취업에 성공하는 것 뿐 아니라, 인생 전체를 놓고 성공과 행복에의 길로 갈 수 있을까?

첫 번째 해답은 남이 갖지 못한 '자원 Resources 과 역량 Competences '을 갖는 것이다.

두 번째 해답은 뜨는 시장 Emerging Markets , 뜨는 분야로 가는 것이다.

세 번째 해답은 자신을 둘러싼 사회제도와 문제에 관심을 갖는 것이다.

사업으로 성공하기 원하는 직장인이나, 베이비부머 그리고 대학생과 취업 준비생 모두에게 공통적으로 적용된다.

이 세상 누구라도 성공하길 원할 것이다. 행복하길 원할 것이다. 몸 아픈 데 없이 건강하고 정신 고단하고 복잡하지 않고 남 보다 경제적으로도 좀 더 풍요롭기를 소망할 것이다. 누군들 남보다 비천한 삶을 살기 원하겠는가? 자신도 자신이지만 무릇 부모라면 자기 자식 더 잘 먹이고, 잘 입히고, 잘 가르치고 싶은 욕심이드는 게 인지상정일 것이다. 한번 사는 인생, 본때 있게 보란 듯 잘 살고 싶은 게 당연지사 아니겠는가?

"인생에 주어진 의무는 없네. 그저 행복 하라는 한 가지 의무뿐. 우리는 행복하기 위해 세상에 왔지."_ 헤르만 헤세(Hermann Hesse)

그러나 현실을 바라보면 누군가는 건강하고 하는 일 마다 술술 풀리고 설혹 어려운 일이 닥쳐도 금방 지나가고 회복된다. 반면 누군가는 하는 일마다 족족 꼬이고 나이 들수록 더욱 고단하고 비참한 지경에 처하기도 한다. 어찌 보면 세상은 공평하지 못한 듯하다. 도대체 왜 그럴까? 도대체 무엇이 그들의 성공과 행복을 갈라놓았을까?

성공과 행복의 비결은 무엇일까? 과연 성공에 이르는 왕도는 있는가? 그리고 '인생은 해석'이라고 해서, 행복은 우리 마음먹기에 달렸고 그래서 늘 욕심을 줄이고 매순간 만족하고 자족하는데 행복이 있는 것인가?

세계 최고 부자 중 한 사람인 워런 버핏은 "자신이 좋아하는 일을 해서 원하는 것을 얻으면 그것이 바로 성공이고 얻은 것에 만족하면 그것이 바로 행복"이라고 말했다. 이에 비해 알베르트 슈바이처 Albert Schweitzer 의 성공열쇠는 바로 '나만 행복할 수는 없어'에 있다. 그는 고난과 질병으로 고통받던 아프리카 원주민들에게 주치의가 되어주었다. 자신이 좋아하는 일을 해서 원하는 것을 얻고, 이를 세상에 베푸는 것이 진정한 행복이라고 삶을 통해 보여주었다.

● 내가 추구하는 도전

필자는 '2012년을 빛낸 도전한국인 10인'으로 선정되었다. 수상 차례를 기다리며 잠시 눈을 감았다. 지난 세월이 주마등처럼 스쳐갔다. 다른 아이들은 부모의 손을 잡고 초등학교 입학식에 왔다. 필자는 혼자였다. 어머니는 행상을 하러 가셨다. 초등학교에 혼자 입학하고 혼자 졸업했다. 모두 떠난 졸업식장. 운동장 스탠드에 앉아 가난한 집에 태어난 게 슬퍼 눈물이 왈칵 쏟아졌다.

주먹을 불끈 쥐고 반드시 성공하겠다고 결심했다.

중학교 시절 친구들은 교실에서 수업하는데 나는 학사금 가져오라는 담임 선생의 윽박에 쫓겨 집에 가는 서글픈 신세. 집에 가봐야 없는 돈이 생겨나겠는가? 그래도 터벅터벅 집 근처까지 갔다가 다시 학교로 돌아간다. 까만 교복을 입은 축 처진 어깨의 나의 뒷모습을 50대의 내가 바라보고 있었다. 아버지의 연세가 많으시다 보니, 고등학교 1학년 때는 대학진학을 빨리 하려고 부모님 몰래 검정고시학원에 다녔다. 1등을 하면 학비가 전액 면제이기에 항상 1등을 해야만 했다. 몇 개월간 고교 3학년 전 과정을 배웠지만 다시 학교로 돌아가야 했다.

잘 한 일, 아쉬운 일, 못한 일들이 꼬리에 꼬리를 물고 떠올라 눈을 떠야 비로소 상념이 떠날 판이었다. 상을 받는다는 기쁨과 누군가 나의 노고와 실적을 인정해준다는 기쁨의 감정 보다는 나의 지난 날을 반성하고 미래를 설계하고 그 꿈을 반드시 이루고야 말겠다고 다짐하는 자리였다. 수상은 내게 큰 의미로 남았다. 인생 50대에 부부간에 사랑하고 자식들 우애있고 가족이 화목하지만, 인간은 무릇 도전해야 한다고 믿음을 다잡았다.

● 건행오잘

필자는 생각, 태도와 행동을 바꾸면 누구나 '건강하고 행복하게 오래오래 잘' '건행오잘' 살 수 있다고 믿는다. 세상은 살만하다. 남 탓할 필요 없다. 누구나 자신의 인생을 주도적으로 살면 된다. 당신이 성공하고 행복하길 원한다면, 다른 사람도 그렇다는 사실을 확실하게 인정하라. 그리하면, 첫째 당신 스스로 부단히 노력하게 된다. 남과의 경쟁에서 이겨야만 할지 모르니까. 둘째 남의 성공과 행복도 소망하고 축복해주게 된다.

만일 당신이 진정 인생에서 성공하고 싶다면 삶에 대한 당신의 접근방식을 바꿔야 할지 모른다. 안주하지 마라. 현재의 안전하고 편안한 삶에 머무른다면 결코 당신 잠재력의 단편도 써먹지 못할 것이다. 비록 당신이 알진 못하지만 당신이 이미 갖고 있는 근육을 강화할 저항을 제공하지 못하기 때문이다.

당신의 인생 전 과정을 도전으로 만들 필요는 없다. 때때로 다음 단계로 넘어가기 위한 과정에만 도전을 해도 나름 성공한 인생을 만들 수 있다. 하지만 인생 전체를 놓고 도전의 그림을 그려야만 한다. 당신이 더 많이 도전하고 성공할수록 다음번에 그것을 다시 할 때 당신의 자신감과 능력이 더욱 커진다. 도전은 단지 기술과 지식을 배우게 돕는 것이 아니라 당신이 할 수 있다는 신념과 믿음을 자라게 한다. 도전하라! 도전은 청춘의 특권이다.

_ 김홍기

차 례

PART III 플러스 섬 Plus Sum

황금비가 들어 있는
시어핀스키 Sierpinski
정오각형 별

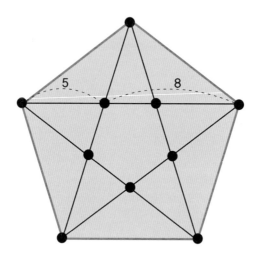

그리스의 수학자인 피타고라스 Pythagoras 는 만물의 근원을 수로 보고, 세상 모든 일을 수와 관련짓기를 좋아했다. 그는 인간이 생각하는 가장 아름다운 비로 황금비를 생각했고, 황금비가 들어 있는 정오각형 모양의 별을 피타고라스학파의 상징으로 삼았다. 앞의 위 그림 정오각형별에서 짧은 변과 긴 변의 길이의 비는 5 : 8이다. 이때, 짧은 변을 1로 하면, 5 : 8은 1 : 1.6이 된다. 이것이 바로 황금비이다. 피타고라스학파는 정오각형의 각 대각선은 서로를 황금비로 나누면서 가운데 작은 정오각형을 만든다는 신비한 사실을 발견했다.

고대 그리스에서는 아름다움의 본질을 비례와 질서 그리고 조화라고 생각했고 이 황금비를 가장 안정감 있고 균형있는 비율로 여겼다. 그래서 그리스 시대에는 작은 술잔에서부터 신전에 이르기까지 황금비에 딱 들어맞도록 만들었다.

앞의 아래 그림은 황금비가 담긴 시어핀스키 삼각형과 시어핀스키 오각형을 프랙탈 Fractal 구조에 맞춰 도형화한 것이다. C Challenge, 도전를 마치 우주의 중심에 놓인 것처럼 황금비 오각형의 중심에 두고 T, A, K, L, E 등 태클의 각 요소를 실천해 나가다 보면 아름다움에 이를 수 있음을 표상했다. 성공과 행복은 어느 특정 요소 예 : 타고난 좋은 환경과 재능 에 치우치지 않는 다섯 가지 요소간의 균형과 조화 속에 있음을 보여주려 했다. 또한 태클의 각 요소를 한 번에 이룰 수는 없지만 작은 삼각형들이 모여 큰 삼각형을 이루듯이 작은 목표들을 꾸준히 달성해 가다보면 큰 비전 Vision 에 이를 수 있음을 표현했다.

01
PART

도전을 통한
경쟁우위 확보

TACKLE

CHALLENGE:
도전하라!

인생은 도전: 기회를 얻으려면 도전하라

"백화점에 수천 가지 물건이 있어도 팔지 않는 게 있어요. 행복과 건강입니다. 행복과 건강은 자기가 만들어야 할 제품이거든요. 우리 스스로가 공장장이요, 기술자들입니다. 행복과 건강 만드는 일을 중단하고 파업을 하고 있는 멍청이들이 늘어갑니다." 뽀빠이 이상용이 도전의 중요성에 대해 한 말이다.

누구나 성공하고 행복한 삶을 원한다. 오늘 보다 나은 내일을 원하는가? 그렇다면 도전을 해야 한다. 변화를 원한다면 도전해야 한다. 사람은 도전을 통해 변화를 만들어 낼 수 있다. 도전의 중요성이 바로 여기에 있다. 오늘의 선택과 도전으로 내일의 나를 만들게 된다.

미국 남서부에 물고기를 잡아 통조림으로 가공하며 생계를 이어가고 있는 마을이 있었다. 그러던 어느 날 갈매기들이 떼죽음을 당했고 마을은 큰 충격을 받았다. 바닷물이 오염되어 그런 것이라면 통조림을 만들어 파는 일에 어려움이 생길 것이기 때문이다. 마을 사람들은 원인을 밝히기 위해 전문가들로 조사팀을 구성했지만 끝내 밝혀내지 못했다. 다만 갈매기의 죽음이 바닷물 오염 때문만은 아니라는 사실만 확인한 채 조사를 끝냈다. 시간이 지날수록 떼죽음을 당하는 갈매기들이 점점 늘어만 갔다. 그러자 한 학자가 이 문제를 집중적으로 연구했고 진짜 이유가 밝혀졌다.

이 마을은 물고기의 살이 많은 부분은 통조림으로 가공하고 머리와 꼬리 등 쓸모없는 부분은 바다에 버려왔다. 그리고 갈매기들은 사람들이 버린 것들을 배부르게 먹으며 편히 살아왔다. 그러나 마을 사람들은 이를 다시 가공하면 가축용 사료로 팔수 있다는 사실을 알게 되었고 더 이상 바다에 버리지 않게 됐다. 문제는 갈매기였다. 그동안 힘들여 먹이를 구하지 않아도 되었던 갈매기들은 물고기를 잡는 방법마저 잊어버렸던 것이다.

마을 사람들이 더 이상 물고기 머리를 버리지 않는데도 갈매기들은 스스로 먹이를 구할 생각을 하지 않았다. 사람들이 던지는 먹이만 기다리다 결국 굶어죽은 것이다. 갈매기들이 죽은 이유는 바로 '목숨과 맞바꾼 게으름'이었다.

우리 주변에는 현실에만 안주하며 고기 잡는 방법을 거부한 채 기득권만을 지키려 하는 사례가 많다. 고기 잡는 방법을 잊어버린 갈매기와 다를 바가 없다. 변화에 재빨리 적응하지 못하면 사람이든, 짐승이든 도태되기 마련이다. 참으로 안타까운 일이다. 빌 게이츠는 "나는 힘이 센 강자도 두뇌가 뛰어난 천재도 아니다. 나는 날마다 새롭게 변했을 뿐이다. 그것이 나의 성공비결"이라며 변화의 중요성을 강조했다.

'등용문'이 성공한 사람들을 비유하는 말이라는 것은 누구나 알고 있을 것이다. 그러나 등용문이라는 것은 '재능을 어떻게 개발하느냐'에 따른 끊임없는 도전의 상징이다.

중국 황하 상류에는 사기의 저자인 사마천의 무덤이 있다. 이곳 현재 섬서성 한성시 남쪽 의 동쪽은 황하가 사납게 흐르고 북쪽에는 용문산이 자리 잡고 있다. 바로 황하가 흐르는 곳에 협곡이 있다. 이 협곡을 용문 龍門 이라 하며, 일명 하진 河津 이라고도 부른다. 이 근처는 물의 흐름이 아주 빨라서 이곳을 대어 大魚 들도 잘 거슬러 오르지 못한다고 한다. 그런데 급류를 타고 오르는 물고기는 이곳을 오른 후 용으로 변한다고 전해져 온다. 바로 이곳의 용문을 오르면 용이 된다는 전설이 담겨 있다.

이 용문에는 많은 물고기들이 용이 되기 위해 거슬러 오르기를 거듭 노력한다. 어떤 물고기는 오자마자 물의 흐름에 놀라 포기하기도 하고, 어떤 물고기는 몇 번 도전하다가 포기하기도 한다. 그러나 끈질긴 도전과 노력의 결과로 성공하여 용이 되는 물고기도 있다. 따라서 등용문 용문으로 오르다. 이란 '난관을 돌파하여 목적을 달성하고 약진의 발판이 되는 것'을 의미한다.

이와 대립되는 용어로 점액 點額 이란 것이 있다. 액 額 이란 이마를 말하며 점 點 은 '상처를 입히다'라는 의미가 있다. 급류를 오르던 물고기가 떨어져 근처의 바위에 부딪쳐서 정신을 잃고 이마에 상처를 입어 다시 하류로 전락한데서 생겨난 말로 '쉽게 포기하는 것'을 의미한다.

젊음은 도전을 두렵지 않게 한다. 자신의 적성과 특기를 신장시키기 위해서는 용문을 오르기 위한 물고기의 끊임없는 노력과 같이 도전하는 정신이 무엇보다 필요하다. 바로 청년에게는 자신의 문제에 대해 도전하려는 확고한 정신이 필요하다는 것이다. 이 세상에는 한 번의 도전으로 이루어지는 일은 아무것도 없다.

자신의 재능을 갈고 닦지 않으면 한낱 땅 속에 파묻혀 있는 돌에 지나지 않는다. 옥도 갈고 닦지 않으면 보석이 될 수 없다. 끊임없이 갈고 닦을 때 비로소 보석이 될 수 있다. 젊음의 장점은 실패를 두려워하지 않는다는 점에 있다. 자신의 적성계발을 위해 끊임없이 도전하고 노력하는 태도가 필요하다. 한 번에 이루어지는 꿈은 없다. 젊은이의 인생 기초에는 '도전'이란 단어가 필요하다.

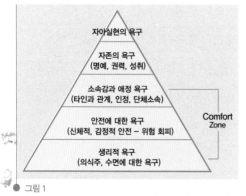

그림 1
컴포트 존(Comfort Zone)과 매슬로우(Maslow)의 5단계 욕구 이론

매슬로우의 5단계 욕구 이론에 따르면 사람들은 하위 단계의 욕구가 만족되어야 상위 단계의 욕구가 나타난다. 욕구 피라미드의 하단에 위치한 3개 층은 가장 근본적이고 핵심적인 욕구로 충분히 충족되지 않

거나 부족할 경우 문제를 일으
킬 수 있다. 이러한 기본적인
욕구가 충족되고 나서야 사람
들은 상위 단계의 욕구에 대한
강한 열망을 가지게 된다.

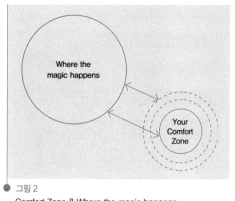

욕구 피라미드의 하단 3개
층인 생리 · 안전 · 소속에 대
한 욕구는 컴포트 존Comfort Zone 이다. 하단 3계층에 대한 욕구가 모두
해소되었다면, 자존존경 의 욕구와 열망이 생긴다. 그러나 우리가 욕구를
가진다는 사실은 그것을 성취하기 위한 노력도 병행한다는 것을 전제로
한다. 단순히 욕구만 가지고 있다고 그 욕구가 해소되지는 않는다는 의미
다.

하위 3단계에 대한 욕구가 충족되면 사람들은 그 상위 단계에 대한 욕
구는 생기지만 노력은 하지 않으려는 경향을 보이게 된다. 생리 · 안전 ·
소속에 대한 욕구가 만족 된다면 자신만의 컴포트 존에 갇혀서 외부로 도
전하려는 의지를 잃게 된다.

어항 속 물고기들처럼, 현재 살고 있는 어항이 안전하다고 생각을 하기
때문이다. 그러나 여기에 바로 성공과 행복의 비밀이 숨어있다. 우리가 본
인이 속한 어항을 박차고 다른 어항으로 이동하는 '도전'을 할 때에 우리는
전혀 경험하지 못했던 마법 Magic 을 보게 된다. '도전'을 통해서 우리가 그
토록 원하고 바라던 존경에 대한 욕구를 해소할 수 있게 되며, 그보다 더

● 그림 3
도전하는 물고기

상위 단계의 욕구인 자아실현에 대한 욕구가 발현되어 우리는 세상에 태어난 본인의 존재의의를 달성하게 된다. 하지만 무작정 도전하는 것은 무모하다. 예를 들면 눈앞의 취업을 위해 스펙 쌓기에 급급한 것은 장기적으로 볼 때 노력만큼 좋은 결과를 거두기 어렵다.

  김용 세계은행 총재의 어머니는 어린 김용에게 '위대한 것'에 도전하라고 했다. 이것이 무엇을 뜻하는가? 세계은행 총재와 같은 왠지 높아 보이는 지위가 김용의 어머니가 얘기한 '위대한 것'인가? 무언가 도전할 때 거기에는 비전 Vision · 미션 Mission · 골 Goal 그리고 철학과 전략이 있어야 한다.

비전 · 미션 · 골

● 도전의 비전(Vision)

  먼저 비전이 서 있어야 한다. 비전은 가고자 하는 곳이다. 영어권 나라에서 택시를 타면 택시기사가 묻는다. "Where to?" 즉, "어디 가느냐?"고 묻는다. Where are you going? 이라는 질문에 대한 답변이 바로 비전이다. "Where to?"에서 영어의 전치사 'to'가 미래 · 목적 · 방향을 나타내듯 비전은 미래 · 목적지 · 방향을 나타내준다. 비록 눈앞에 입시 · 취업 · 승진이라는 숙제가 닥쳐있어도 인생의 목적은 성공과 행복이다. 바로 눈앞, 즉 목전 目前 의 것이 목적 目的 은 아니다. 그렇다면 인생의 방향과 목적은 어떠해야 할까?

비전이라는 것은 '앞을 내다보고 미래를 구상하면서 인생을 설계하는 것'이다. 누구나 자기 인생에 대한 비전과 생각을 가지고 있다. 그러나 이 것을 명시적으로 가지고 있는 경우와 암묵적으로 가지고 있는 경우는 다르다. 암묵적으로는 누구나 자기의 인생설계를 가지고 있다. 그러나 이것을 문장으로 한두 줄이라도 써본 사람은 대단히 드물 것이다. 비전이란 내가 만든 인생항로의 등대다. 당신은 이러한 비전을 문장으로 써보았는가? Vision=3V Vivid · Visual · Verbalize 여야 한다. 즉 '생생해야' 하고 '그림이 그려져야' 하며 '말로 표현'할 수 있어야 한다.

> "당신이 태어난 이유를 찾아라. 무슨 사명을 이루기 위해 이곳에 왔는가? 하나님은 평
> 범한 모든 사람들에게 자신의 목적을 달성할 수 있는 능력을 주셨다."
> _ 마틴 루터 킹(Martin Luther King, Jr.)

여러분에게 질문을 해보겠다. 당신은 성공하기를 원하는가? 좀 더 '잘 먹고' '잘 입고' '잘 배우기'를 원하는가, 아니면 비천한 처지에 놓이길 원하는가? 당신의 남편 혹은 아내와 자녀가 남들 보다 경제적으로 궁핍하고 사회적 약자로서 살아가기를 원하는가? 당신의 가족이 잘 먹고 잘 살

기 위해 남을 짓밟고, 남의 것을 빼앗아도 된다고 생각하는가? 아마도 이미 여러분은 각자 본인의 비전을 가지고 있을지도 모른다. 그것이 무엇인지 구체적으로 정리만 안 되었을 뿐이다.

어떤 비전을 가지냐에 따라 인생은 크게 달라진다. 닭은 땅바닥에 머리를 처박고 모이를 먹느라 분주하다. 그렇기에 바로 눈앞의 땅밖에 보지 못한다. 비상하는 독수리는 높이 날며 먼 곳을 응시한다. 초라하고 보잘것없는 인생을 살기 원하지 않는다면 명확한 비전을 그려야 한다.

당신은 분명 세상에서 뭔가 가치Value 있는 것을 쟁취하기 위해 노력하고 있다. 그렇다면 세상에 어떤 가치를 부여하고 있는가? 당신의 비전은 세상에 유익하고 유용한 가치를 부여 하려는 것인가?

세계은행 총재 김용의 어머니가 얘기하는 '위대한 것'은 바로 이런 것이다. 남 잘되는 거 배 아파하고 심지어 시기질투의 마음에 '딴지' 걸기도 하고, 내가 안 되면 남 탓하는 그런 '시시하고 찌질한' 인생을 살지 않겠다고 결심해야 한다. 남의 것 빼앗고 상처 주는 '손가락질 받는 삶'을 살지 않겠다고 결단해야 한다. '위대한' 삶을 살겠다고 결심하라. 그 삶의 내용이 무엇일지는 각자의 인생목표에 따라 다르겠지만 어쨌든 그런 미래모습을 그려보는 것이다.

> "위대한 사람이 되겠다는 결심을 하기 전에 '나쁜 놈' 되지 않겠다는 결심부터 해야 한다."_ 김흥기

일곱 살 먹은 여자아이가 "저는 나이팅게일처럼 훌륭한 간호사가 되어 이 세상의 몸이 아픈 사람들을 돌봐주고 싶어요"라고 했다면 이게 바로 잘 정리된 비전선언문 Vision Statement 이라고 할 수 있다. 미래 자신의 모습과 활동이 잘 표현되어 있다.

로스차일드 가문 등 명문가 부모들은 자녀교육에 있어 반드시 큰 비전을 이루기 위한 목표를 심어주었다. 자녀에게 큰 비전을 심어준다는 것은 의사나 변호사가 되는 목표를 심어주는 것이 아니다. 직업 자체가 아니라 그 직업이 자신과 주변인 그리고 나라에 어떤 긍정적 영향을 미치는지를 가르쳤다. 돈을 벌기 위해 변호사나 의사가 되는 것이 아니라 그 직업을 통해 어떤 만족감을 갖게 될지를 그리고 주변사람과 우리사회에 어떤 선한 영향을 미칠 것인지를 명확히 갖도록 해야 한다.

구분	자신		타인	
	비전(꿈)	능력	비전(꿈)	능력
최선	O	O	O	O
1	O	X	O	O
2	X	O	O	O
3	X	X	O	O
~				
4	O	O	X	X
5	O	X	X	X
6	X	O	X	X
최악	X	X	X	X

당신 주위의 사람을 둘러보자. 누군가는 자신이 이루려는 비전꿈이 있고 그 꿈을 이룰 수 있는 능력을 갖추고 있을 수 있는데다 타인의 비전에 대해서도 충분히 경청하고 이해해주며 그 사람이 그것을 능히 달성할 수 있다고 그의 능력도 믿어주는 사람이 있다. 아마도 '최선'의 가장 바람직한 사람이지 싶다.

당신은 어떤 사람인가? 당신을 위의 표에서 '자신'의 위치에 놓고 타인을 어떻게 대우하는지 생각해보자. 당신은 스스로 비전과 능력이 있다고 생각하는가? 만약 그렇다면, 그런 당신은 당신 주위의 사람들을 어떻게 대우하고 있는가? 위의 표 4번 경우처럼 스스로는 훌륭하다고 생각하면서, 타인이 하려는 생각과 계획에 대해서는 그의 여러 형편과 처지, 학벌 등을 생각하면서 '네까짓 게' 라고 무시하지 않는가?

당신의 부모님과 선생님은 어떤 사람이었는가? 그들을 '자신'의 위치에 놓고 타인당신을 어떻게 대우했는지 생각해보자. 혹시 2번 같은 분이었는가? 비록 그들 자신의 꿈은 작고 능력은 대수롭지 않았지만 늘 당신의 얘기를 귀담아 듣고 '너는 특별해' 라고 격려해주었는가? 아마도 그들이 4번 같은 사람이라면 당신은 집을 가출하거나 교실을 뛰쳐나가고 싶은 심정일 것이다.

눈앞에 놓인 여러 숙제들을 잠시 치우고 여러분의 현재와 미래에 대해 생각해보자. 앞으로 여러분은 어떤 사람이 되고 싶은가? 여러분 자신의 비전을 세우고 능력을 키우는 노력을 해야 마땅하다. 하지만 혼자만 잘 먹고 잘 살겠다는 꿈은 치졸하다. 최소한 4, 5, 6번 같은 삶이 아니라 1, 2, 3번 같은 삶을 살아야 하지 않겠는가?

다음은 필자의 고숙이신 정태수 전 대진대학교 총장전 해주정씨 종친회 회장께서 나이 오십이 넘은 조카인 필자의 행운을 빌어주며 격려해주신 이메일이다.

날짜: 2013년 5월 06일 월요일, 16시 23분 07초 +0900
제목: 김흥기 군에게

인사 메일 겹쳐 받고 회답 늦어 미안하다. 일상에서 자주 만나면 아주 좋지만 여러 이유로 잘 안되기에 이번 기회(필자 김 씨 집안과 정 씨 집안 만찬)를 만들어 본 것이다. 인생은 원래 외로운 삶이지만 친인척과 동기간에 서로 도우면 이익을 함께 이룰 수 있다는 가르침이 있지 않은가?
망망대해를 향해하면서 김흥기가 앞장서서 이 무리를 이끌고 서로 이해하고 도우면서 성공적인 성과를 공유하기 바란다. 특히 선대에 이루지 못한 화합을 너희 대에 꼭 이루어 자손 만대의 번영을 자네가 주도하고 성취하기를 기대하네.

김흥기의 행운을 빌면서…. 정 태 수

편지를 읽고 필자가 어떤 사명과 책임감을 부여 받았을까? "사명을 받은 날은 생일날 보다 나은 날"이라는 스위스의 저명한 사상가요 법률가였던 칼 힐티Carl Hilty의 말 그대로 새로운 사명을 가슴에 품은 잊지 못할 날이 되었다. 선대에 불화가 있는 건 아니었지만 선친이 일찍 작고한 이래 별다른 왕래 없이 지냈던 양가 간의 소원함을 잇는 다리가 되고 가족과 친척에게 받은 편협한 마음의 상처를 딛고 친인척과 동기간에 위로하고 격려하며 서로 돕는 사명의 역할을 감당하리라고 결심했다.

최초의 흑인 앵커, 세계를 움직이는 10대 인물, 미국에서 가장 기부를 많이 하는 여인 등 화려한 수식어가 붙는 오프라 윈프리Oprah Winfrey. 그녀가 한번 책을 추천하기만 하면 일약 베스트셀러가 된다. 하지만 사생아로 태어난 불우한 출생, 어린 시절에 강간을 당하고 열네 살에 미혼모가되어 2주 만에 아이의 죽음을 봐야했고 마약복용 혐의로 수감경력이 있는 문제아.

그녀는 『이것이 사명이다』라는 자서전을 통해 인생의 네 가지 철학에 대해 다음과 같이 말했다. 첫째 남들 보다 더 가진 것은 축복이 아니라 사명이다. 둘째 남들 보다 아픈 상처가 있다면 고통이 아니라 사명이다. 셋째 남들 보다 설레는 꿈이 있다면 망상이 아니라 사명이다. 넷째 남들 보다 부담되는 어떤 것이 있다면 그것은 사명이다.

● TACKLE ●

우리는 삶의 과정을 통해 끊임없이 처한 환경을 밝은 방향으로 해석하고 힘을 내어 앞으로 도전해 나아가야한다. 인생은 해석이니까.

● 도전의 미션(Mission)

미션은 '현재 무엇을 하고 있느냐'다. What do you do now?에 대한 대답이 바로 미션이다. 중요한 건 '지금 당신이 무엇을 하고 있느냐'에 있다. What matters is what you do now.

앞에서 예를 든 일곱 살짜리 여자아이의 현재 미션은 나중에 간호사가 되기 위해 본인이 할 수 있는 일들이다. 일곱 살은 아직 초등학교에 입학하기도 전의 어린 나이지만, 뚜렷한 비전인 '나이팅게일처럼 훌륭한 간호사'가 되기 위해 일곱 살부터 해야 할 일들이 많이 있다. 예를 들면 간호사에게 필요한 여러 가지 요소들 중에 체력이 있을 것이다. 간호사가 건강하지 못하다면 환자를 제대로 보살필 수 없고 오히려 병에 노출될 가능성이 높기 때문에 서로 위험해지게 된다. 따라서 일곱 살에 불과하지만 기초체력을 쌓기 위해 운동으로 체력을 기르면 결과적으로 '훌륭한 간호사'에 한 발 더 다가서는 것이다. 물론 간호사라는 직업을 수행하는 과정의 열정과 연민의 태도, 헌신의 자세 그리고 지식과 경험 등이 필요하게 될 것이다. 또한 '간호사' 자격증도 필요할 것이다.

〈그림 5〉의 좌표축에서 횡축은 시간의 흐름을 나타낸다. 좌측 어린 시절부터 우측 성인으로 성장해가면서 자신의 비전을 달성하기 위한 목표의 수준이 점차 높아지게 될 것이다. 누군가 초등학교 때 '대한민국의 훌륭한 대통령이 되겠다'는 장래 목표를 책상 앞에 써 붙여 놓았다고 하자.

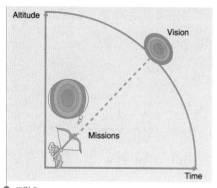

Altitude
Vision
Missions
Time

그림 5
Vision과 Mission, 시간(Time)과 목표의 수준(Altitude)
그래프

그러면 좌측에서 우측으로 성장해 가면서 그 비전의 성취를 위한 그 때 그때의 목표를 세우고 끊임없이 노력하게 된다. 그리고 어려움을 이겨가면서 성취해 나가게 될 것이다.

● 도전의 골(Goal)

골은 비전을 이루기 위한 최소 단위다. 훌륭한 간호사가 되는 것이 꿈인 소녀의 얘기로 다시 돌아가 보자. 소녀가 훌륭한 간호사가 되기 위해서 강한 체력이 필요하고, 그를 위해 운동을 하고 있다. 여기서 좋은 골을 설정한다면 다음의 5가지 요건 SMART 을 충족하는 골을 세워야 한다.

S Specific　　　: 골은 구체적이어야 한다.

M Measurable　: 골은 달성되었는지 명백히 알 수 있어야 한다. 이를 위해 일반적으로 지수 숫자 를 사용한다.

A Attainable　　: 골을 달성하기 위한 행동으로 표현되어야 한다.

R Relevant　　　: 달성 가능한 작은 골에서부터 시작해야 한다.

T Time-based　: 골을 달성하기 위해 구체적인 시간 날기 이 정해져 있어야 한다.

위의 5가지 요건을 충족하는 골을 세워보면 다음과 같이 설정할 수 있다.

S: 지속적인 운동을 통한 전반적인 체력의 향상
M: 운동장 5바퀴, 운동시간 30분
A: 유산소 운동
R: 7살 소녀의 체력에 알맞은 운동장 5바퀴
T: '매일' 1회 이상 실시

비전이라는 커다란 꿈은 수십에서 수백 개의 골로 구성되어 있는 '프랙탈Fractal' 구조다. 프랙탈은 부분과 전체가 똑같은 모양을 하고 있는 자기 유사성이 있다. 또한 단순한 구조가 끊임없이 반복되면서 복잡하고 묘한 전체 구조를 만드는 순환성이 있다. 비전과 골은 '내가 이루고자 하는 것'이라는 유사성을 가지고 있으면서 비전을 이루기 위해 수많은 골을 달성해야 한다는 점에서 프랙탈 구조라 할 수 있다. 앞으로는 당신의 비전과 골을 〈그림 6〉과 같이 기억하면 좋을 것이다.

비전은 미래의 이야기다. 하지만 골은 미래를 현실화시키기 위해서 지금 목표로 하는 구체적이고 측정 가능한 성과다. 이것이 비전과 골의 차이다. 또한 비전은 시간의 흐름과 본인의 역량·환경·가치·신념·지식·경험 등이 변함에 따라 그 수준이 변할 수 있다. 골 역시 비전이 바뀌게 되면 그에 따라 알맞은 골로 끊임없이 바꾸어나가야 한다.

많은 사람들이 목표를 세우지 않는다. 목표를 세우면 달성해야 하기 때문에 '시간이 없다' '돈이 없다' '기댈 언덕이 없다' 등 온갖 핑계를 대면서

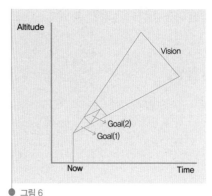

Altitude

Vision

Goal(2)
Goal(1)

Now   Time

그림 6
골과 비전, 프랙탈 구조

아예 목표를 세우지 않는다. 설령 목표를 세울지라도 달성 기간을 멀리 잡는다.

먼저 종이에 자신의 꿈과 이를 이루기 위한 계획·목표를 설정하여 자신이 가장 자주 바라보는 곳에 두어 눈에 오래도록 띌 수 있도록 해야 한다. 대부분의 일들이 계획에서 멈춰버리는 경우는 자신에게 각인이 되지 않았기 때문이다. 따라서 꿈을 위한 계획이 항상 눈에 띄게 된다면, 조금이라도 그 꿈이라는 목표를 위해 노력을 할 수 있다.

인생 경쟁을 장기전이라고 생각하고 대비하라. 작은 목표를 세우면 언뜻 시시하고 초라해 보이지만 단기간에 보다 용이하게 성취할 수 있는 목표들을 연속적으로 세우고 실천하고 성취해 나아가라. 얕은 개울을 건너기 위해 건너편까지 징검다리를 연달아 띄워서 놓듯이 발 디딜 돌을 하나씩 놓는다는 느낌으로 놓으라. 중요한 건 개울 건너편을 바라보고 돌을 놓듯 당신의 비전을 바라보고 작은 목표들을 놓아야 한다. 비전과 전혀 무관한 목표들을 놓는다면 당신이 원하는 개울 건너편 지점에 이를 수 없게 된다. 포기하지 않고 당신의 비전과 비슷한 작은 모양들을 만들어 나가다 보면 프랙탈 구조처럼 각각의 작은 조각들이 모여 전체 목표했던 모양이 이루어진다. 또한 개울물이 끝나는 지점까지 디딤돌을 놓아야만 물에 빠지지 않고 목표지점에 닿게 된다. 이것이 목표달성의 비결이다.

도전의 철학과 전략

도전에는 철학 Philosophy 과 전략 Strategy 이 있다. '어떻게 비전과 미션을 달성할 것인가'에 대한 철학이다. 그리고 '어떻게 경쟁우위에 설 것인가'에 대한 전략이다.

● 도전의 철학(Philosophy)

나와 당신 그리고 우리가 도전한다는 것은 바로 '사명에 이끌린 거룩한 인간'을 바로 세우는 것이다. 쉽게 말하면 그날그날 바람에 날리는 먼지처럼 살지 않는 것이다. 개·소·돼지 등 짐승처럼 살지 않는다. 아침에 눈을 뜨면 새로운 하루를 맞이함에 감사하고 밤이 되면 하루를 큰 사고 없이 지낼 수 있었음에 감사한다. 누가 시켜서 억지로 하는 게 아니라 스스로 당신의 미래를 위해 세운 비전을 성취하기 위해 날마다 최선을 다해 노력한다.

일신의 안위를 위해 수단과 방법을 가리지 않는 비열하고 야비한 사람이 되지 않는다. 부끄러운 짓을 삼가고 불쌍한 연민의 마음을 품고 실천한다. 당신 혼자만 잘 먹고 잘 살겠다는 비좁은 목표가 아니라 가족과 이웃과 이 세상 사람들과 함께 평화롭고 행복하게 살고 싶다는 위대한 사명을 가슴에 품고 최선을 다한다.

수험생이건 대학생이건 '취준생' 취업준비생 이건 직장인이건 사업가건 가정주부이건 실패와 시련의 과정을 지나는 그 누구이건, 당신이 현재 어떤 지위와 처지에 놓여 있는지는 중요치 않다. 과연 이런 꿈을 꾸고 실천하고 있느냐가 중요하다. 위와 같은 사람이라면 그 사람은 사명에 이끌린 거룩한 인간이다. 이것이 바로 도전의 철학이다.

만약 당신이 세운 비전이 아무리 크고 고상한 것일지라도 위와 같은 철학의 바탕위에 서 있지 않다면 이는 모래위에 쌓은 성에 불과하다.

조금 쉽게 설명하면 첫째, '인간의 악한 본성을 끊고 선한 본성을 살려내는 것'이다. 일찍이 인류의 위대한 스승 아리스토텔레스는 인간의 3대 악성에 대해 설파했다. '나태 · 탐욕 · 교만'이 바로 그것이다. 필자는 여기에 '거짓과 비겁'을 추가하고 싶다. 『성공하는 사람들의 7가지 습관』 등 수많은 자기계발 서적의 주된 내용이다. 만약 당신의 성공과 행복을 위해 비전을 수립하고 도전하기로 했다면 근면과 성실, 적절한 욕심, 겸손 그리고 정직과 용기의 터전 위에 전략을 세우고 실천해야 한다는 요지다.

둘째, 인간은 누구나 저마다의 적성과 소질을 타고 난다. 누구나 위대한 삶을 살 자격이 있다. 지능 · 기질 · 건강 · 체력 · 양육조건 · 가정형편 · 유산 · 처한 환경 등 타고난 환경과 자원은 다르다. 하지만 똘똘한 적성을 찾아내고 끊임없이 갈고 닦으며 세상과 좋은 관계를 유지하면 누구나 건강하고 행복한 삶을 살 수 있다. '나는 안 돼' 또는 '너는 안 돼'라는 패배의 부정적 마인드를 끊어내고 승리의 긍정적 마인드로 리셋 reset 해야 한다. 『Secret』 『백만장자 마인드』와 같은 자기계발 서적의 주된 내용이다. 가수 인순이의 『거위의 꿈』이 노래하듯 누구나 벽을 뛰어 넘을 수 있다.

'사명에 이끌린 거룩한 삶'을 정리해 보면 다음과 같다. 누구나 생각, 태도와 행동을 바꾸면 건강하고 행복하게 오래오래 잘 살 수 있다는 것을 스스로 깨우치고 믿는다. 그래서 자존감, 자신감과 자부심 그리고 '할 수 있다'는 자기효능감을 가지고 자신이 가고자 하는 비전에 '정조준'하여 인간으로서 할 수 있는 최선의 노력을 다 한다. 그리하여 마침내 원하는 것을 이루고, 이룬 것을 세상에 베푼다. 바로 이것이다.

> "세상을 조금이라도 살기 좋은 곳으로 만들어 놓고 떠나는 것. 자신이 한 때 이곳에 살았음으로 해서 단 한 사람의 인생이라도 행복해지는 것. 이것이 진정한 성공이다."
> _ 랄프 왈도 에머슨(Ralph Waldo Emerson)

● 도전의 전략(Strategy)

도전의 전략은 한마디로 경쟁에서 이기는 전략이다. 흔히 전략이란 마치 전쟁에서 승리하기 위해 '어떻게 상대방을 죽일 것인가'에 초점이 맞춰져 있다. 하지만 나와 당신 그리고 우리의 경쟁전략은 손자병법이나 마키아벨리 식의 잔혹한 경쟁전략이 아니다. 어떻게 하면 '너의 불행이 곧 나의 행복'이란 식의 제로섬 게임이 아닌 방식으로 경쟁우위에 설 수 있을까에 대한 답을 주는 것이다. '어떻게하면 세상과의 평화로운 관계 속에 보다 전략적으로 당신이 원하는 것을 이루고 이룬 것을 세상에 베풀 것인가?'에 대한 대답이다.

현대 사회는 자본주의 사회이며 경쟁사회다. 이러한 사회에서 성공을 하기 위한 게임의 법칙은 경쟁에서 승리하는 것이다. 경쟁에서 승리하기 위해서는 경쟁우위 Competitive Advantage 를 갖춰야한다. 기업이 경쟁우위를 확보하기 위해서는 특유의 기술 경영상 탁월한 노하우 그리고 마케팅 능력 등이 필요하듯 당신이 남보다 경쟁우위를 갖기 위해서는 당신 특유의 무엇인가가 필요하다. 그게 무엇인가? 바로 자원Resources 과 역량 Competences 이다.

　필자와 여러분이 이 자리에 함께 있는 이유는 바로 어떻게 처해진 환경과 자원에 관계없이, 역량의 강화를 통해 경쟁에서 승리할 것인가에 대한 해답을 찾기 위해서다. 필자는 여러분에게 그것을 알려주고자 한다.

CHAPTER
02

경쟁전략:
원하는 것을 얻기 위한 전략

경쟁과 협력: 경쟁은 나쁜 것인가?

영화 『명량鳴梁』이 관객 1,700만 명을 돌파했다. 감독과 제작자가 관객이 열광하는 임진왜란의 스펙터클 등 경쟁력競爭力 있는 영화를 만들었기 때문일 것이다. 이처럼 어떤 분야에서나 '경쟁력'이 있으면 성공한다. 그 '경쟁력'은 다른 사람을 만족시키고 기쁨을 안겨줄 수 있는 힘 수요 충족력이다.

인류역사는 끊임없는 경쟁 속에서 생존하기 위해 발전해왔고, 그 안에서 협력은 존재해 왔다. 예를 들어 조직과 조직이 경쟁을 하게 되면 그 조직 내부의 조직원들은 타 조직과의 경쟁에서 이기기 위해 협력을 하게

된다. 그렇지만 한편으로는 조직 내부에서도 인정을 받기 위한 경쟁이 존재한다. 이와 같이 경쟁과 협력은 뗄레야 뗄 수 없는 관계다.

그런데 우리사회의 미래를 어둡게 만드는 것은 사람들이 '경쟁=전쟁', '너 죽고 나 살기'식의 제로섬 게임밖에 모른다는 것이다. 부모와 선생이 모르니 자녀와 학생들을 제대로 가르칠 리 만무하다. 한편에선 '너의 슬픔이 나의 기쁨'이 되는 이런 경쟁은 이 땅에서 사라져야 한다면서 모호한 '협력'만이·살 길이라고 외친다.

이른바 코피티션Co-opetition은 협력Coopertation과 경쟁Competition의 조합어로 '협력형 경쟁'이라는 의미다. 승자와 패자로 확연히 나누어지는 치열한 제로섬 경쟁이 아니라 협력을 통한 경쟁만이 성장 동력을 유지하고 지속적인 이익을 낼 수 있다는 주장을 대변한다. 또한 경쟁자와 제휴를 통해 때로는 협력하고 때로는 경쟁해야 시장의 파이를 확장하고 동반성장을 이룰 수 있다는 원-윈Win-Win의 공생발전 패러다임과 깊은 연관이 있다. 예를 들면 최근 삼성과 구글의 행보가 그러하다.

삼성은 구글과 합작을 통해 애플의 아이폰이 선점한 스마트폰 시장에서 2012년부터 점유율 1위로 올라섰다. 후발주자임에도 불구하고 아이폰의 선점효과를 극복해낼 수 있었던 것은 소프트웨어에서 강점을 가진 구글의 안드로이드 운영체계와 하드웨어에서 강점을 가진 삼성전자가 각자의 특화분야에서 힘을 합쳤기 때문이다.

누구나 경쟁은 피하고 싶어한다. 그렇지만 경쟁은 피하고 싶다고 피할 수 있는 게 아니다. 먹을 것, 입을 것, 가지고 싶은 명예·권력은 한정되어 있고 인간의 욕구는 무한한 탓이다. 오늘의 인간은 옛적부터 어제까지 땀 흘린 경쟁력의 결과이기도 하다.

그런데 경쟁을 겪으면 그 후에 자신의 능력이 커져있다는 것을 발견한다. 사회나 국가도 그렇다. 기업은 더하다. 우리나라 경제성장을 위하거나 기업의 체질을 강하게 하려면 경쟁에 노출시키면 된다. 물론 경쟁력이 없는 기업은 쫓겨날 것이다. 그러나 살아남은 기업은 이전보다 훨씬 더 영리하고 효율적인 조직으로 바뀌어 있을 것이다.

흔히 말하듯 자유주의 사회에서의 경쟁은 약육강식의 무자비한 동물적 경쟁이라고 오해하기 쉽다. 그러나 왕정이나 봉건사회, 계급투쟁의 공산주의 사회야말로 약육강식의 무자비한 경쟁사회다. 거기에서 인정받으려면 관리 官吏 가 되는 길 밖에 없다. 공무원 즉 관리가 되면 모든 것이 보장된다. 그러니 사색당쟁 四色黨爭 으로 무자비하게 반대당파를 모함하고 공산당원이 되면 당원이 아닌 사람과 신분 자체가 달라진다. 이것이야말로 '전부 全部 아니면 전무 全無'라는 무자비한 생존경쟁을 부른다. 그리고 비생산적이다.

그에 비하면 자유주의 사회는 '타인의 필요를 충족시켜주기만 하면 누구든지 성공할 수 있는' 경쟁을 한다. 그러니 그 경쟁의 방법이 매우 다양하다. 또한 무언가 좋은 성공 방법을 찾아내려는 생산적인 경쟁이다. 공부로 경쟁할 수도 있지만, 돈버는 것으로도, 축구 · 야구 · 골프 · 피겨스케이팅 같은 스포츠, 음악 · 미술 · 연극 · 영화 같은 예술 등 이루 헤아릴 수 없을 정도의 경쟁방식이 있다. 공부를 잘하면 박사 · 대학교수 · 의사 · 법조인 · 관료가 되고 돈을 잘 벌면 사업가가 된다. 운동선수, 예술가로도 얼마든지 1인자가 될 수 있다.

봉건주의 조선이나 북한 공산주의 체제보다 훨씬 기회가 많이 주어진다. 패자부활전도 있는 경쟁이다. 물론 모든 경쟁은 피와 땀을 다하여 싸워야 하는 처절한 면이 있다. 그래도 자유주의 사회의 경쟁은 '전부 아니면 전무All or Nothing'가 아니다. 또 언제든지 '아차'하는 사이에 순위가 뒤집혀질 수 있다. 이것이 무자비한 경쟁인가? 이 정도의 경쟁도 없는 사회는 없다. 특히 우리 한국 사회가 발전하려면 국내경쟁을 회피해서는 안 된다. 그리고 인간사회에서 어차피 경쟁을 피할 수 없다면 잘 살게 하고 인류 진보에 기여하는 생산적 경쟁을 해야 한다. 아무리 보아도 자유민주사회의 경쟁이 인간적이고 쓸모 있는 경쟁이다.

경영학에 전략경영* 분야가 있다. 바로 어떻게 하면 경쟁에서 이길 수

---

* 참고로 경영학에서의 경쟁우위는 어느 특정기업이 다른 기업과의 경쟁에서 우위에 설 수 있는지의 여부를 판단할 때 사용하는 개념으로 비교우위와는 다르다. 비교우위가 주로 임금, 금리, 환율 등의 거시경제변수를 가지고 특정 산업의 국제 경쟁력을 판단하는 개념이라면 경쟁우위는 개별기업에 한정된 개념이다.

있는가 연구하는 분야다. 경쟁전략에 대한 것이다.

학자들이 어떤 기업들이 다른 기업에 비해 성장과 발전을 지속하는지 연구해 본 결과 다음과 같이 두 가지로 정리되었다.

1 다른 기업들이 갖고 있지 않은 독특한 자원 Resources 과 역량 Competences 을 갖춘 기업들이 경쟁우위를 갖는다.
2 뜨는 시장에서 사업을 하는 기업들이 잘 나간다.

자원과 역량을 갖춰라

우리나라는 부존자원이 빈약한 나라라고들 한다. 아랍 국가들은 원유가 펑펑 나는데 우리는 변변한 자원 하나 없다는 얘기다. 그래서 사람이 자원이니 열심히 교육하고 공부해서 훌륭한 인적 자원을 키워내어 오늘날의 발전을 이루었다고 한다. 기업에게 있어 자원이란 건물, 기계설비 등과 같은 물리적 자산 등 5개 자산으로 대별된다. 기업이 아닌 개인에게 자원 Resources 이란 무엇일까? 그리고 당신은 어떤 자원을 갖고 있는지 생각해 본 적 있는가?

일본 운동인 스모의 경우 덩치에 따라 기본적으로 승패를 좌우하게 된다. 〈그림 8〉을 보라. 두 사람 중 누가 이길지는 자명하다. 도무지 상대가 안 되는 경기인 것이다. 또한 농구의 경우에서도 키나 덩치와 같은 신체조건에 따라 기본적인 경쟁력이 달라진다.

● 그림 8
　자원의 차이

∘ TACKLE ∘

저금통 또한 작은 돼지 저금통보다는 큰 크기의 코끼리 저금통이 훨씬 더 많은 금액을 모을 수 있는 기본적인 조건이 마련되었기 때문에 경쟁우위에 설 수가 있는 것이다.

● 그림 9
환경의 차이

〈그림 9〉를 보자. 100미터 달리기 경기를 한다. 누군가는 맨발이고 다른 사람은 롤러블레이드를 신었다. '출발선에서 평등'이라는 사회적 정의에 대한 논의는 그만두고 누가 경주에서 승리하기에 유리한가? 왜 그런가?

● 환경 탓 하지 마라

방금 100미터 달리기의 예를 들었다. 처한 환경과 처지가 다른 두 사람이 출발선에 나란히 서 있다. 만약 당신이 맨발의 선수라면? 당신은 은수저를 입에 물고 태어나지 못했다고, 학식과 재력 있는 부모를 만나지 못해서 좋은 양육과 교육을 받지 못했다며 세상을 욕하고 도전을 포기하고 찌질하게 살 것인가? 정의와 공정만 부르짖을 것인가?

"여건? 여건이 무엇인가? 바로 나 자신이 여건 그 자체다."

_ 보나파르트 나폴레옹(Bonaparte Napoleon)

박새의 예를 들어보겠다. 미국 네바다 주에서는 박새에 관해 실험을 하

였다. 환경에 따른 박새의 지능에 대한 조사로 캘리포니아와 알래스카의
박새를 실험 대상으로 하였다.

캘리포니아의 경우는 1년 내내 따뜻하여 사람이나 동식물이 살기에 최
적이라면 최적인 장소다. 반면 알래스카는 항상 겨울인 날씨로 먹을 것을
구하기도 쉽지 않은 지역이다. 상반되는 환경의 박새들을 데려와 실험을
한 내용은 나무판에 구멍을 뚫고 박새가 좋아하는 애벌레를 넣고 그 위에
유리를 덮은 후, 쇠고리까지 덮어두고 이를 어떻게 찾아먹는지를 실험하
는 것이었다. 캘리포니아의 박새는 유리를 통해 보이는 애벌레를 보고 유
리만 입으로 계속 부딪혔다. 반면에 알래스카의 박새는 주저 없이 뚜껑을
열어 먹이를 손쉽게 취득하여 먹는 결과가 나온 것이다.

박새의 실험을 통해 척박하고 어려운 환경 속에서 자란 동물이 지능이
높아지고, 문제해결능력이 커진다는 결과를 얻었다. 이 결과는 사람에게
도 적용이 된다. 어려운 환경 속에서 지내면서 수많은 어려움에 봉착하고
이를 해결해오면서 지내온 사람은 사회에 발을 들여놓아도 어떠한 문제가
있어도 이를 해결하려는 노력과 성과를 가지고 올 수 있는 것이다.

타고난 자원이 부족하더라도 역량 力量, Competences 을 키우면 된다. 한 강의 기적을 이룬 대한민국이 바로 그러하지 않은가? 역량이란 쉽게 설명하면 한마디로 '경쟁 Competition 에서 이기는 능력'이라고 보면 된다. 개별 능력이 아니라 종합능력이라고 보면 된다.

취업시장에 '스펙 보다 스토리'라는 모호한 말이 회자되고 있다. 기업이 누군가의 이야기를 들어주는 한가한 조직인가? 기업은 성과로 얘기하는 곳이다. 성과를 잘 낼 수 있는 사람을 뽑아서 새로운 제품과 서비스를 갖고 경쟁사 Competitors 와 치열한 경쟁을 하여 먹고 사는 존재다. 한가한 곳이 아니다. 기업은 역량이 있는 사람을 뽑아서 꾸준히 교육시켜 더욱 높은 성과를 낼 '일당백'의 역량 있는 Competent 직원을 만들어야 존속 · 발전할 수 있다.

남과 경쟁해서 Compete 승리할 수 있는 능력이 바로 역량이다. 이 점이 능력 Capability 과의 차이점이다. 영어 · 중국어 등을 읽고 쓰고 말 '할 수 있는' Capable 것은 능력일 뿐 역량이 아니다. '갑과 을' 두 명의 영업부 직원이 있을 때, 갑이 을보다 중국어가 능통할지라도 중국 시장 매출실적은 을이 높다면 을이 더욱 역량 있는 Competent 직원임에 틀림없다. 그가 높은 가치 Value 를 창출했기 때문이다.

● 기업이 창출하는 가치

기업은 새로운 기술과 생산방식, 원자재 조달처, 동기부여 방법 그리고 특히 신제품과 서비스라는 가치를 만들어 Value Creation 이를 시장에 내어서 가치제안, Value Proposition 누구의 가치가 더 매력 있는지, 더 만족을 주는지를 놓고 경쟁사와 경쟁하게 된다.

예를 들어 삼성전자는 스마트폰 제품을 출시하여 시장에 50만 원의 가격 Price 에 판매한다. 고객은 스마트폰이 자신에게 주는 가치 Value 가 50만 원 보다 크고 경쟁사 제품 보다 더 매력 있어야 구매하게 된다. 예를 들면 80만 원의 가치. 그러면 삼성전자는 고객으로부터 50만 원을 받아서 직원급여, 하청업체 생산비용 등 각종 비용 Cost 을 공제하고 남는 돈이 이윤 Profit 이 된다. 정부는 여기에 세금 Tax 을 부과한다. 기업의 목적이 이윤창출이라고 함은 'Profit≧Price-Cost'의 공식을 뜻한다.

삼성전자가 시장에 제품을 출시하고 "우리 제품은 타사 제품과 이 점이 달라요"라고 주장하듯 마케팅 용어로 '가치제안', 당신이 구직활동을 한다면 취업시장에 당신이라는 상품을 내놓고 "나는 다른 경쟁자와 이 점이 달라요"라고 명확히 전달해야 한다. 기업은 여러분이 '성과를 제대로 낼 수 있는 사람'인지, 좀 더 노골적으로 말하면 '밥값을 할 사람인지' 알기 원한다. 그래서 면접과 같은 채용절차가 있는 것이다. 당신이 채용되길 원한다면 당신이 그러한 성과를 낼 사람이라는 증거를 보여줘야 한다. 역량을 보여줘야 한다.

여러분이 만능시하고 있는 스펙 Spec. 은 역량과 동의어가 아니다. GPA, 토익점수, 봉사실적, 해외어학연수 등은 단지 참고사항일 뿐이지 여러분이 '역량이 있음'을 드러내는 지표로서 부적절하다. 여러분은 '태클 TACKLE '을 통해 역량을 강화해야 한다. 이것이 경쟁에서 이길 수 있는 진정한 힘이기 때문이다.

'뜨는' 시장 '뜨는' 분야로 가라

지금 유럽의 경제사정은 어떠한가? 유럽에 가서 뭔가 사업을 하면 잘될 것인가? 성공하기 쉬울까? 아니면 중국 · 인도네시아 · 베트남 등에 가서 사업을 하면 성공하기 쉬울 것인가?

유럽 주요국의 평균 경제 성장률은 2013년 기준 2% 미만이거나 마이너스인 국가 이탈리아, 스페인 등도 있다. 반면 중국은 7.7%에 달했다. 유럽은 이미 대부분의 사업영역에서 기존 업체들이 자리를 잡았거나 진입장벽이 높은 상태다. 중국은 아직까지 수요가 개발되지 않은 사업영역과 진입장벽이 낮거나 없는 비즈니스가 많이 있다.

또는 현재 우리나라에서 식당을 하는 게 괜찮은 사업인가? 커피숍은 어떠한가? 우리나라는 일본과 비교할 때 인구 대비 식당 수가 4배나 된다. 이러니 1년을 버티는 식당이 드물고 인테리어 업자만 돈을 벌게 된다. 식당은 집에서 일 없이 노는 식구들이 많을 때 인건비라도 건지려고 하는 사업이지 누군가를 고용해서 할 만한 업종이 되지 못한다.

잘 나가던 명문대 출신의 대기업 S사 연구원 사례를 들어보자. 직장을 잘 다니던 중 입시생들이 너도 나도 한의대로 몰리자 직장을 그만뒀다. 그리고 한의대로 편입하여 한의사가 되었다. 비록 빚을 내긴 했지만 희망찬 기대를 품고 한의원을 개업했던 그는 결국 문을 닫고 다른 한의사 밑에 월급쟁이 한의사로 취업했다. 대기업에 다닐 때 보다 못한 처지에 낙심하며 힘겹게 생활하고 있다. 한의사라는 직업이 우리나라에만 통용되는 직업이

● 그림 11
경쟁우위의 예 'Rats Race(쥐들의 경쟁)'

° TACKLE °

고, 이미 지는 시장인데 그는 친구 따라 강남 가다가 서글픈 신세가 되고 말았다.

우리나라에서 2004년 개봉했던 『Rats Race』라는 미국 영화가 있다. 한 마디로 '쥐들의 경쟁'이다. 모두가 남들보다 더 행복해지기 위해, 더 많은 돈을 벌려고 하고, 더 많이 쓰려고 하지만 행복은 이뤄지지 않는다. 한 무더기의 쥐들이 '우~'하고 한쪽 방향으로 몰려가지만, 그 무리에서 앞장서 봐야 여전히 쥐에 불과하다.

쥐들은 조금 더 무언가를 얻기 위해 주어진 임무에 충실한 사람에 비유할 수 있다. 이른바 일반 직장인, 평범한 창업자라 할 수 있다. 사람들이 모두 하는 것을 따라하는 것이 나쁜 일은 아니다. 그러나 남들과 다 똑같은 위치에서 자신은 노력을 했음에도 불구하고 '왜 성공한 사람들처럼 되지 않을까?'라는 생각을 가지게 될 것이다. 아무리 노력해도 제자리인 것처럼 느껴지는 것은 다른 사람과 너무도 똑같기 때문이다. 이러한 것을 잘 나타낸 것이 '쥐들의 경쟁'이다.

● '뜨는' 시장과 분야는 어떻게 찾을까?

미시적인 환경의 변화는 예측이 힘들지만, 거시적인 환경의 변화는 통계학적으로 80%의 예측성공률을 보이고 있다. 미래예측학자들이 예측한 내용 중 80%에 해당하는 내용들이 실현되었다. 그렇기에 비록 거대한 사회 변화에 대응이 어려운 개개인일지라도 현재와 같이 정보의 접근성이 용이한 시대라면 충분히 이 정보를 활용하여 대응전략을 마련할 수 있다.

이러한 미래 정보들을 모아놓은 대표적인 책이 『유엔미래보고서 2040』이다. 이 책의 내용 중 대표적인 '2020·2040 메가트랜드'를 소개하면 다음과 같다.

- 향후 10년을 지배할 키워드는 창조국가, 모바일커머스, 소셜미디어, 미래예측기술과 기구, 지속가능한 도시, 급격한 기후변화, 로봇귀환, 맞춤약제, 재능전장, 지능 향상, 빅데이터, 3D 프린터, 양자컴퓨터 등이다.
- 선진국들은 나노·바이오·인포·코그노·로봇·양자컴퓨터 등 6가지 기술에 집중 투자하고 있다.
- 모바일 쇼핑의 시장 규모가 2015년 약 2,300조 원에 이를 것으로 보인다.
- 트위터·페이스북 등 소셜미디어가 개인의 삶은 물론 사회·문화를 바꿔버린다. 서로 소통하는 친구처럼 똑똑한 소비자들이 탄생해 기업 역시 소셜미디어 전문가 집단으로 변하지 않으면 살아남을 수 없다.
- 소비자와 공급자 모두가 미래 예측가가 된다. 빠르게 변하는 트랜드를 미리 파악하기 위함인데, 사람들은 무엇을 필요로 하고 어떤 물건을 구매하고 싶어하는지를 예측한다. 따라서 기업 역시 미래예측을 더욱 중요시 여기게 된다.

위의 트랜드 중 주목해야 할 사항은 바로 '소비자와 공급자 모두가 미래예측가가 된다'는 항목이다. 과거에는 미래예측에 대한 정보를 얻기가 어려웠기 때문에 소수의 사람들만 미래에 대비하고 준비할 수 있었다. 그러나 정보화 사회가 도래하면서 미래에 관심을 기울이지 않으면 도태되어

현재 직업의 절반은 20년 안에 사라질 것

옥스퍼드의 칼 프레이 교수와 마이클 오스본 교수가 2013년 발표한 『고용의 미래: 우리의 직업은 컴퓨터화(化)에 얼마나 민감한가』라는 보고서에서 급속한 기계화와 기술 발전으로 20년 이내 현재 직업의 47%가 사라질 가능성이 크다고 지적했다. 이들은 702개의 직업군을 대상으로 각 직업에서 컴퓨터화가 진행되는 속도 및 현재 각 직업군 노동자의 임금, 취업에 필요한 학력 등을 종합 분석, 인력이 컴퓨터로 대체될 가능성을 0에서 1 사이 숫자로 표시했다. 1에 가까울수록 컴퓨터화와 기계화로 인해 사라질 가능성이 큰 직업이고 0에 가까울수록 타격을 별로 받지 않는다는 의미다.

컴퓨터의 발달로 인해 가장 크게 타격을 입을 직업은 텔레마케터(0.99)인 것으로 조사됐다. 화물·운송 중개인, 시계 수선공, 보험 손해사정사 역시 같은 점수를 받아 고(高)위험군에 속하는 것으로 조사됐다. 전화 교환원, 부동산 중개인, 캐셔(계산원)는 0.97, 택시 기사도 0.89점으로 높았다. 요즘 젊은이들이 선망하는 전문직 역시 안전지대는 아니었다. 판사는 0.4로 271번째 안전한 직업에 그쳤고 경제학자(0.43)는 282번째였다.

그러나 내과·외과 의사(0.0042)는 상위 15위를 기록해 미래에도 거의 타격을 받지 않을 직업으로 분류됐다. 가장 안전한 직업으로는 레크리에이션을 활용한 치료 전문가(0.0028)가 1위를 차지했다. 또한 큐레이터(0.0068, 34위), 성직자(0.0081, 42위), 인테리어 디자이너(0.022, 93위) 등 창의성과 감수성을 요구하는 직업이 상위권을 기록했다.

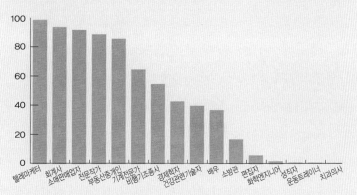

『현재 직업의 절반은 20년 안에 사라질 것』 조선비즈 2014. 7. 19

그림 12
돼지 날다

버리는 시대가 다가왔다. 앞으로 미래에 대한 관심은 앞서가기 위한 선택이 아니라 생존을 위한 필수 지식이 될 것이다.

위의 기사를 보면 변화되는 미래에 대한 관심 없이 본인의 장래를 계획할 때 어떤 결과가 펼쳐질지를 알 수 있다. 앞으로 20년 이내 없어질 가능성이 높은 직업에 도전하여 그 분야에 경력을 쌓아간다면 개개인의 역량에 따라 살아남을 수도 있겠지만 성공하기란 매우 힘들 것이다. 없어지는 직업들은 과거 '타이피스트' 혹은 '전화교환수'들의 전철을 밟게 될 가능성이 높다. 직업군 자체가 사라지는 환경에서 개인이 홀로 생존하기란 불가능에 가깝기 때문이다.

'뜨는' 시장, '뜰' 시장에 대비하라. 돼지도 폭풍의 가운데에 서면 날 수 있다. 앞뒤 모르고 달려가는 쥐떼의 줄에 서지마라.

폭풍의 길목은 고객가치가 실현되는 곳이다. 고객에 의해 기업의 생존과 번영이 결정된다. 늘 고객가치를 중심에 놓고 새로운 상품과 서비스를 출시하는 것이 성공의 비결이다. 고객이 무엇을 원하는지 늘 고민하고 알아내어 '상품'에 반영해야만 한다. 상품 시장에서의 성패가 이처럼 결정되듯이 취업시장 앞에 서 있는 청년들은 자신들을 뽑아줄 기업이 무엇을 원하는지 늘 고민하고 알아내어 '자신'에 반영해야 한다. 비유로 말하자면 상품시장에서 상품이 취업시장에서 구직자다.

'바라는 건 엄청 많으면서 원하는 게 뭔지 모른다'는 비아냥조의 우스갯소리가 있다. 여러분이 원하는 게 무엇인지 정확하게 알면 알수록 그걸 손에 쥘 가능성이 커진다는 사실을 명심하라. 여러분 자신과 여러분이 원하는 것에 대해 더욱 더 많이 철저하게 고민하고 알아야 한다. 세상에는 취업을 원한다면서 정작 취업시장에 대해 잘 알지 못하는 구직자와 사업의 성공을 원한다면서 자신의 상품을 사줄 고객에 대해 잘 알지 못하는 사업가가 참 많다.

인생을 전략경영 하라

경쟁에서 이기고 싶은가? 그렇다면 당신의 현재 있는 모습을 인정하는 게 좋다. 초등학교 때부터 12년간 공부해서 현재의 대학에 다닌다면 그게 바로 당신의 공부적성이라고 인정하라. 공부를 잘하는 게 적성이고 재주라면 '공부를 못하는 것도 적성'이다.

지금부터 인생을 전략경영하면 된다. 마치 기업이 그러하듯 당신의 소중한 인생을 전략경영하는 것이다. 어떻게 하면 될까?

다음과 같은 삼 단계를 권한다.

첫째, 분석하라.

둘째, 전략결정을 내려라

셋째, 행동하라

매우 심플해 보이지만 핵심은 다 들어있다.

먼저 분석단계다. 여러분이 처한 내·외부 환경을 SWOT Strength · Weakness · Opportunity · Threat, 강점 · 약점 · 기회 · 위협 분석하는 한편 비전 · 미션 그리고 전략목표를 수립한다. 그 다음 '어느 분야에서 경쟁할 것인가?' '그 분야에서 어떻게 경쟁할 것인가'에 대한 전략결정을 내린다. 마지막으로 목표를 달성하도록 스스로의 역량Competences 을 강화하고 소요 자원Resources 을 마련하며 할당해 가는 것이다.

전략경영을 통해 성공과 행복을 이루는데 있어서 '목표를 설정하는 것'과 '그 목표를 당신이 능히 달성할 수 있다고 강렬하게 믿는 믿음'이 특히 중요하다.

● 목표는 시야를 한 방향으로 모아주는 힘

우리가 자동차를 사기 위한 목표를 세웠다고 가정하자. 그때부터 내 눈과 마음속에는 온통 자동차만 들어온다. 만약 '창업을 하겠다'는 목표를 세웠다면 신문을 봐도 창업과 관련된 지면과 그 일에 관련된 기사들이 제일 먼저 눈에 들어올 것이다. 매일같이 보던 똑같은 신문인데도 말이다.

그러나 목표가 없으면 이러한 현상은 나타나지 않는다. 먼저 자신을 파악하고 그런 다음 목표를 세워 몇 달만이라도 그렇게 지내라. 그러면 놀라

● 그림 13
경마장의 말

울 정도로 그 목표에 합당한 책·신문내용·주위 모든 것들이 그 목표에 도움 되는 것들로 가득 찰 것이다. 내가 바라보는 시야가 한쪽 분야로 집중되기 때문이다. 그렇게 3년, 5년, 10년을 지내면 바로 그것이 전문성이 된다. 전문성을 키우는 것이 어렵고 힘들다고 생각되는 것은 능력이 없는 것이 아니라 목표가 없기 때문이다.

경마장에 가본 적이 있는가? 경기를 목전에 두고 출발선 앞에 서있는 말들에게서 한 가지 공통점을 발견할 수 있다. 모두 눈가리개를 하고 있다. 1등만이 살아남는 경마장의 경주에서 말들의 주의가 산만해지는 것을 막기 위해서다. 오직 정해진 자신의 길을 집중해서 보고 있다가 출발의 총성이 울림과 동시에 바람처럼 달려 1등을 하기 위해서다.

성공하는 사람들 또한 인생의 앞을 보고 나아가면서 자신만의 눈가리개를 갖고 있다. 뚜렷한 한 가지 목표에만 자신의 힘과 시간, 역량을 집중하

◦ 도전을 통한 경쟁우위의 확보 ◦

59

는 것이다. 물론 그들은 다양한 전략과 전술을 구사한다. 하지만 이는 모두 자신이 갖고 있는 하나의 목표에 정조준되어 있다.

목표가 없으면 집중도 없다. 그렇다고 아무 목표나 설정해놓고 그 일만 무작정 한다고 해서 누구에게나 전문성이 길러지는 것은 아니다. 나에게 맞는 적성을 파악하고 그에 따른 목표를 설정해야 한다. 성공을 원한다면 집중해야 한다. 집중을 위해서는 선택이 필요하다. 선택이란 하나를 제외한 나머지를 버리는 과정이다. '선택과 집중을 어떻게 하느냐'에 따라 그 사람의 '삶이 결정된다' 해도 과언이 아니다. 당신의 재능을 찾아낸 다음 그쪽에 관한 목표를 세우고 3년, 5년을 집중적으로 투자해보라. 그렇게 목표를 향해 집중하여 달려간다면 분명 당신은 그 분야의 전문가가 되어 있을 것이다.

● 먼저 자신을 믿어라

라이트 형제는 하늘을 날기로 결심했다. 하지만 주위 사람들은 "신께서 사람이 날기를 바라셨다면 진즉에 날개를 주셨을 거야"라면서 그들을 비웃고 조롱했다. 지금도 마찬가지다.

당신이 부모님을 포함해서 주위 사람들에게 뭔가 "도전하겠다"고 얘기해 보았는가? 어떤 반응을 보이던가? 세상에는 이런 저런 이유를 대며 "안 된다"고 하는 사람 천지다. 당신 내면의 목소리를 믿어라. 일단 스스로 믿어야 한다. 당신이 지금 처지가 어떠하건 모든 사람들 중에서 '나는 가장 축복받은 사람'이라고 믿어라. 믿는 대로 된다. 자신조차도 믿지 못하는 사람이 무슨 일을 하겠는가!

사람의 뇌는 내가 생각하고 바라는 대로 움직인다. 머릿속의 구조가 그렇게 생겼다. '나는 실패할 것이다'라고 생각하면 머리는 실패하는 쪽으로 프로그램이 실행된다. 반면 '나는 성공할 것이다'라고 생각하면 성공하는 방향으로 실행이 된다.

지금 시작해도 늦지 않다. 당신의 재능을 찾아내 그에 합당한 목표를 설정하라.

TACKLE

Challenge

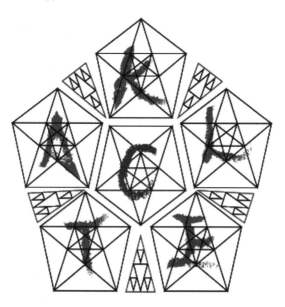

오늘보다 나은 내일을 원한다면
위대한 것에 도전하라

02
PART

TACKLE
역량의 강화

TACKLE

TACKLE

TALENT:
적성을 찾아라

모두들 적성을 찾으라고 하는데…

● 적성 찾기: 성공과 행복에 이르는 열쇠

이제 여러분의 인생을 놓고 '도전'하기로 결심했는가? 그렇다면 여러분이 가장 먼저 해야 할 일은 바로 자신의 적성과 재능을 발견하는 것이다. 성공과 행복의 '첫 단추'는 부모에게 물려받은 재산에 있지 않다. 노력에 있지 않다. 욕심을 내려놓은 것에 있지 않다. 하늘로부터 주어진 적성 Talent 을 찾는데 그 비밀이 있다.

"나는 언제나 나의 바깥에서 힘과 자신감을 찾았지만, 그것들은 항상 나의 내부에 있

었다." _ 안나 프로이트(Anna Freud)

　적성을 발견하면 자신을 이해하게 된다. 좋아하는 것과 싫어하는 것, 가고 싶은 곳과 먹고 싶은 것, 잘 할 수 있는 것과 서툰 것을 알게 된다. 그러면 자존감이 강화되고 자신감이 생긴다. 모든 것은 아는 것에서 시작된다. 알게 되면 막연한 두려움이 사라지고 앞이 '훤~'해지는 느낌이 든다. '내가 비록 천재는 아니지만 나도 이 세상에 온 이유가 있음'을 알게 된다. 자신을 사랑하게 된다. 험난한 인생을 살아가는 무게중심이 된다. 힘이 된다.

　"나는 유일한 사람이며, 그 사실은 변하지 않는다. 모든 것을 할 수는 없어도 무언가는
　할 수 있다."_ 헬렌 켈러(Helen Keller)

　아마도 여러분은 여전히 자신의 적성과 재능이 무엇인지 알지 못할 수도 있다. 죽을 때 까지도 자신의 적성을 100% 알지 못할 수도 있다. 하지만 빠르면 빠를수록 좋다. 그리고 보다 탁월한 적성을 발견하면 발견할수록 좋다. 인생에서 성공하고 행복에 이르기가 보다 용이하다. 임종을 앞두고서야 자신의 적성을 깨닫는다면 얼마나 허망하겠는가?

　"이 세상에서 가장 훌륭한 질문은 바로 이것이다. '내가 이 세상에 살면서 잘 할 수 있
　는 것은 무엇일까?'"_ 벤저민 프랭클린(Benjamin Franklin)

● 노력이 제 값을 하려면

적성을 알고 도전하는 사람과 그렇지 못한 사람은 같은 노력을 해도 결과가 다르기 마련이다. 다른 조건이 같다면, 물론 적성을 알고 도전하는 사람의 결실이 좋기 쉽다. 자신의 장점과 단점이 무엇인지 잘 알지 못한 채 평생 이 일 저 일 전전한다면 그 얼마나 안타까운 일인가?

영화『매트릭스The Matrix』에서 주인공인 네오 키아누 리브스 분 는 최후의 결전을 앞두고 가상공간에 무기고를 통째로 로드시킨다. 무한정에 가까운 무기고에서 그는 모피어스를 구출하기 위한 최적의 무기만을 골라 결전에 임하게 된다. 네오는 에이전트와의 전투에서 어떤 총기류가 필요할 것이라는 점을 염두에 두고 총기를 고른다.

여러분은 여러분 앞에 펼쳐질 전투에 대해 알고 있는가? 어떤 사회가 펼쳐질 것이며 미래사회의 모습은 어떤 모습일 것인가? 여러분의 무기고 몸과 맘 에는 다양한 총기류 적성들 가 있다. 여러분은 여러분 앞에 펼쳐질 인생전투에 나서기 위해 적합한 총기를 잘 골랐을까? 개인 휴대에 적합하며 전투에서 승리하기에 최적의 총기를 잘 골랐는가? 보기에 멋진, 하지만 전투에는 부적절한 그런 총기를 고르진 않았을까? 말하자면 잘하지도 못하면서 단순히 취미삼아 좋아하는 그런 적성을 고르지는 않았는가?

사람들은 자신의 적성이 한 가지인 듯 오해하곤 하는데, 사람들의 적성과 재능은 한 가지가 아니다. 누구나 여러 가지 재능을 갖고 태어난다. 누구나 숫자와 암기, 기계조립, 음악 · 미술과 체육 등에 여러 소질을 섞어서 갖고 있다. 그런데 '성공 = 타고난 적성 × 살면서 노력'이라고 하면, 자신의 여러 적성 중 '최고의 적성 즉, 가장 잘 할 수 있는 소질'을 발견하여 노력한 사람과 가장 '젬병'인 적성으로 노력한 사람은 현격한 차이가 날 수밖에 없다.

방법보다는 역시 방향이 중요하다. '젬병 적성'을 택하면 '젬병 인생길'로 간다. 자신이 잘 할 수 있는 소질을 가능한 빨리 발견해야 하는 이유가 여기에 있다. '젬병 적성·젬병 공부·젬병 직업·젬병 인생'이 될 가능성이 크다. 반면, 뭔가에 소질을 발견하면 흥미를 느껴 더욱 노력하게 된다.

예를 들어 타고난 적성에 점수를 매겨보자. 누군가 20점, 10점, 5점, 1점짜리 네 종류의 적성을 타고 났다고 치자. 그리고 그가 각각 20점, 10점, 5점, 1점 분량의 노력을 한다고 가정하자. '20점 적성 × 10점 노력 = 200점'이 되는 반면, '1점 적성 × 20점 노력 = 20점'에 불과하다.

'공부'도 잘하면서 '글 솜씨'도 있고, '그림'도 잘 그리며 '피아노'도 수준급으로 치고, '노래'도 잘 부르고 '공'도 잘 차고 '발표력'도 좋고 '교우관계'도 좋을 수 있다. 모두 잘 할 수 있다면 좋겠지만 이 중 '가장 잘 할 수 있는 것'을 선택하여야 인생에서 성공할 가능성이 커진다. 0점 적성은 없겠으나 만약 0점 적성이 있고 이걸 택해서 인생을 살아간다면 빵점 인생이 될 것이다.

늦었다고 생각할 때가 가장 빠른 법이다. 수량과 종류는 다소 다를지라도 누구에게나 셀 수 없을 정도의 다양한 총기는 이미 제공되어 있다.

다만 앞에서 설명한 것처럼 겉보기에만 화려하거나 본인의 만족을 위해서만 총기 적성를 고른다면, 실전 인생이 어려워질 가능성이 높아진다. 그러므로 여러분에게 적합한 총기를 고르도록 하라. 그런데 『매트릭스』에 나오는 네오의 무기고와 달리 우리의 재능은 겉으로 드러나 있는 것이 아니다. 그래서 우리는 이런 오해를 하기도 한다. '난 잘하는 게 하나도 없어.' 누구나 한 번쯤은 드는 생각 아닐까? 하지만 성경을 보면 '우리의 생각을 바꿔야 함'에 대해 나온다.

● 달란트의 비유

성경에 달란트의 비유가 있다. 부자 주인이 길을 떠나며 종들에게 각자의 재능대로 달란트를 맡겼다. 그런데 다섯 달란트를 받은 자와 두 달란트를 받은 자는 장사를 하여 각각 다섯 달란트와 두 달란트를 더 남겼다. 하지만 한 달란트를 받은 종은 그 돈을 땅 속에 감추어 두었다가 주인이 돌아오자 "돈을 잃을까 두려워 땅 속에 감춰뒀다"며 다시 주인에게 돌려준다. 결국 이 종은 '쓸모없는 종'으로 쫓겨난다.

이 비유는 하나님께서 우리 각자에게 저마다의 재능 달란트 을 주시는데 우리는 이 재능을 갖고 '어떻게 살아가야 하느냐'에 대한 답을 주고 있다. 얼마의 달란트를 받았는지는 중요치 않다. 그러니 '왜 내겐 한 달란트만 주셨을까?'하고 근심할 필요는 없다. 또한 얼마를 벌었는지도 중요하지 않다. '얼마나 사용하고 개발했느냐'가 중요하다는 것이다.

달란트가 없는 사람은 없다. 우리 속담에 '굼벵이도 구르는 재주가 있다'라는 말이 있는 것처럼…. 그러나 사람의 사람됨은 각자 받은 달란트에 최선을 다하는 데 있다. 실패할까 두려워 아무 것도 하지 않으면 한 달란트를 받은 종처럼 쫓겨나게 된다.

비유에는 나오지 않지만 상상력을 발휘해 보면 한 달란트 받은 종의 마음 자세는 '비교하는 마음'이 있었을 것이다. '주인이 왜 나만 한 개 주었지?' 그러나 모든 사람은 하나님의 피조물이며 어떤 재능을 몇 개씩 주는가는 오로지 그분의 마음에 달려 있다. 이것을 신학에서는 '하나님의 주권'이라고 한다.

● 적성과 지능

누구나 자신의 능력을 십분 발휘하며 탁월하게 살고 싶은 욕망이 있다. 그러나 모두가 자신의 잠재력을 발견하며 사는 것은 아니다. 반세기 이상 동안 인간의 지능을 연구한 미국 하버드대 '프로젝트 제로Project 0' 연구소장 하워드 가드너는 누구에게나 몇 종류의 지능이 있다고 주장했다. 그는 IQ라는 지능 이론에 반대하며 인간은 적어도 언어 · 음악 · 신체운동 · 공간 · 자기이해 · 대인관계 · 논리수학 · 자연지능 등을 갖고 태어난다고 주장했다. 빈센트 반 고흐 같은 이는 공간지능에 뛰어나 희한한 그림을 그려 자신을 표현했고, 마틴 루터 킹과 간디는 대인관계 지능에 두각을 나타내 많은 이들의 마음을 사로잡았다.

> "무엇을 하더라도 밥 먹고 살기 쉽지 않다. 로스쿨 나와 변호사 되도 마찬가지다. 나 같이 기타 잘 치면 벤츠, BMW 타고 다닌다."_ 기타리스트 김광석

그렇다면 이제 어떻게 살아야할까? 앞에 나온 성경 내용이 우리에게 주는 교훈은 '최고'가 아니라 '최선'을 다하라는 것이다. 황소가 쌀 열 가마를 열심히 지고 가는 것처럼, 개미는 쌀 한 톨을 열심히 물고가면 그것이 최

선이다. 재능은 쓰지 않으면 곧 무기력해지지만 쓰면 쓸수록 풍성해진다는 것을 기억하라!

어떻게 적성을 찾을 것인가?

필자는 문과 적성임에도 "장남이니 공대 나와 빨리 취직해라"는 선친의 말 한 마디에 이과 진로를 택했다. 공과대학에 진학했고 이공계 기업에 취업하려던 중 진로를 바꾸게 되었다. 다소 늦었지만 그나마 다행이었다. 수학·화학·물리학은 어려웠고 재미도 없었지만 행정학· 정치학·경제학 등은 쉽고 재미있었다. 늦게 시작했지만 군대 해군장교 40개월 복무 제대하는 해에 1차 합격하고 다음해 한 번에 행정고시 최종합격했다.

필자는 '기계치'임에 틀림없다. 얼리어답터 Early Adapter 와는 아예 거리가 멀다. 엑셀과 파워포인트 등 사무용 소프트웨어도 서툴다. 만약 필자가 공대를 나와 기계를 만들거나 고치는 일을 천직으로 알고 노력했다면 과연 지금 수준의 삶을 살 수 있을까? 생각만 해도 아뜩하다. 결국 적성 찾기가 핵심인데, 문제는 자신의 적성을 알기 어렵다는데 있다.

● 이것저것 해 보라

괴테 Goethe 는 "우리 자신을 어떻게 알 수 있을까?"라는 질문에 "그것은 생각을 통해서가 아니라 행동을 통해서다. 자신에게 주어진 일을 해 보라. 그러면 자신이 누구인지 금방 알게 된다"고 명쾌하게 말했다. '이것저

것 해보라'는 것이다. 이게 바로 정답이다. 자신의 적성이 무엇인지, 하고 싶은 일이 무엇인지 잘 알지 못할지라도 매순간 몸을 움직여 무엇인가 최선을 다하다 보면 재능을 알게 된다는 것이다.

이것저것 열심히 하다보면 흥미 있는 것, 금방 싫증나는 것, 잘하는 것, 서툰 것이 드러나기 마련이다. 해보지 않고서는 알 수 없는 것들이다. 몸으로 직접 부딪혀 봐야 비로소 알 수 있는 것들이다. 물에 들어가 헤엄을 쳐보지 않고서 어떻게 물속에서의 느낌과 움직임을 알 수 있을까? 수영에 흥미를 느낄지, 재능이 있는지 알 도리가 없다. 책상에 앉아 책을 본다고 알 수 있는 게 아니다. 장님이 코끼리 만지는 격이다. 본인이 직접 몸과 마음을 써서 해봐야만 한다.

그래서 특히 청소년기에 독서와 토론 · 여행 · 취미 · 봉사 활동 등 다양한 경험을 해보는 것이 좋다. 왜냐하면 주입식 암기교육의 학교 공부를 잘하는 것이 적성이듯 그걸 못하는 것도 적성이기 때문이다. 누구나 잘하는 것을 반드시 몇 개씩은 갖고 있다. 스스로 세운 계획과 남이 맡긴 일을 꾸준히 실천하다보면 이런저런 시행착오도 겪고 실수도 하게 된다. 좋아하고 싫어하는 것, 잘하고 서툰 것을 알게 되고 자신의 의지와 능력의 한계 등을 남과 비교해서 알게도 된다. 적성을 점차 깨닫게 되는 것이다.

"적성에 맞는 일은 하기 전에 가슴이 설레고 하면서도 흥이 나고 빨리 배우게 되며 결과도 좋기 쉽다."_ 김흥기

'2014 소치 장애인 동계 올림픽'의 말미에 다음 개최지 '평창'을 알리며

국악소녀 송소희의 아리랑과 함께 우리나라를 대표하는 퍼포먼스로 소개된 석창우 화백. 그는 1984년 10월 전기기사로 일하던 중 2만2,000V 고압 전류에 감전돼 두 팔을 잃었다. 하지만 그림을 그려달라는 어린 아들의 말 한마디에 숨어있던 재능을 찾았다. 그리고 1998년부터 지금까지 총 30회의 개인전과 그룹전 220회를 할 정도로 뛰어난 실력을 갖추게 되었다.

"처음에는 붓을 잡는 일이 무척 힘들었다. 하지만 그림 자체가 재미있었기 때문에 힘들다고 표현할 수는 없을 것이다. 누구나 자기에게 맞는 것을 찾으면 그렇게 할 수 있다. 안 맞는 일을 하려고 하니까 괴롭고 힘든 것이다." 석 화백의 말이다.

좋아하는 일 vs 잘 할 수 있는 일

아마도 '엄마가 좋아? 아빠가 좋아?' 다음으로 어려운 질문이 '좋아하는 것을 해야 할까? 아니면 잘하는 것을 해야 할까?'인 듯하다. 그 일을 직업으로 삼고자 한다면 잘하는 것을 하라. 그러면 점점 그 일이 좋아질 것이다. 강지원 변호사 적성찾기운동본부 이사장는 '잘하는 일'과 '좋아하는 일'이 겹치는 영역을 '적성'이라고 말했다. 두 개가 겹친다면 '성공'과 '행복' 두 마리 토끼를 모두 잡는 '축복의 길로 가는 것'이라고 말하고 싶다.

이때 자신의 창의성을 극대화하는 열쇠가 하나 있다. 바로 자신이 평소에 가장 좋아하고 마음에 끌리는 것을 죽도록 해보는 것이다. 적어도 1만 시간 이상 자신이 좋아하는 일에 투자할 때 무엇인가를 이룰 수 있다.

● 그림 1
좋아하는 일과 잘하는 일

∘ TACKLE ∘

죽도록 노력하는 가운데 진정한 노동의 기쁨을 느끼고 희열을 경험하게 된다. 언어 지능이 높은 사람이 김연아 선수처럼 피겨스케이트를 잘 타려고 발버둥쳤다면 과연 성공할 수 있었을까? 만일 신체운동 지능이 남달랐던 발레리나 강수진이 노래를 불러서 성공하기를 원했다면 이뤄낼 수 있었겠는가?

그들은 자신이 좋아하는 일에 인생을 투자하고 발가락이 변형되고, 손가락이 아프고 머리가 깨질 정도로 습작을 했기에 자신의 분야에서 두각을 나타낸 것이다. 땀과 눈물을 흘리되 자신이 가장 좋아하는 일을 해야 한다.

마음에서 우러나오는 일을 할 때 몸도 건강해지고 마음에 즐거움이 솟아난다. 내적 동기가 노력과 만날 때 누구도 이루지 못한 기이한 업적을 이룰 수 있다. 잘하는 일을 하면 성공하기 쉽고, 좋아하는 일을 하면 행복에 이르기 쉽다.

"오늘이 무슨 요일인지도 모릅니다. 날짜도 모르구요. 전 그냥 수영만 해요."
_ 마이클 펠프스 (Michael Phelps)

수영 영웅 마이클 펠프스Michael Phelps 의 훈련은 23살 한창인 나이에 5년간 매일 16km를 수영하고 일주일에 한번만 쉬는 강행군이었다. 하지만 정말로 좋아하고 잘하는 일이기에 미친 듯이 할 수 있었다고 한다. 누군가의 말처럼 미쳐야 미칠 수 있다. 그때 창의성이 발현되는 위대한 순간이 찾아온다. 교사와 부모는 자녀들이 이런 발견을 할 수 있도록 돕는 존재다. 따라서 경쟁보다는 내적 동기 발견을, 비교보다는 자기 것을 발전할 수 있도록 도와야 한다.

● 적성과 뜨는(뜰) 시장

보통 적성은 '일'이라는 형태로 사회에 발현된다. '일'은 크게 취직과 창업으로 나뉘게 된다. 직업이라는 측면에서 예를 들어 설명해보면, 누군가 평소 사회 정의를 구현하는 일에 만족을 느끼는 적성이 있고, 법률을 암기하고 이를 알맞은 사례에 적용하는 재능이 있어서 훌륭한 변호사가 되는 것을 비전으로 삼았다. 그런데 사법시험 제도가 로스쿨로 개편되고 법률 시장 개방이 임박하면서 '변호사'라는 마켓은 참가자가 급증하여 경쟁이 심화되는 '레드오션'으로 변화가 예상된다면 이 상황에서 그는 어떻게 해야 할 것인가?

누구나 적성을 발견하는 과정에서는 많은 시행착오를 겪게 된다. 그럼에도 불구하고 본인이 변호사가 되는 것을 비전으로 삼게 된 것은 시행착오뿐만 아니라 본인의 판단을 강화해주는 수많은 피드백의 결과일 것이다. 그 과정에서 적성에 대한 정보 외에도 법률 시장에 대한 정보와 해당 분야에 대한 관계도 넓어지게 된다. 이에 따라 법률 시장의 변화에 대해서도 본인이 비전으로 삼기전보다 훨씬 많은 정보를 가지게 될 것이다. 이를 통해 내가 앞으로 어떻게 대응해야할지에 대한 전략 또한 효과적으로 세울 수 있게 된다.

가령, 적성을 살리면서 '레드오션'이 아닌 다른 직업을 찾는다거나, 일반 변호사들이 경쟁이 심화될 것이기에 이를 피해 특정 영역의 전문 변호사로 먼저 진출하여 선점효과를 노린다거나 하는 방법이 있다.

시장의 변화와 적성의 발견은 순차적인 것이 아니라 동시진행적인 것이다. 한 사람의 비전 역시 고정된 것이 아니라 유동적인 것이고 본인의 역량, 주변 환경의 변화에 따라 바뀌게 된다. 그러므로 본인의 적성을 계발시켜 나갈 때 시장의 변화에 항상 민감하게 귀를 기울여야 한다. 앞서 '뜨는 시장으로 가라' 파트에서 뜨는 시장이 어디인지 알아보는 방법에 대해 다루었다.

예를 들어 언어적 재능이 있다고 치면 중국이 G2로 부상하는 현 시대에 중국어와 일본어 중 어느 언어를 배워야 할지는 자명하다. 앞으로 뜨는 시장을 인지했다면, 그 중 본인의 적성과 부합하는 분야를 찾아서 그 분야에 도전 태클 하라.

아래는 20대의 자기계발과 관련한 시중 서적의 내용이다. 일부 인용해 본다.

적성이 중요하다는 것은 고정관념에 불과하다. 본인의 적성을 찾지 못해 힘들어하는 청춘들이 많지만, 적성을 찾지 못했다고 두려워할 필요는 없다. 일을 즐길 수 있는 것은 본인이 그 일에 '적성을 가지고 있는지 없는지'와는 관계가 없기 때문이다. 일을 즐기는 것은 오로지 사람의 마음먹기에 달려 있다. 또한 성공과 적성 역시 아무 관계가 없으며 성공은 일을 얼마나 즐기느냐에 좌우된다. 그러므로 일을 즐길 수만 있다면 적성이 없어도 성공할 수 있다.

언 듯 보면 그럴 듯한 말이다. 갈 곳을 잃은 지친 청년들에게 힘과 용기를 주는 글이라는 점에서 저자의 따뜻한 마음에는 동감하지만 필자는 위의 저자와 생각을 달리한다.

일을 즐기는 것은 단지 마음먹기와 태도의 차이뿐 아니라 본질적으로 적성에서 비롯된다. 우리가 살아가는 현실에서의 일은 추상적이지 않다. 크게 몸을 쓰는 육체노동과 정신을 쓰는 정신노동으로 대별되지만 일의 종류는 매우 다양하다. 연구와 강의, 총무와 인사, 신제품 마케팅과 보험 세일즈, 자동차 엔진 개발, 변압기 교체공사, 사기업 샐러리맨 및 일반 공무원과 군인·경찰·소방공무원 같은 제복공무원, 모내기와 추수, 스포츠맨, 연예인, 아프리카 오지의 선교사활동 등 하는 일이 같지 않다. 적성이 맞지 않으면 일 하기 전부터 도살장 끌려가는 소처럼 두렵고 지겨운 것은 물론 성과도 나지 않는다. '피할 수 없으면 즐기라'는 말처럼 좀 더 적극적인 태도를 취할 수는 있겠지만 적성과 성과 그리고 성공은 마치 자연법칙처럼 매우 밀접한 관계에 있다. 한마디로 적성이 안 맞으면 성공하기도 어렵고 성과가 미약하다. 성공하고 싶다면 당신이 '잘하는 일'을 하라. 무엇을 잘하는지 모르면 당신이 진정 '좋아하는 일'을 하라. '피할 수 없으면 즐기라'라는 말은 정말 피할 수 없을 때에 그렇게 하라는 뜻 정도로 생각하라.

자존감을 높여라

적성과 관련하여 '자존감 Self-esteem'이란 단어를 생각하지 않을 수 없다. 자존감이란 다른 사람과 비교하여 우월감이나 열등감을 느끼는 문제가 아니라 '스스로 자신의 존재가치를 인정하고 사랑하는 마음으로 자신의 인생과 존재에 대한 자부심'을 말한다. 거울 앞에선 자신의 모습이 마음에 드는가? 자랑스러운가? 아니면 맘에 들지 않고 미운가? 세상에 완벽한 사람은 없다. Nobody is perfect.

모차르트Mozart 에 대한 열등감으로 시달리던 살리에리Salieri * 를 기억하라. 남과 비교하면 괴로운 인생을 살 게 된다. 세상에는 당신 보다 낫고, 당신 보다 못한 사람들이 언제나 있기 마련이다.

자존감은 자신을 사랑하는 것이다. 휘트니 휴스톤Whitney Houston 의 『The greatest love of all』. 여기서 위대한 사랑은 바로 자신을 사랑하는 것, 'Learning to love yourself is the greatest love of all'이라고 노래하고 있다. 자존감이 있으면 지금 모습 그대로, 부족하면 부족한대로 만족스럽다. 앞으로 살아갈 인생도 기대되며 이 땅에 온 이유를 생각하며 인생을 열정적으로 살게 해주는 힘이 된다.

"인정하면 상처도 없어요. 그리고 끊임없이 스스로 타협해요. 난 못생겼지만 매력도 있어. 귀여운 척 해서 싫어하는 사람도 있지만 좋아하는 사람도 있어. 이렇게요. 전 원대한 포부는 없어요. 진짜 행복한 가수가 되고 싶을 뿐이에요."_ 가수 아이유

---

* 살리에리 증후군(Salieri syndrome): 주변의 뛰어난 인물 때문에 느끼는 열등감, 시기, 질투심 등의 증상을 뜻한다. 주변의 자신과 비슷하거나 같은 직종에 근무하는 사람들에게 열등감을 느낀 나머지 자신이 그들을 앞설 힘이 없으며 조력자로서 활약할 수밖에 없다는 생각을 가지게 된다. 영화 『아마데우스』는 안토니오 살리에리가 평생 볼프강 아마데우스 모차르트에 대한 열등감에 시달리다가 질투심을 이기지 못해 끝내 모차르트를 독살하고 만다는 내용인데 이 영화가 등장한 이후 극단적인 2인자의 심리상태를 이르는 용어로 '살리에리 증후군'이란 말이 광범위하게 쓰이게 되었다.

성공의 가장 큰 장애물은 자신감 부족이다. 일단 자신의 강점을 발견하고 나면 재능이 부족한 것은 큰 문제가 되지 않는다. 문제는 자신에 대한 믿음의 부족이다. 자신을 믿지 못하면 스스로 한계를 지우는 셈이다. 자신을 믿지 못하는 것은 곧 자신의 재능을 억누르는 것이다. 하지만 자신을 믿기만 하면 순식간에 더 높은 단계로 올라갈 수 있다. 잠재력은 어디까지 발전할 수 있는지 보여주는 그림과 같다. 믿음은 이 그림을 보고 그 수준에 도달할 수 있도록 도와준다.

뭔가 도전하겠다고 하면 사방에서 비판이 끊이질 않는다. 온갖 '태클 tackle'이 난무한다. 안 된다는 소리뿐이다. 겉으론 점잖게 말할지라도 결국은 '네까짓 게 무슨 그런 일을 하겠다고 하느냐? 주제와 분수를 알아라'라는 얘기다. 또는 '경기가 나쁘다. 여건이 좋아지면 해라'라고 걱정해준다. 문제는 부모나 교사, 동료 등 가까운 사람들이 이런 기죽이는 말을 많이 한다는 것이다.

이러한 부정적인 환경에서 끝까지 포기하지 않고 나아가게 해주는 힘은 무엇인가? 그것은 바로 '하면 된다. 할 수 있다'는 신념이다. 그렇게 굳게 믿는 마음이다. '나도' 능히 이뤄낼 수 있다는 자기 자신에 대한 믿음이다.

대체로 자기 자신에 대한 사랑이 있고 믿음이 있는 사람은 자존감이 높을 뿐 아니라 '나도 해낼 수 있어'라는 '자기효능감 Self-Efficacy'이 매우 강하다. 즉, 수학문제나 화학방정식을 풀거나 뱀이나 롤러코스터에 대한 공포를 극복하는 등 특정한 문제를 자신의 능력으로 성공적으로 해결할 수 있다는 자기 자신에 대한 신념이나 기대감이 강한 것이다. 반면에 자존감이 낮은 사람들은 자기효능감까지도 낮다.

자존감이 충만하면 스스로 가치가 있는 존재임을 인식하고 인생의 역경에 맞서 이겨낼 수 있는 자신의 능력을 믿고 자신의 노력에 따라 삶에서 성취를 이뤄낼 수 있다는 일종의 자기 확신 자기효능감 속에 살게 된다. 자신을 사랑하기에 자신의 일에도 사명감을 갖고 열정을 쏟아서 일을 하고 포기를 모르기에 항상 목표를 향해 전진한다. 자존감은 힘든 순간에 자신을 지켜주는 힘이자 잘 나갈 때에도 건방 떨지 않는 겸손함이다.

반면 자존감이 낮은 사람은 자신에 대한 애정과 믿음이 없기에 남의 시선을 의식한다. 또한 자신감이 부족하여 '할 수 없다'고 생각하며 대인관계가 원만하지 못하고 열등감이 심하며 쉽게 자괴감에 빠지고 우울증에 걸리기도 한다. 낮은 자기효능감을 가진 사람은 사이드브레이크를 잡은 채 차를 모는 운전사나 다름없다.

자존감은 짧게는 10년 보통은 20년 이상의 긴 세월 동안 자기 자신과 환경의 상호작용 속에 형성되어 온 것이기에 하루아침에 달라지고 높아지길 기대하긴 어렵다. 당신은 오늘의 당신 모습이 마음에 들지 않는가? 해맑은 아이의 표정으로 세상을 보고 싶은데 맘대로 되지 않는 현실에 짜증이 나는가? 만약 그렇다면 당신의 자존감을 높여 줄 비결을 하나 알려주겠다. 이 비결을 믿고 실천하는 것은 역시 당신의 몫이다.

필자는 "자존감이 높은 사람들은 '하면 된다. 할 수 있다'는 굳은 믿음을 갖고 있다"라고 말했다. 당신은 "그들은 그러한 믿음에 상당한 논리적 근거를 갖고 있을까?" 또는 "그들은 대체 뭘 근거로 '하면 된다. 할 수 있다'라고 믿는 것일까?"라고 말할 수 있다.

예를 들면, 필자가 당신에게 "당신은 100만 원이 있으면 그 돈으로 100만 원 상당의 무언가를 살 수 있는가?" 또는 "당신이 전국 수능성적 10등이라면 일류 대학에 입학할 수 있는가?" 같은 질문을 한다고 치자. 이러한 질문에 대해 당신이 "그렇게 할 수 있다"라고 답하는 것은 상당한 논리적 근거가 있다.

다음 질문을 해 보겠다. "당신은 유능한 세르파Sherpa 팀의 지원이 있다면 에베레스트 등정을 할 수 있는가?" "당신은 현재의 직장을 그만두고 사표 낼 수 있는가?" "당신은 20여 명 직원을 이끄는 유망 벤처기업의 CEO가 될 수 있는가?" "당신은 당신의 이름을 내건 스타 강사가 될 수 있는가?" 당신은 어떠한가? 이번에도 할 수 있는가?

당신이 무엇이라고 답했건 필자가 말하려는 것은 이것이다. 즉, '하면 된다. 할 수 있다'고 믿고 사는 사람들은 비록 작은 조건을 붙일지언정 "할 수 있다"라고 답한다는 것이다. 여기에 당신의 어려움을 풀 문제의 핵심이 있다.

● 믿을 구석을 만들라

자존감이 높은 사람들이 굳게 믿는 '하면 된다. 할 수 있다'라는 신념위에 확실한 논리적 근거라는 건 존재하지 않는다. 그들은 '할 수 있다'고 믿는 것이다. 그들의 믿음 위엔 그런 논리적 근거가 없을 뿐만 아니라 전혀 필요 없다는 것이다. 그냥 믿고 의지할 무언가가 필요할 뿐이다.

이에 대해 스티브 잡스Steve Jobs는 유명한 스탠포드 대학 강연에서 "당신은 뭔가 믿을 구석이 필요하다. 그게 당신의 깡다구 배짱, 용기 Guts

이건 운명 Destiny , 인연 Karma 이건 무엇이건 Whatever 간에 믿을 구석을 찾아야 한다"고 했다. 그게 무엇이건 믿을 구석을 찾아 믿어야 한다는 것이다.

스티브 잡스와 그가 이뤄놓은 업적들에 대한 세간의 평가는 존경심을 넘어 경외감까지 표하는 사람이 있을 정도다. 하지만 주변인들의 그에 대한 평가는 세간의 그것과 많은 거리감이 있다.

그는 고집불통이었고 자신의 주장을 상대에게 강요했다. 젊은 날의 스티브 잡스는 자신이 채식을 하기 때문에 샤워가 필요 없다는 본인만의 이론을 믿어 한 달 동안 샤워를 한 번도 안 해 그의 주변에 사람이 없을 지경이었다. 스티브 잡스가 처음으로 입사한 회사인 '아타리'는 다른 직원들이 그와 한 공간에서 일하는 것을 피하기 위해 그의 근무시간을 저녁으로 조정하여 혼자 근무하게 할 정도였다.

일반적으로 개성이 강한 사람들도 '사회화' 과정을 거치게 되면 사회에 자신을 맞추게 된다. 본인의 개성이 사회적 기준을 벗어나는 경우 지속적인 사회생활을 하는 것이 힘들어지기 때문이다. 그러나 그는 '현실 왜곡장'이라는 용어를 만들어 낼 정도로 오히려 사회를 자신에 맞게 변화시켰다. '현실 왜곡장'은 스티브 잡스가 이야기하면 그것이 실제로 이루어지는 것처럼 느껴지는 현상을 이야기한다. 그는 이런 엄청난 자존감을 가지고 있었기 때문에 실제로 현실을 왜곡시켜 세상을 바꿔놓았다.

필자는 어머니께 어릴 적 들은 이야기가 인생에서 믿음의 근거다. "애기 엄마~ 자식 많다고 자랑하지 말고 이 자식 하나만 잘 키우시면 만인이 우러러 볼 사람이 될 겁니다." 필자가 100일도 안 되었을 때 장님 점쟁이가 어머니에게 해 준 말이다. 이게 무슨 논리적 근거인가? 황당하지 않은가? 하지만 필자는 이 말을 늘 믿어 왔고 지금도 믿고 있다. 앞으로 필자가 어떤 사람이 되느냐가 중요한 게 아니라, 그 말을 철석 같이 믿고 날마다 최선을 다해 노력 한다는 게 중요하다.

여러분도 이런 '믿음의 근거'를 만들어라. 힘들고 지치고 고단해도 늘 여러분을 굳게 잡아주고 힘차게 날마다 앞으로 발을 내딛게 해 줄 믿음의 근거를 만들어야 한다. 허무맹랑하고 주위 사람들이 비웃어도 아무 상관없다. 깡패는 지 주먹을 믿고, 아이들은 부모를 믿는다. 그게 뭐든 상관없다. '나는 무조건 잘 될 거야'라고 믿어도 상관없다. 당신이 그 말을 진정 믿기만 한다면….

믿음의 근거 비록 허무맹랑할지라도 가 생기면 놀라운 파워가 생긴다. 당신의 재능에 확신이 더해지고 열정이 더해지며 노력이 더해지기 쉽다. 안 된다고 믿을 때야 당신의 재능도 별 볼 일 없게 여기고 애써 뭔가를 이뤄 보겠다는 강력한 열망도 없기 쉽다. 하지만 '나도 하면 된다'는 신념의 확신이 생기면 이 세상에 온 이유를 찾아가며 뭔가 남기려 부단히 노력하게 되는 정말 놀라운 변화가 일어나게 된다. '나도 하면 된다'는 믿음은 삶의 성공과 행복의 알파요 오메가다.

비전 바로 세우기

우리는 비전_{목표}을 세울 때 흥미_{관심}와 신념에 영향을 받는다. 어려서부터 비행기를 조종하는 것이 꿈이었고, 비행기만 봐도 설레는 사람이 있다고 하자. 그리고 여러 사람을 행복하게 만들어야 한다는 신념이 있다면, 그는 민항기 조종사가 되어 승객을 안전하게 실어 나르는 것이 그의 흥미와 신념을 모두 충족하는 길일 것이다. 그러나 흥미와 신념이 있다고 해서 그가 비전을 달성할 수 있는 것은 아니다.

흥미와 신념도 중요하지만, 그것보다 더 중요한 요소가 있다. 바로 자신이 그 일을 해낼 수 있는 재능 즉, 적성이 있냐는 것이다. 비행기에 대한 관심과 여러 사람을 행복하게 하고자하는 신념이 합쳐졌다고 해서 그 사람에게 민간 대형 항공기를 운항할 수 있는 능력과 자격이 자동적으로 주어지는 것은 아니다. 그가 실제로 비행기를 조종하기 위해선 조종사 자격증을 취득해야 하고 다년간의 경험을 쌓아야만 수백 명의 승객의 생명을 책임지는 민항기 조종사가 될 수 있다.

이를 위해선 여러 가지 적성이 필요하다. 공간감각 능력, 순간 대처능력, 운동신경 등 신체능력, 계기판 등 기계를 능숙하게 다룰 수 있는 조작능력 등 한 가지라도 부족하다면 그는 수백 명의 생명을 책임질 수 없는 사람이기 때문에 자격을 부여해서는 안 된다. 만일 능력이 없는 사람에게 자격이 부여될 경우 어떤 일이 벌어질 지는 생각만 해도 끔찍하다.

그러나 현실은 그렇지 않은 경우가 많다. 특히 우리나라의 경우 본인의 흥미와 신념보다는 성적을 기준으로 선택할 수 있는 직업 역시 사회적 명예·지위·권력·소득 등이 일렬로 줄이 세워져있다. 앞서 IQ가 모든 적성이 아니라고 이야기 한바 있다. IQ 외에도 성과를 결정짓는 여러 가지 요소가 있음에도 불구하고 수많은 적성 중에 하나인 공부적성으로만 직업을 결정하는 것은 사회적으로나 개인적으로나 매우 위험한 결정이다.

우리나라에서 의사는 부와 명예를 함께 얻을 수 있는 직업으로 알려져 있다. 그리고 본인이 '사람을 살리는 일'이라는 숭고한 일에 보람을 느낀다면 개인적으로, 사회적으로 축복받은 일이 아닐 수 없다. 그렇지만 그에게 의사로서의 적성이 부족하다면 어떻게 될까? 본인과 주위사람들은 의사가 되는 것을 권유한다. 그러나 막상 의사로서 중요한 기능인 손재주와 손가락의 높은 기능이 부족하다면 그가 학업을 마치더라도 의사면허를 따는 것도 힘들 것이고, 면허를 따더라도 그에게 우리의 생명을 맡기는 것은 매우 위험한 일이 될 것이다.

당신의 꿈Vision 이 당신의 재능Talent 과 일치하지 않는다는 것을 깨닫지 못하면 평생 노력할지라도 그 꿈을 이루지 못할지도 모른다. 바닥재능에 발을 딛지 못하고 허공에 대고 하는 헛손질이 되기 쉽기 때문이다. 비전은 당신의 강점 위에 지어야 한다.

그렇다면 우리가 위험한 선택을 하지 않기 위해선 어떻게 해야 할까? 본인의 흥미와 신념에만 충실한 직업을 선택했을 때 우리는 다음과 같은 감정을 느끼게 된다.

- 항상 피곤하다. 적성에 안맞는 일을 하기 때문에

- 성취 부족으로 자신감이 없다.

- 눈에 보이는 무언가로 자신의 가치를 증명하려 노력한다.

- 자신이 한 일에 대해 방어적이다.

- 자신의 실제모습그 직업에 적성이 없는 을 들킬까봐 두려워한다.*

우리가 적성에 맞는 일을 할 때 우리는 내 몸에 딱 맞는 옷을 입은 것처럼 편안함을 느끼게 된다. 만약 어떤 일을 할 때 잘못 맞춘 옷을 입은 듯이 불편하고 긴장된다면 그것은 나에게 맞는 적성이 아니기 때문에 실제로 꽉 끼는 옷을 입었을 때처럼 실수가 발생한다. 그 일을 한다는 것만으로 나에게 즐거움이 아닌 스트레스로 작용하기 때문이다. 그러나 앞서 얘기했듯이 우리나라는 다른 더 중요한 적성들은 고려하지 않고 공부적성인 성적으로만 직업을 결정한다. 이 불일치가 의료사고, 각종 비리 등 사회의 부조리한 일들의 근본적인 원인 중에 하나라고 할 수 있다.

그렇기 때문에 어떤 일을 할 때 위와 같은 감정들을 느끼게 된다면 지금이라도 본인의 적성을 되돌아 볼 필요가 있고, 비전을 재설정할 필요가 있는 것이다. 비전을 설정하는 기본적인 고려 요소인 흥미관심, 신념가치관에 적성을 추가로 고려해야 하며, 공부적성 뿐 아니라 해당 직업을 수행하는데 필수적인 적성에 대해서도 고려를 해야 한다. 그것이 거시적인 관점에서 본인과 사회 모두를 위한 길이 될 것이다.

---

* 존 브래들리, 제이 카티 공저 『달란트 발견 완전 정복』 중 '잘못된 상대가 보내는 위험 신호'

TACKLE

Talent

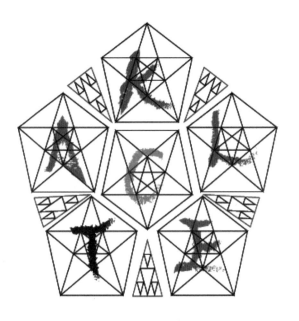

똘똘한 적성을 찾아내어
멋지게 발휘하라

CHAPTER
02

ATTITUDE:
좋은 태도를 가져라

모든 것은 나하기 나름이고 인생은 해석

좋은 생각을 해라. 좋은 태도를 가져라. 훌륭한 자세를 갖춰라. 여기에 행운과 행복이 따라 붙는다는 것을 명심하라. '좋은 생각'을 하고 '좋은 마음'을 품고 '좋은 태도와 자세'를 갖추면 '좋은 행동'을 하기 마련이다. 그러면 반드시 '좋은 사람'이 되기 마련이고, 이 사람에게는 '좋은 일'이 저절로 생겨난다. 이것이 세상에 숨겨진 비법이다.

20세기 문학계의 기인 제임스 앨런James Allen은 다음과 같이 말했다. "모든 성공은 말 그대로 '생각'하기 나름이다. 그래서 '생각'을 바꾸는 것이 가장 중요하다. '생각'을 바꾸면 '습관'이 바뀌고, 그래서 결국 '꿈'과 '목적'

을 달성할 수 있다."

미국 레이크우드 교회 담임목사이자 세계적인 강연자인 조엘 오스틴 Joel Osteen 도 베스트셀러 저서 『긍정의 힘』에서 "생각하는 대로 살아야 한다. 생각하지 않고 살면 사는 대로 생각하게 된다"고 강조했다.

인생은 해석이다. 같은 사물과 사건도 밝고 긍정적으로 보는 사람이 있는가 하면, 어둡고 부정적으로 보는 사람이 있다. 긍정적 자세를 가진 사람에게 '한계는 없지만', 부정적인 사람은 '한 게 없다'는 말이 있다. '인사가 만사'라는 말이 있는 것 처럼 '태도가 만사'다. 태도는 능력보다 중요하다. Attitude counts more than ability .

당신이 세상을 '대낮 같이 밝은 것'으로 보느냐 '칠흑같이 캄캄하다'고 보느냐에 따라 '기운차게 어깨를 쭉 펴고 대로를 활보할 것'인지 당신 손에 손전등을 들고 주위를 살피며 '조심조심 발길을 옮겨야 하는지'가 결정된다. 당신이 밤잠을 이룰 때 누군가는 지구 반대편에서 대낮을 즐긴다는 것은 세상에 밝음과 어둠이 함께 있음을 깨닫게 하려 함이지 당신에게 깜깜한 어둠만을 보라고 하는 게 아니다.

좋은 태도를 가지면, 좋은 행동을 하게 된다. 또한 좋은 행동을 하면, 좋은 습관이 형성된다. 일상생활에서 좋은 습관을 가지는 것도 좋은 태도를 형성한다.

빌 게이츠는 자신의 가장 좋은 습관은 "남의 좋은 습관을 자기 것으로 만드는 것"이라고 했다. '태도는 나의 선택이며 결단'이다. '오늘의 나'는 '과거 태도의 결집체'다. '미래의 나' 역시 '현재 태도의 결집체'에 다름 아니다. 능력을 바꾸는 데는 한 평생이 걸릴지 모르지만 태도를 바꾸는 것은 순간의 선택으로도 가능하다. 불량한 태도는 비난받아 마땅하다. 태도를 바꾸면 운명이 바뀌고 인생이 바뀔 수 있기 때문이다.

태도는 세상을 바라보는 내 안의 창문이다. 세상을 해석하는 통역기다. 밖에 태양이 밝게 빛나도 창문에 커튼을 치면 방이 어둡듯이 커튼을 친 태도로 세상을 보면 세상은 암흑천지다. '세상에 사기꾼 천지'라는 태도를 가지면 만나는 사람 모두가 사기꾼으로 보이기 마련이다. 우리는 자신을 둘러싼 사건·사물·사람에 의해 고통 받는 게 아니다. 그것을 바라보는 자신의 관점에 의해 고통 받는다.

태도는 당신을 성공하게도 실패하게도 만들 수 있다. 태도는 당신을 날아오르게도 추락하게도 만든다. '하면 된다. 할 수 있다'는 긍정적인 태도로 나아간다고 세상 모든 게 가능해지는 것은 아니다. 하지만 적어도 부정적 태도일 때보다는 더 훌륭하게 해낼 수 있다.

'태도'라는 단어가 추상적이어서 쉽게 뜻이 와 닿지 않는가? 그렇다면 두 글자를 '열정'으로 바꿔보자. '겸손'으로 바꿔보자. '열정'을 갖고 임하느냐, 그렇지 않느냐는 당신을 성공하게도 실패하게도 만들 수 있다. '겸손'하느냐, 그렇지 않느냐는 당신을 날아오르게도 추락하게도 만든다. '태도'를 인내·실천·연민·소통·협력 등의 단어로 바꿔서 읽어 보라. 훨씬 이해가 쉬울 것이다.

참고 견디며 버텨내고 인내 부단히 실천하고 또 노력하느냐 그렇지 않느냐는 것은 당신을 성공하게도 실패하게도 만든다. 당신을 날아오르게도 추락하게도 만든다. 남과 소통하고 협력하느냐 그렇지 않느냐는 당신 혼자 고립무원으로 일해야 하느냐 남의 도움 속에 시너지를 내느냐를 결정한다. 입만 열면 당신 말만 하고 심지어 남의 말을 중간에서 끊고 당신 말만 하느냐 그렇지 않느냐는 당신 곁에 친구를 만들기도 원수를 만들기도 할 수 있다.

'부자를 존경하고 부자의 좋은 점을 배우는' 부자마인드를 갖고 행동하느냐 아니면 마음속으로는 부자가 되고 싶으면서도 부자를 시기하고 조롱하느냐에 따라 당신은 부자가 되기도 하고 부자가 아닌 사람이 되기도 한다.

앞으로는 누군가 '태도'라는 단어를 말하면, 그냥 습관적으로 막연히 듣지 말고 이렇게 태도를 구성하는 다른 모습의 단어로 바꿔서 다양하게 생각하는 습관을 들여 보라. 세상이 훨씬 폭 넓게 이해되기 시작한다. 그것만으로도 당신을 보다 탁월한 태도를 갖춘 사람으로 변화시켜 준다.

● 재능보다 태도가 중요하다

이태리에 베르톨도 디 지오반니 Bertoldo di Giovanni 란 조각가가 있었다. 그는 당시 가장 위대한 조각가인 도나텔로 Donatello 의 제자였고, 동시에 미켈란젤로 Michelangelo 의 스승이었다. 미켈란젤로는 14세에 도나텔로의 작품성을 배우려고 베르톨도에게 왔다. 그때 미켈란젤로는 이미 조각에 천재적인 재능을 보였다. 그러나 베르톨도는 천부적인 재능을 가진 사람이 잘 성장하기보다는 자만에 빠져 재능을 잘 발휘하지 못하는 경향이 있음을 알고 미켈란젤로가 오직 예술에만 전념하도록 엄히 교육시켰다.

어느 날, 베르톨도가 작업실로 왔을 때 미켈란젤로가 예술성과는 전혀 동떨어진 천박한 장난감과 같은 것을 조각하는 것을 봤다. 그때 베르톨도는 망치로 그 장난감과 같은 조각품을 쳐서 산산조각 내며 소리쳤다. "미켈란젤로! 재능은 값싼 것이고, 헌신은 값비싼 것이야!"

● 태도는 세상을 향한 '관계'의 출발

나의 태도는 나를 둘러싼 인간, 자연 그리고 우주 삼라만상에 대한 나의 해석을 지배한다. '할 수 있다. 하면 된다'고 믿는 자와 '해도 안 된다'고 믿는 자는 전혀 딴 세상을 살아가고 있는 사람이다. 창문의 커튼은 필요에 따라 '쳤다 닫았다' 하라는 것이지 늘 닫아놓고 있으라는 게 아니다.

코미디언 엄용수를 아는가? 필자는 그와 함께 2012년에 도전한국인 운동본부에서 주관하는 상을 공동 수상한 인연이 있다. 그는 현재 KBS · MBC · SBS 코미디언 연기자협회 회장을 18년째 맡고 있다. 자신이 이렇게 오래 동안 회장을 맡고 있는 이유는 "우리나라 코미디언 중에 이렇게 '긴~' 명칭을 외울 수 있는 사람이 없기 때문"이라고 웃음을 준다. 어머니가 생선장사 하면서 7남매를 키웠는데, 예전엔 냉장고가 없다 보니 팔다 남은 생선은 그날 다 먹어야만 했고, 그래서 등푸른 생선을 많이 먹다보니 기억력이 좋아졌다는 것이다. 또한 유전적으로 탈모가 빨리 와서 속상했는데 그 덕에 지금 가발 모델을 하게 되었다는 것이다. 그러면서 대머리라고 아무나 가발 모델 하는 게 아니란다. 이덕화, 홍수환, 하일성, 엄용수 등이 모델을 하고 있는데 자신감이 있어야 하고 끊임없이 자기 계발을 해야 모델로서 생명력이 있다고 한다. 이덕화는 '하이모', 자신은 '하트모' 모델을 하는데, 이덕화는 연간 모델료로 2억 원을 받고 자신은 작은 회사이기에 매출에 따라 연간 2천만 원에서 3천만 원 정도를 받는다고 한다. 그러면서도 큰 회사는 다각화 하다가 자칫하면 망하지만 자신이 모델 하는 회사는 작은 회사여서 망할 일이 없으니 자신이 훨씬 좋은 케이스라고 너스레를 떤다. '붕어빵 장사가 망하는 거 봤냐'는 식이다. 참으로 좋은 태도 아닌가?

'승승장구 하느냐, 실패하느냐?'는 주변 환경보다는 내면에 달려있다. 미국의 한 조사기관이 최고경영자들에게 "당신의 성공에 가장 큰 영향을 준 요인이 무엇이라고 생각합니까?"라는 질문을 했을 때 응답자의 93%가 '대인관계의 매너'라고 대답했다.

경쟁전략의 대가인 짐 콜린스 Jim Collins 교수는 『위대한 기업은 어디로 갔을까?』라는 저서를 통해 위대한 기업이 몰락한 이유를 5년여의 기간에 걸쳐 조사 및 분석한 결과, 몰락한 이유에는 5단계가 있다는 것을 밝혀냈다.

1단계, 성공으로부터 자만심이 생기는 단계다. 즉, 교만의 단계다. 교만은 끝내 실패를 부른다. 당나라 태종과 그 신하들의 대화를 기록한 『정관정요 貞觀政要』에는 "성공한 사람은 마음이 교만하고 방자해져서 마침내 위기를 맞고 망하는 사태에 이르게 된다"고 경계하고 있다. 교만은 인생의 실패로 가는 길의 시작이고, 방치하면 끊임없이 욕심이 생긴다.

2단계, 원칙 없이 더 많은 욕심을 내게 되는 단계다. 현실의 안주보다 더욱 무서운 것은 과다한 욕심이다. 아리스토텔레스는 인간의 3대 악행으로 교만 · 탐욕 · 나태를 들었는데 바로 교만과 탐욕이 몰락하는 1 · 2단계를 이루고 있다.

3단계, '나한테는 위험이 없다'라고 생각하는 단계로 일이 술술 잘 풀리는 사람은 내면의 자만심을 경계해야 한다.

4단계, 구원투수를 찾는 단계다. 이러한 위기를 해결해줄 구원투수를 백방으로 찾아다닌다. 그러나 찾은 사람들은 내면을 잘 알지 못하기 일쑤이며 그래서 적절한 방법을 찾지 못하고 다음 단계로 이어지게 된다.

5단계, 몰락의 길로 4단계의 구원투수를 자신에 맞는 사람이 아닌 실력 있는 사람만을 고집하여 찾게 되어 그 해결법을 찾지 못하고 결국에는 몰락의 길로 가게 되는 것이다.

콜린스 교수가 말한 '기업 몰락 이유 5단계'의 요점은 사람이든 기업이든 성공하는 것도 어렵지만 그 성공으로부터 교만에 빠지지 않아야 된다는 것이다. 또한 무리한 욕심은 일을 그르친다는 것이다.

사람관계도 그렇다. 사람은 욕심이 많은 동물로 한번 가지기 시작한 욕심은 스스로 멈추기 전까지는 그 끝을 알 수가 없다. 사람은 항시 교만을 경계하고 욕심을 자제할 때 인생의 평화가 생긴다.

● 작은 친절로 크게 성공한 사람

어느 날 필라델피아에 있는 작은 한 호텔에 "도시 행사로 호텔마다 만원이라 묵을 곳이 없다"며 도움을 요청하는 노부부가 들어섰다. 이 호텔의 야간종업원은 "여기에도 객실이 없지만 제 방이라도 괜찮다면, 조금 불편하시더라도 쓰십시오"라고 선선히 응대했다.

이 종업원의 친절을 눈여겨본 노부부는 다음날 아침 자신을 소개했는데 그가 바로 1976년에 1천9백개의 객실을 갖춘 뉴욕의 월도프 아스토리아 호텔 경영인, 존 제이콥 아스터John Jacob Astor 였다. 그는 작은 친절을 베푼 야간종업원을 전격적으로 아스토리아 호텔 총지배인으로 삼았다.

미국의 맥킨리McKinley 대통령은 한때 똑같이 유능한 두 사람 중 한 명만을 고위 외교직에 맡겨야 하는 곤란한 상황에 빠졌던 적이 있었다. 두 사람은 그의 오랜 친구여서 이러한 곤란은 더욱 컸지만 맥킨리 대통령은 과거에 있었던 작은 사소한 일 하나로 결정을 하였다.

셋이 전차를 탄 일이 있었다. 셋은 자리에 앉아있었는데 나이 많은 어느 아주머니가 빨래가 가득 들어 있는 무거운 바구니를 들고 전차에 타는 것이었다. 나이도 많고 초라한 행색을 하고 있던 그녀에게 자리를 양보하는 사람은 아무도 없었다. 심지어 맥킨리의 두 친구 중에서 한 명이 부인의 가까운 곳에 앉아 있었음에도 말이다. 그 친구는 신문으로 얼굴을 가린 채 아주머니를 못 본 척 하고 있었다. 이때, 다른 친구가 자리에서 일어나 아주머니에게 자리를 양보한 일이 있었다.

그때의 기억을 떠올린 맥킨리 대통령은 아주머니께 자리를 양보하였던 친구에게 고위 외교직을 맡기게 되었다. 이렇듯 사소한 행동 하나는 태도로부터 비롯된다. 자리를 양보한 친구는 전차에서뿐 아니라 고위 외교직을 맡더라도 상대를 배려하고 조화를 이끌어내는 태도를 유지할 것을 알았기에 맥킨리 대통령은 그에게 고위 외교직을 맡긴 것이다.

● 긍정의 힘
통상 자기계발서는 긍정의 이야기를 다루고 있다. 세상은 풍요롭고 밝다고 이야기 한다. 당신도 할 수 있고, 하면 된다고 이야기 한다. 따라서 이런 책은 독자의 마음 상태에 따라 전달력이 전혀 다르다. 마음이 불안하면 아무 감흥이 없지만 마음이 차분하면 책의 내용과 저자의 마음이 가슴에 와 닿는다.

대체로 사람들의 반응은 좋아하거나, 싫어하거나 둘 중 하나다. 흥미로운 것은 이러한 책을 혐오하는 사람들 대부분은 염세적이거나 회의적인 사람이라는 것이다. 자기계발서가 가장 강조하는 것은 긍정적인 마음가짐인데 세상 모든 게 못마땅하고 불평불만으로 가득 찬 사람에게는 책이 전달하려는 메시지가 제대로 전달될 리가 없다.

'마음 심心'자에 신념의 막대기를 꽂으면 '반드시 필必'자가 된다. 불가능이라는 뜻의 'Impossible'이라는 단어에 점 하나를 찍으면 I'm possible이 된다. 부정적인 것에 긍정의 점을 찍었더니 불가능한 것도 가능해졌다. '빛'이라는 글자에 점 하나를 찍어보면 '빛'이 된다. Dream is nowhere. 꿈은 어느 곳에도 없다. 가 띄어쓰기 하나로 Dream is now here. 꿈은 바로 여기에 있다. 로 바뀐다. 부정적인 것에 긍정의 점을 찍으면 절망이 희망으로 바뀌는 '한 획의 기적'이 일어난다고 한다.

● 세상만사 인간관계

남들과의 관계가 불편해지면 머리가 아프고 복잡해지고 속상하게 된다. 남들과의 단순명료하고 밝고 편안한 관계를 유지하도록 노력하라. 뇌가 건강해지고 오장육부가 편해진다. 당연히 건강하고 오래오래 잘 살 수 있는 기초가 된다. 세상만사, 길흉화복, 성공과 행복이 모두 인간관계에 달려 있다. 주위 사람들과 좋은 관계를 유지하라.

비범한 공부재능에 노력을 더해 고시 3관왕은 될 순 있지만 사람들의 인정과 존경을 당연히 받을 수 있는 것은 아니다. 자발적인 존중과 헌신을 이끌어내는 힘은 진정성에 있다. 일관된 생각과 말 그리고 언행일치에 의해 가능하다. 김보성의 의리, 김장훈의 재능기부에 대해 사람들은 열광한다. 그들의 지식과 경험이 아니라 그들의 진정성에 열광하는 것이다.

필자는 특강이나 학교 수업에서 사람이 성공하고 행복하기 위해서는 좋은 태도로서 '3P'와 '3C'가 두루 갖춰져야 한다고 강조한다. 3P는 열정 Passion , 인내 Patience , 실천 Practice 으로 구성되어 자기 자신의 노력 Personal 으로 충분히 이끌어낼 수 있는 것이다. 반면 3C는 자신과 타인의 관계 Co~=Together 로서 연민 · 긍휼 · 배려의 의미인 Compassion, 함께 하나가 된다는 소통의 의미인 Communication, 협력 · 공동작업의 의미인 Collaboration이다. 자수성가한 사람치고 3P를 갖추지 못한 사람을 보지 못했다. 하지만 3C를 갖추지 못했을 경우 주위 평탄은 매우 나빴으며 그들은 오래가지 못함을 보았다.

개인적 태도 '3P': 열정 · 인내 · 실천

● 열정(Passion)

누군가에게 '후회 없는 인생을 사는 조언'이라는 글을 받아 본 적이 있다. 다음 같은 내용인데 열정이 바로 이러한 듯하다.

처음 한두 방울 빗방울이 떨어질 때는 조금이라도 비를 덜 맞으려고 애를 씁니다. 하지만 비가 퍼부어 몸이 푹 젖어 버리면 더는 비가 두렵지 않습니다. 어릴 때, 흠뻑 젖은 채로 빗속을 뛰어다니던 기억이 납니다. 비에 젖으면 비가 두렵지 않듯이 사랑에 젖으면 사랑이 두렵지 않고 일에 젖으면 일이 두렵지 않습니다. 삶에 젖으면 삶이 두렵지 않고 '오늘'에 젖으면 '내일'이 두렵지 않습니다. 무언가가 두렵다는 것은 나를 모두 던지지 않았다는 증거입니다. 무엇을 하든지 온몸을 던지세요. 그러면 마음이 편해지고 삶이 자유로워집니다.

인생은 나그네길이다. 아무도 자기가 어디에서 왔고 어디로 가는지를 알 수 없다. 실존주의 철학자 하이데거Martin Heidegger는 자신이 선택하지도 만들지도 않는 세계에 자의와 상관없이 세상에 던져진 존재가 인간이라고 생각했다. 인간은 자의와 상관없이 이 세계에서 살아가야만 하는 존재다. 모든 인간에게 공통된 이런 상태를 하이데거는 '피투성被投性, Geworfenheit'이라고 하였다. 아무도 자기의 존재를 선택하여 태어난 이는 없다. 하지만 그 누구도 벌판에 홀로 내팽겨진 사람은 없다고 믿는다. 우리가 최선을 다해 뜨겁게 살아야 하는 이유가 바로 여기에 있다.

주위를 둘러보라. 누군가는 뜨겁게 '열정적'인가 하면 누군가는 대체로 냉담하다. 즉, 세상사람 모두가 열정적인 게 아니라는 것이다. 미국의 철학자 랄프 왈도 에머슨Ralph Waldo Emerson은 "세상은 에너지 넘치는 사람들의 것"이라고 말했다. 하지만 많은 사람들이 자신이 가진 에너지의 10분의 1도 사용하지 않은 채 살아간다. 스티븐 스코트Steven K. Scott는 "성공을 위한 최고의 연료는 열정"이라고 말했다. 과연 열정은 어떻게 하면 끌어낼 수 있을까?

스티브 잡스는 "자신을 사랑하라"고 말했다. 그렇다. 사람은 뭔가 믿을 구석이 생기면 힘이 나기 마련이다. 즉, 자신을 사랑하면 Love yourself!, 자신을 알게 되고 Find yourself!, Know yourself! 그러면 가슴 속에서 열정 Passion 이 용솟음치게 된다.

자기 자신을 알게 Self-awareness 되면 자기존중 자신감, Self-confidence 이 생겨나게 된다. 그러면 '인내와 실천'과 같은 자기 경영 자기관리, Self-management 이 가능해진다. 무릇 인간은 자기 자신을 아는 데부터 시작한다. 무엇을 좋아하며 무엇을 원하며 무엇을 잘하는지 알게 되는 것이다. 개인적 역량 Personal Competences 이 생겨나게 된다. 대체로 성공했다는 사람들은 이러한 개인적 역량이 탁월한 공통점을 지니고 있다.

"시스템이나 전략보다는 사람과 열정이 초우량 기업의 조건이다."

_ 톰 피터스(Tom Peters)

국내에서도 출간된 『에너지버스』의 저자이자 미국 최고의 에너지코치로 꼽히는 존 고든 Jon Gordon 은 "마인드와 생활 습관을 바꾸는 것만으로도 충분히 열정에너지를 끌어올릴 수 있다"고 말한다. 열정에너지를 얻고 활용하는 55가지의 방법을 제안한 존 고든은 이를 꾸준히 실천한다면 스트레스와 두려움이 줄고 삶을 더 긍정적으로 살아갈 수 있다고 믿는다. 작은 틈이 큰 댐을 무너뜨리듯이 열정은 신변의 사소한 변화를 줌으로써 에너지가 생성되고 큰 에너지 발전소를 이루게 된다고 강조하고 있다.

『엘리먼트 Element』의 저자 캔 로빈스 Ken Robins 는 '타고난 재능과 열정이 만나는 지점'을 엘리먼트라고 정의하고 폴 매카트니, 파울로 코엘료, 뮤지컬 캣츠의 안무가 질리언 린 등 다양한 분야에서 성공한 사람들의 이야기를 통해 이러한 엘리먼트를 자주 경험하게 되는 사람이 진정으로 행복한 사람이라고 주장하였다. 즉, 어떤 일을 하더라도 내 마음에 좋은 울림이 있을 때, 감동이 있을 때 행복을 느끼게 된다는 것이다.

스펙 위주의 인재가 되어 좋은 직장에 취업하기를 바라는 것보다는 당신만의 엘리먼트를 형성하여 인생성공을 위한 리더가 되어 각 분야에서 활약할 때 당신 자신과 당신이 몸담은 조직이 활기찬 행복을 찾을 수 있다. 물 밖에 내동이친 고기가 아니라 '물 만난 고기'처럼 행복하게 살자. 그리고 당신의 열정에너지를 갖고 주변 사람들의 삶의 변화까지도 만들어 낼 수 있다.

세계적인 경영학자 게리 하멜 Gary Hamel 은 자신의 저서 『경영의 미래』에서 창조경제 시대 조직의 성공에 기여하는 인간의 능력을 단계적으로 설명하면서 이에 대한 기여도를 다음과 같이 백분율%로 나타냈다.

- 열정 Passion : 35%

- 창의성 Creativity : 25%

- 추진력 Initiative : 20%

- 지성 Intellect : 15%

- 근면Diligence : 5%
- 복종Obedience : 0%

여기서 눈여겨 볼 항목은 바로 열정이다. 창의성보다 열정을 더 우위에 놓은 것이다. 이 기준에 비추어 볼 때 여러분의 능력은 어떻게 구성되어 있는지, 한번 점검해 보기를 바란다.

다음은 이에 대한 하멜의 설명이다. 가장 아래 단계에 있는 것이 복종이다. 이는 상부에서 하달하는 방향성에 따르고 규칙에 맞게 행동하는 것을 말한다. 가장 기본적인 능력이라고 할 수 있다.

다음 단계는 근면함이다. 근면한 직원은 책임감을 가지고 있다. 따라서 손쉬운 방법이나 지름길을 찾지 않고 양심적이며 체계적으로 일을 한다.

다음은 지식과 지성이다. 대부분의 회사는 선천적으로 타고난 지능을 가진 직원을 채용하기 위해 부단히 노력한다. 그들은 기술을 향상시키고자 하는 사람과 다른 이로부터 최고의 습관을 배우고자 하는 현명한 사람을 높이 평가한다.

지성 위에는 추진력이 있다. 추진력을 지닌 사람은 남에게 요청을 받거나 명령을 받을 필요가 없다. 그들은 늘 새로운 도전을 찾고 가치를 창출하기 위해 항상 새로운 방법을 모색한다.

좀 더 높은 곳에 창의성이 있다. 창의적인 사람은 늘 호기심이 많고 억압할 수 없는 사람들이다. 그들은 주저하지 않고 주로 "이렇게 한다면 멋지지 않을까?"라는 말로 얘기를 시작한다.

그리고 마지막 최정상에는 열정이 있다. 열정 때문에 사람들은 어리석은 행동을 하기도 한다. 그러나 열정은 마음속의 뜻을 결국 실현시키는 비밀의 열쇠다. 열정을 가진 사람은 기꺼이 장애물을 뛰어넘으며 쉽게 포기하지 않는다. 열정은 전염성이 있어서 한 개인의 노력이 대중운동으로 퍼지게 만드는 중요한 기능이 있다.

오늘날 복종, 근면함, 전문적 기술은 거의 공짜로 살 수 있다. 인도와 중국까지 이미 이런 지식들은 세계적인 저부가가치 상품이 되었다.

● 인내(Patience)

대나무 중에 최고로 치는 '모죽'은 씨를 뿌린 후 5년 동안 아무리 물을 주고 가꾸어도 싹이 나지 않는다고 한다. 하지만 5년이 지난 어느 날 손가락만한 죽순이 돋아나 주성장기인 4월이 되면 갑자기 하루에 80cm씩 쑥쑥 자라기 시작해 30m까지 자란다. 그렇다면 왜 5년이란 세월동안 자라지 않았던 것일까? 의문을 가진 학자들이 땅을 파보았더니 대나무의 뿌리가 사방으로 뻗어나가 10리가 넘도록 땅속 깊숙이 자리 잡고 있었다고 한다. 5년간 숨죽인 듯 아래로 뿌리를 내리며 내실을 다지다가, 5년 후 당당하게 세상에 모습을 드러낸 것이다. 마치 물이 끓기까지 변화 없는 모습을 계속 유지하다가 갑자기 끓기 시작하는 것처럼 모든 사물에는 임계점이 존재하며 여기에 도달하면 폭발적 성장을 하는 것과 같은 이치인 것이다.

많은 사람들은 참으로 쉽게 포기를 한다. 하지만 '포기를 모른다'는 것이 성공한 사람들의 공통점이다. 그들에게는 실패와 고생을 거듭해도 분명 성공할 날이 올 거라는 긍정적 기대로 차곡차곡 내실을 다지는 시간이 있었다. 지금의 시간이 미래의 성공을 위한 밑거름이 된다고 확신을 하고 끊임없이 도전을 거듭하여 성공을 한 것이다.

지금 이 순간 고통 받고 있는 사람은 당신 혼자가 아니다. 아무리 열심히 해도 발전은 없고, 언제나 제자리걸음인 것 같아 포기하고 싶을 때 '모죽'이 자라기 전 5년과 100℃ 물이 끓기 전의 순간이라 생각하자. 이 시간을 포기하지 않고 견뎌낸다면 '모죽'처럼 쑥쑥 자라고 100℃의 물처럼 끓기 시작할 것이다.

하루를 보내는 것에 있어 긍정적인 미래를 꿈꾸며 쉽게 포기하지 않는 하루를 보내며 성공의 길로 한 걸음씩 나가야 할 것이다.

꿈은 누구나 가질 수 있다. 그러나 꿈을 이루기 위해서는 그만한 끈기와 인내가 필요하다. 어떤 분야의 일이든 자리를 잡기까지 3~5년이 걸린다. 따라서 끈기와 인내라는 조력자가 없다면 꿈은 단지 꿈으로만 두는 것이 좋을 것이다. 인생은 마라톤이다. 일의 결과가 만족스럽지 않을 때도 끝까지 매달려 노력하는 능력이야 말로 성공이냐 아니냐를 가르는 주요한 기준이다.

멜 피셔Mel Fisher라는 보물 탐사원이 있었다. 그는 스페인 문서에서 우연히 발견된 기록을 믿고 함선 '아토차'가 플로리다 해안 어딘가에서 바다 속에 가라앉았다고 확신했다. 피셔는 16년 동안 1천6백만 달러라는 거금을 탐사작업에 쏟아 부었다. 하지만 해저에서 찾아낸 유물은 겨우 몇 점뿐이었다. 그러자 투자자들과 주위 사람들은 당장 탐사를 중단하라고 엄청난 압력을 가했다. 그러나 피셔는 포기하지 않았고 선원들도 오직 피셔의 신념만을 믿고 16주 동안 월급도 못 받은 채 작업을 계속했다. 탐사기간 중에 피셔의 아들과 며느리 그리고 잠수부 한 명이 익사하기도 했지만 '오늘이 바로 그 날이다!' 라는 피셔의 믿음은 한결같았다.

마침내 그는 아들이 사망한 지 10년째 되던 날 스페인 보물함선 '아토차'를 발견하였다. 그리고 지금까지 발견된 그 어떤 보물보다 위대한 보물을 발견한 덕분에 엄청난 부와 명성을 거머쥐었다.

성공하기 위해서는 원대한 꿈과 목표가 필요하다. 그러나 인내가 없으면 결국 실패하고 만다. 크리스챤 체육인협회의 금언 중에 인내와 관련된 구절이 있다. "꿈을 가진 사람은 많다. 그러나 마라톤 선수는 백만 명 중에 단 한 명이다."

게리 플레이어 Gary Player 는 국제골프대회 우승경험이 많은 선수다. 언젠가 그가 출전한 어느 대회에서 사람들이 몰려들어 이렇게 말했다. "당신처럼 골프를 잘할 수 있다면 뭐든 다 하겠어요." 평소에는 그런 말을 대수롭지 않게 넘겼지만, 그날은 유난히 경기가 힘들었던 터라 그는 이렇게 화를 냈다.

"아니오. 그렇게 못할 겁니다. 나처럼 되려면 새벽 다섯 시에 일어나 코스에 나가서 공을 1천 개씩 쳐야 합니다. 손에서 피가 흐르면 클럽하우스까지 걸어가 피를 닦고 붕대를 감습니다. 그리고 코스로 돌아가 처음부터 다시 시작하는 겁니다. 나처럼 되려면 이 정도는 감내해야 합니다."

얼마 전, 이와 비슷한 이야기가 잡지에 실렸다. 한 여성이 어느 유명한 바이올리니스트에게 호들갑을 떨며 다가와 이렇게 말했다. "당신처럼 연주할 수만 있다면 내 목숨이라도 바치겠어요." 그러자 그녀를 물끄러미 쳐다보던 바이올리니스트가 대답했다. "부인, 저는 정말로 목숨 바쳐 연주한 것입니다."

희망을 갖고 참고 견디어 내는 것은 사람들이 꿈을 위해 목숨을 바치거나 힘든 순간에도 꿈을 향해 계속 전진하도록 만든다. 이것은 재능이나 교육, 지능지수보다 성공에 더 큰 영향을 미치는 무형의 힘이다.

> "당신이 인생에서 어떤 일을 하고 있든 장애물은 대단한 게 아니다. 고통이나 다른 힘든 상황이 찾아와도 정말로 잘하고 싶다는 마음만 있으면 목표에 도달하는 길을 찾을 수 있다. 뜻이 있는 곳에 반드시 길은 있다!"
>
> _ 미식축구 선수 잭 영블러드(Jack Youngblood)

인생은 마라톤이다. 어떠한 꿈을 가졌다면, 그 꿈에 걸맞은 인내와 끈기라는 노력으로 꿈을 이룰 수 있도록 달려가야 한다. 중간에 숨이 차서 포기하고 싶은 마음이 간절할 것이다. 그러나 42.195km라는 자신의 인생에서의 희망을 버리는 것과 같다. 꿈을 가지고 일을 하다가 중간에 힘이 든다고 해서 멈추어서는 안 된다. 힘든 여정 중에 한번이라도 쉬게 된다면 오히려 가기 싫어지는 법이다.

군대에서의 행군 때도 마찬가지다. 20여kg의 완전군장을 등에 짊어지고 몇 시간을 걷다가 잠시 쉬는 것은 정말 꿀맛이다. 그러나 쉬는 시간 이후에 다시 행군을 하기위해 일어서기도 힘들뿐더러 마음은 가고 싶어 하지 않는다.

어떠한 일도 갑자기 이루어 지지 않는다. 한 알의 과일, 한 송이의 꽃도 그리 되지 않는다. 나무의 열매조차 금방 맺히지 않는데 하물며 인생의 열매를 노력하지도 않고 조급하게 기다리는 것은 잘못이다. 무엇을 하던 열심히 노력하고 나서 그 결과를 기다리는 것이 당연한 것이다.

"평범한 재능과 비범한 인내가 있다면 얻지 못할 것이 없다."
_ 토마스 벅스톤(Thomas Buxton)

뛰어난 재주를 가진 사람을 보면 자신과 비교하고 절망하기 쉽다. 성공한 사람을 만나면 우리는 그의 성공을 부러워할 뿐이지 그가 겪은 인내의 시간은 고려하지 않는다. 정작 중요한 것은 뛰어난 재주가 아니라 비범한 인내다. 무언가 이루고 싶은 게 있다면 뛰어난 재주보다는 목표를 이룰 때까지 참고 견디는 게 더 중요하다. KFC 창업자 커넬 샌더스Colonel Sanders는 1008번 거절당한 후 1009번째 방문한 식당에서 첫 계약을 체결하게 되었다. KFC 1호점이 탄생하는 순간이었다.

● 실천(Practice)
실천. 사전적 의미로는 '인간의 의식적, 능동적 활동'을 말하는 것으로 책이나 이야기 혹은 생각 등을 직접 행동으로 옮겨 실행하는 것이다. 일반적으로 사람들은 어떠한 계기를 통해 발생된 일과 같은 목적이나 목표를 실행하기 전에 계획이란 것을 세운다. 무계획이란 것은 없다. 가령 '시장을 보러 간다'는 목표의식 그 자체가 계획의 일부다. 이처럼 실천에는 계획이 포함되어 얼마나 디테일한 계획을 세우는지에 따라 실천의 성패가 달렸다.

집에서 저녁을 먹으려는데 쌀이 없어서 장을 보러 간다고 가정해보자. 집에 쌀이 없다는 것만을 확인하고 시장에 가서 쌀을 사가지고 왔다가 막상 밥을 차려놓고 보니 반찬이 부족할 때가 종종 있을 것이다. 그때마다 다시 시장으로 가는 어리석은 행동을 반복할 것인가? 무엇인가 실천을 할 때에는 어떠한 것을 어떻게 실행을 할 것인지에 대하여 면밀히 관찰하고 이를 계획에 담아 내야한다.

실천을 한다고 하여도 모든 것이 성사되지는 않는다. 성공이라는 목표를 향해 계획을 하고 실천을 했지만, 생각대로 이루어지지 않았다 하더라도 모든 것이 다 틀리지는 않았을 것이다. 어떠한 부분에서 잘못된 것인지 살펴보고 다시 시도하는 것이다. 실천의 궁극적인 목표는 성과를 거두는 것이지만, 이 성과를 위해 꾸준히 노력하는 반복성 또한 필요하다. 위에서 시장을 반복해서 가는 것을 어리석다고 표현하였다. 그러나 나의 인생에 대한 설계가 잘되어있다면, 실패에도 불구하고 실천을 반복하는 것은 성공을 위한 좋은 태도인 것이다.

생각만 많고 아무것도 실천하지 않는 사람은 그 생각을 내 것으로 만들 수가 없다. 무엇이든 생각을 하여 목표가 생겼다면 이를 이루기 위해 실천이 필요하다. 오늘날은 외모지상주의가 강해져있다. 남자든 여자든 자신이 원하는 몸을 만들기 위해 가꾸고 좋은 것이라면 무엇이든 하고 싶어 하는 생각을 가지고 있다. TV에 나오는 연예인을 보고 부러워하기만 한다면 그들처럼 아름다운 몸매를 가질 수 없다. 그 몸매를 위해 본인이 계획을 하고 실천을 해야 자신의 것으로 소화할 수가 있다. 생각만 하지 말고 지금 바로 움직여라. 늦었다 생각하지 말고 지금 바로 시작을 하는 것이 당신이 원하는 바를 이루는 첫 단추가 되는 것이다.

"아는 것만으로는 충분하지 않다. 이를 적용해야 한다. 의지만으로는 충분하지 않다. 이를 실천에 옮겨야 한다."_ 괴테(Goethe)

실천을 위한 좋은 습관들이기

사람들은 수많은 결심을 하고 목표를 세우곤 작심삼일 하곤 한다. 평범한 사람들이 흔히 겪는 일이다. 그래서 상위 1% 사람들의 끈기와 인내 그리고 실천의 성공 스토리가 높게만 보이고 오히려 좌절하게 한다. 특별한 재능도 없고 의지가 약한 평범한 사람들은 어떻게 해야 할까? 실천력을 높이는데 도움이 될 '누구라도 실천 가능한 좋은 습관들이기'라는 방법을 익히면 된다.

⊙ 쉬운 일부터 하라

작심삼일 하지 않을 좋은 습관을 들이기 위해서는 우선 재미가 있어야 한다. 그리고 재미가 있으려면 성과가 있어야 한다. 사람은 하는 일에서 성과가 생기기 시작하면 더 재미를 느끼는 법이다. 성과를 높이기 위해서는 쉬운 일(Easier Tasks)부터 하라. 너무 목표를 높게 잡으면 좌절하게 된다. 뱁새가 황새 쫓아가려면 가랑이 찢어지게 된다. 제 풀에 나가떨어지지 않도록 당신이 할 수 있는 범위내의 쉬운 일부터 시작하면서 작은 성취감을 얻어나가야 한다. 당신이 스스로 이룬 성과를 인정하고 칭찬하고 자축하라. 이런 성과를 기록으로 남겨놓으면 더욱 좋다. '성공했다 또는 실패했다'만 기록하지 말고 얼마나 노력했는지 현장감 있게 기록하면 더욱 좋다. 점수를 매겨 놓으면 더 생생하다. 만약 실패의 빈도가 높으면 성공할 때까지 기준을 낮춰 도전하고 성취하라. 설악산 종주에 실패하면 다시 북한산 그리고 청계산에 오르는 것이다. 그리고 매일, 매주, 매월 조금씩 목표치를 높여 나가라.

시작이 반이다. 삶은 당신이 '어디서' 출발했는가에 의해서 보다 '출발했는가'의 여부에 의해서 결정된다. 시작하라. 실행하라. 실천하라.

사회적 태도 '3P': 연민 · 소통 · 협력

● 연민(Compassion)

나 자신를 아는 것이 열정 Passion 의 출발점이라면 남 타인을 아는 것, 즉 타인의 존재를 아는 것이 연민 Compassion 의 출발점이 된다. 열정이 뜨거운 것이라면 연민은 따뜻한 것이다. 태양의 '볕'이 뜨겁고 '빛'이 따뜻하듯 그런 것이다. 태양이 뜨겁기만 해서야 되겠는가?

이 세상에 나만 존재하는 것이 아니라 다른 사람도 함께 살아가고 있다는 사실을 깨닫는 것이 매우 중요하다. 인간은 개 · 소 · 돼지가 아니다. 차가운 이성이 있는 점도 동물과 다른 것이지만 따뜻한 감성과 연민의 마음을 가져야 한다. 이를 통해 공감 Empathy 이 가능해지며 소통과 협력과 같은 사회적 기술 Social Skills 이 강화된다.

인간과 자연에 대한 깊은 이해와 더불어 사는 공동체에 대한 숭고한 사랑이 절실하다. 현재 지구상의 인류는 인종과 피부색이 달라도 유전적으로 99.9% 동일하다. 심지어 인간은 대단히 똑똑한 듯 보이지만 침팬지와는 DNA가 1.23% 다를 뿐이고 고릴라 · 오랑우탄과도 98%이상 유전적으로 동일하다. 쥐 · 닭 · 바나나와는 85% · 75% · 60% 유전적으로 동일하다. 지구상의 모든 것은 개별적으로 존재할 수 없고 밀접하게 연결되어 있기에 서로 사랑해야 하는 이유가 바로 여기에 있다. 나와 남을 나눌 이유 가 없다.

타인의 존재를 이해하는 것이 뭐 대수로울까 싶지만 이것은 나뿐만 아니라 타인도 소중한 존재라는 사실을 깨닫게 됨을 의미하기에 매우 중요하다. 이러한 사람은 타인의 말을 경청하고 타인의 입장에 서서 생각할 줄 알며 자신의 이익만을 추구하는 게 아니라 타인과 조화롭게 살아가려 노력한다는 점에서 훌륭하다. 그래서 주위 사람들이 그를 인정하고 칭찬하게 된다. 주위 사람들의 자발적 협력을 이끌어내게 되고, 주위 사람의 칭송 속에 in praise of others 탁월한 사회적 역량 Social Competences 을 가진 리더가 되는 것이다.

김란숙 시인은 『열정이 성공을 만듭니다』라는 시에서 '남과 함께 비로소 완성되는 열정'에 대해 말한다. 시인은 이 시에서 "열정이 성공을 만드는 것이지만 인생은 단기 승부가 아니고 남과 함께 비로소 완성되는 것이기에 순간적인 불타오름, 남에게 피해를 주는 뜨거움이 아닌 묵묵히 오래가는 뚝배기 같은 열정이라야 진정한 의미를 가진다"고 노래하고 있다.

다음은 안도현 시인의 『너에게 묻는다』다. 짧고 간명하지만 우리네 인생에 대해 잘 얘기해주고 있다.

연탄재 함부로 발로 차지마라.
너는 누구에게 한번이라도 뜨거운 사람이었느냐

타오르고 싶은 연탄의 본능 그것은 열정 Passion 일 것이다. 재가 되는 것이 두려워 한 번도 타오르지 못해서야 되겠는가? 그건 시커먼 연탄 덩어리에 불과하다. 타올라야 할 때는 타올라야 한다. 누구나 성공하고 싶고 누구나 잘되고 싶을 것인데 그런 과정에서 스스로를 성찰해보고 인내하자. 타인을 탓하고 남을 허물하지 말자. 이 세상 함께 사는 다른 사람을 배려Compassion 하는 마음을 잊어서는 안 될 것이다.

세종대왕은 백성들이 쉽게 읽고 쓸 수 있게 훈민정음을 창제했다. 반기문 UN 사무총장은 '열정에 연민을 가져야 글로벌 시민'이라면서 "한국인들의 높은 열정에 부족함을 감싸 안는 연민을 가져야 글로벌 시민이 될 수 있다"고 했다. 앞으로 대한민국을 이끌고 나갈 우리의 멋진 청년들이 새겨들을 말이라 하겠다.

● 소통(Communication)

'Communication'은 '하나'라는 의미인 'Uni'와 '함께'라는 의미인 'Com'이 만나 '함께 하나가 됨으로써 소통'이라는 뜻을 가진 단어가 된다. 마치 유니폼Uniform 을 입으면 하나의 모습이 되듯 그렇게 '한 마음 한 뜻'이 되는 것이라고 보면 이해하기 쉬울 것이다.

이 말은 소통을 통해 함께 하나가 된다는 의미다. 당신과 상대방과의 소통의 시작은 보통 말이라 할 수 있다. 사람들에게 기분이 좋으라고 하는 말과 기분을 상하게 하는 말 등 다양한 언어가 현실 속에 존재한다. 좋은 관계를 만들기 위해서는 어떤 말을 해야 하는지 당신은 이미 알고 있지만 그것을 표현을 하지 않을 뿐이다. 자신의 고집대로만 말을 해서는 안 된다. 당신은 주위 사람들과 진정한 소통이 이뤄지고 있는가?

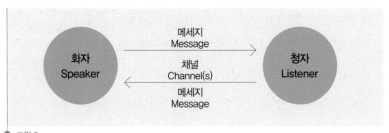

● 그림 2
소통의 구조

"경기를 잘하기 위해서는 동료들과 소통이 잘돼야 한다고 생각해요. 경기장 안에서나

밖에서나 소통이 중요해요."_ 축구선수 박지성

　진정한 소통이란 나 혼자만 이야기를 잘하는 것을 의미하지 않는다. 소통은 혼자서 하는 것이 아니기 때문에 본인이 말을 잘한다고 생각해도 상대는 반대로 생각할 수도 있다. 소통은 화자가 주가 되지만 실제로는 청자가 없으면 소통의 목적이 사라진다. 소통의 진정한 목적은 소통 이후 청자의 행동과 태도의 변화에 있기 때문이다. 따라서 청자의 입장에서 말을 전달하는 것이 진정한 소통의 시작이다.

　상대방이 걷잡을 수 없이 화가 나 있을 때에는 '미안합니다' '죄송합니다' 라는 말로 화를 가라앉힐 수가 있다. 사소한 일에도 상대방에게 감사함을 느낀다면 '고맙다'는 말로 표현을 한다. 또한 상대를 격려하고 응원하는 말로 '잘했어' '힘내' 라는 말이 있듯이 말은 나와 상대방과의 관계라는 거리를 순식간에 좁힐 수도 멀리할 수도 있다. 또한 말 한마디로 상대방의 능력을 200% 이상 이끌어 낼 수도 있다. 보통 사람들과의 관계를 맺기 위해서 흔히들 무엇인가를 사서 환심을 산다던지 음식과 같은 먹을거리로 대접을 하는 등의 행위를 하지만, '말 한마디로 천냥 빚 갚는다'라는 속담이 있듯이 말이라는 것은 돈 한 푼들이지 않고도 호감을 살 수 있다.

레이건 전 미국 대통령은 남을 불편하게 하지 않고 항상 미소를 잃지 않았다고 한다. 행복바이러스라고 할 정도로 주위사람들에게 좋은 기분과 희망을 주어서 그가 나오면 다들 마음이 편하고 기분이 좋아졌다고 한다. 훈훈한 마음으로 빙그레 웃는 '미스터 스마일 Mr. Smile'이다. 사람의 얼굴은 바로 사람의 마음이니 마음이 기쁜 그의 얼굴은 누구에게나 평화와 기쁨을 준다. 우리가 지녀야 할 마음의 표정이며 얼굴의 표정이다. 또한 그는 항상 유머가 넘친다. "제가 어떻게 대통령이 될 수 있었는지 비밀을 밝히겠습니다. 사실 저는 아홉 가지 특별한 재능이 있습니다. 하나는 기억력이 매우 좋다는 것입니다. 탁월한 기억력. 그리고 두 번째는… 예… 그러니까 그게 뭐더라? 음, 음… 기억이 잘 안 나는군요." 이런 식이다.

레이건은 의사로부터 치매의 초기단계라는 진단을 받고 1994년 11월 5일 『나의 친구 미국민에게』라는 고별 편지를 직접 써서 배포했다.

"… 끝으로 여러분들의 대통령으로서 여러분에게 봉사할 수 있게 허용해주신, 커다란 영광을 베풀어 주신 미국 국민에게 감사합니다. 언제가 될지는 몰라도 하나님이 나를 부르시는 때는 나는 이 우리들의 나라에 대한 최대의 사랑과 그의 장래에 대한 영원한 낙관을 안고 떠날 것입니다. 이제 나는 내 삶의 해저뭄으로 이어질 여행길에 오릅니다. 미국의 앞길에는 언제나 밝은 아침이 있을 것을 나는 압니다. 감사합니다. 친구들이여, 하나님께서 항상 여러분을 축복하소서."

_ 로날드 레이건(Ronald Reagan)

우리 삶의 목적은 우리가 이 세상에서 배운 것을 통해서 우리의 다음 세계를 선택하는 것이다. 아무 것도 배우지 않는다면 다음의 세계도 지금의 세계와 똑같을 수밖에 없음을 깨달아야 한다. 미래를 위해 시간을 투자하며 레이건의 '소통과 배려의 열린 마음'으로 빙그레 웃는 성공한 인생이 되자.

● 협력(Collaboration)

'안 되는 일을 되게 하는 것은 사람이 아니라 사람들'이라는 말이 있다. 세상에 혼자 이룰 수 있는 일은 그렇게 많지 않다. 'Collaboration' 단어 그대로 '함께Col 일labor 하는 것'이 협력이다.

사람은 에너지를 써서 일을 한다. 한 사람을 고립된 시스템의 에너지로만 본다면 에너지는 한정되어 있다. 에너지보존 법칙Law of Conservation of Energy 이 바로 그것이다. 그렇기에 한정된 에너지로 무엇을 할지는 자신의 선택이 된다.

반면 한 사람의 에너지는 한정되어 있지만 그를 둘러싼 세상엔 이용할 수 있는 에너지가 가득 차 있다. 사람이 모이고 고립된 시스템 한계를 넘어서 더 큰 시스템으로 넘어가면 더 큰 에너지를 사용할 수 있게 된다. 협력은 혼자 할 수 있는 일, 그 이상의 많은 것을 이루게 해준다. '백지장도 맞들면 낫다'고 한다.

다음은 필자의 '사람들과 함께 일하기 위한 세 가지 조건'이다. 당신이 보스또는 리더 의 자리이건 부하또는 추종자 의 자리이건 반드시 알고 실천하길 바란다. 보스로서 어떻게 하면 구성원의 협력을 이끌어내며, 부하로서 어떻게 협력할 것인지의 태도가 여러분의 성공과 행복에 영향을 미친다.

- 비전Vision 을 공유하고
- 역할Role 과 책임Responsibility 을 나누고
- 서로 소통Communication 하며 협력Collaboration 한다.

이 세상 사람 모두가 동일한 비전을 공유하는 것만은 아니라는 사실을 기억하라. 대체로 같은 조직 회사, 단체 등에 몸담고 있는 사람은 같은 곳비전을 바라본다. 조직과 구성원의 목표와 관심이 같은 곳에 있고 그 관심을 공유하고 있다. 하지만 예를 들면, 경쟁기업은 같은 고객집단비전의 대상을 바라보지만 경쟁에서 이기려는 딴 마음을 품고 있다.

물론 같은 조직 내에서도 조직목표와 개인목표가 다른 경우가 많고 이게 리더십의 큰 숙제이기도 하다. 대표적인 조직이 아마도 대학교와 교수와의 관계일 것이다.

마이스터Meister 고교 교장으로 간 전직 KT 임원이 있다. 그는 학교 교사들이 교장인 자신과 바라보는 곳이 다르다는 사실을 알게 되었다. 각자 지향하는 바와 목표가 다르다는 것을 절감했다. 학교는 군대처럼 명령과 복종으로 일사불란하게 움직이는 조직이 아닌 것이다.

'시너지를 추구한다는 것'은 서로 다른 두 사람 능력의 합계 이상이 결과로 만들어지는 것을 말한다. 시너지 효과는 서로 특징이 다른 사람들끼리 만났을 때 더 커질 수 있다. 특징이 같은 두 사람이 만나서 함께 노력하면 대체로 '1+1=2'의 결과를 얻겠지만, 특징이 다른 사람들이 만나서 두 사람의 서로 다른 장점을 결합시키면 '1+1=3'의 결과도 얻을 수 있는 것이

다. 극단적인 사례이지만, 속눈썹이 길고 장점 듬성듬성한 단점 남편과 속눈썹이 짧고 단점 촘촘한 장점 아내 사이에 속눈썹이 길고 촘촘한 자녀가 생겨난다면 시너지 효과를 제대로 거둔 것이다.

우리는 대등한 관계에서 처음 만나는 사람에 대해 항상 '그 사람의 장점이 무엇이며 나의 장점이 무엇인가'를 생각해보고, 두 사람의 장점을 결합하여 '어떤 좋은 일을 할 수 있는 것이 없겠는가'를 생각해보는 것을 습관화할 필요가 있다. 직장 동료에 대해서도 동료의 장점이 무엇이고, 자신의 장점이 무엇이며, 두 사람의 장점을 잘 결합하여 최선의 성과를 내고 있는지 새삼 점검해 볼 필요도 있을 것이다.

부자 마인드(Mind): 부자의 편에 서라

얼굴이 다르듯 인생도 다르다. 평생 잘 지내면서 불후의 명작을 남긴 예술가가 있는가 하면 정말 가난하고 힘든 상황을 딛고 명작을 남긴 이들도 있다. 톨스토이, 괴테와 세잔느, 피카소는 잘 지내면서 불후의 명작을 남긴 경우다. 도스토예프스키, 로댕, 고갱과 고흐는 가난과 시련의 연속인 인생을 살았던 인물이다.

로댕의 작품은 온도와 습도가 잘 유지되는 최적의 환경에서 전시되고 있다. 하지만 그는 정작 난방이 되지 않는 추운 방에서 얼어 죽었다. 부자와 가난의 얼굴이다. 요즘 세상에 필요한 것이 두 가지가 있다. 부자들은 가난한 자가 어떻게 사는지 알아야 하고, 가난한 자들은 부자들이 어떻게 일하는지 알아야 한다.

현대 자본주의 사회에서 '성공'은 부의 축적 혹은 본인이 원하는 바를 이루는데 예산부이 제약요소가 되지 않는 것을 의미한다. 인터넷으로 대표되는 정보의 대중화로 '기회' 또한 대중에게 주어지고 있다. 하지만 충분한 부가 뒷받침 되지 않은 상태에서 주어진 기회는 그림의 떡과 같다. 결국 행복하기 위해서 즉, 만족하기 위해서는 예산의 제약으로부터 해방되어야 한다는 의미다.

우리는 예산의 제약Constraints 으로부터 해방된 이들을 '부자'라는 대명사로 부른다. 그러나 우리나라에서 부자의 이미지는 부러워하는 대상인 동시에 공분의 대상이기도 하다. 왜 사람들은 부자가 되기를 원하면서 부자를 욕하고, 부자가 되기는 힘들까? 부자가 가지는 부정적인 이미지는 여론조사 결과에도 드러난다.

〈그림 3〉을 보면, 국민의 82.1%20.8%+61.3% 는 부자를 존경하지 않으며 부자에 대한 호감도 측면에서도 '보통 이하'로 조사되었다. 대학생들의 부자에 대한 생각에서 이중적인 태도의 이유를 유추해 볼 수 있다. 대학생들은 부자의 대부분이 부모에게서 재산을 물려받아 부자가 되었다고 생각한다. 자수성가형 부자들도 있지만 극소수이며, 대부분은 부모가 부자였기 때문에 자식도 부자가 된다고 생각하는 것이다.

대학생들에게 수업시간에 묻는다. "여러분 중 남보다 변변치 못한 직장을 갖고 경제적으로도 가난하게 살고 싶은 사람?" 손들어 보라고 한다. 단 한 명도 손드는 학생이 없다. "여러분 중 여러분의 자녀를 남의 자녀

보다 못 먹이고 못 입히고 못 가르치고 싶은 사람?" 손들어 보라고 한다. 역시 단 한 명도 손드는 사람이 없다.

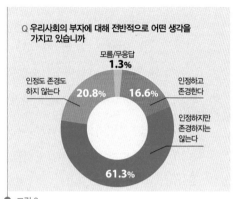

그림 3
우리 사회 부자에 대한 인식_ 머니투데이 2014. 6. 18
"국민 82.1% 부자 존경안해 호감도도 보통이하"

누군들 남 보다 못한 형편에서 살고 싶겠는가? 남들 보다 경제적으로 윤택하고 남들로부터 존경받으며 살고 싶은 게 인지상정일 것이다. 학생들이 손을 들지 않는 걸 보면 이들이 모두 가난하게 살기 원하지 않는다는 것이고, 가능하면 부자로 살기 원한다는 것인데 신기한 것은 이들에게 다음과 같은 질문을 한 결과다.

'왜 주위를 보면 부자를 욕하고 미워하는 사람이 많을까? 여러분 스스로는 부자에 대해 어떻게 생각하는가? 여러분은 경제적으로 풍요롭게 살기를 원하는가?' 이에 대한 학생들 대다수의 대답은 "인정은 하지만 존경하지는 않는다"로 〈그림 3〉의 설문조사 결과와 일치한다.

대학생들의 이런 판단은 옳은 것일까? '장기시계열분석법'이 있다. 시간의 흐름에 따라 대상이 어떻게 변화할 것인가를 예측하는 기법이다.

이 기법으로 다음과 같은 세 가지 사실이 밝혀졌다.

- 모든 사람은 죽는다.
- 모든 국가는 멸망한다.

▪ 모든 기업은 망한다.

위의 세 가지 사실에 비추어보면 결국 모든 부자는 죽고, 그 부자들이 부를 일구어냈던 모든 기업들도 망하게 되어있다. 이 사실을 통해 말하고자 하는 바는 부의 일부는 대물림 되지만 영원히 대물림 되지는 못한다는 것이다. 조앤 롤링, 빌게이츠, 스티브잡스, 정주영 회장 등 거대한 부를 축적하면서도 존경받는 사람들은 모두 당대에 성공한 사람들이다. 그렇다면 어떻게 해야 이들처럼 부와 존경을 함께 얻을 수 있을까?

'가난해도 부자의 줄에 서라.' 세계에서 가장 계산에 밝다는 유대인들의 지혜를 담은 탈무드에 나오는 얘기다. 이 말은 부자가 되고 싶으면 부자의 생각과 행동을 따라하라는 의미다. 부자가 되기 위해선 먼저 부자의 편에 서야한다. 부자의 편에 서라는 것은 부자가 정의롭기에 그의 편을 들라는 게 아니다. 그들에게는 배울 점이 있으니 배우라는 것이다.

"가난하게 태어난 것은 당신의 실수가 아니지만, 죽을 때도 가난한 건 당신의 실수다. If you born poor, it's not your mistake. But if you die poor, it's your mistake."1초에 28만 원을 버는 남자 빌게이츠의 마인드다.

부자가 되려면 부자와 친해져야 한다. 부자의 대열에 서라는 것은 가진 것도 없이 무절제하게 살라는 이야기가 아니다. 부자가 생각하는 방식을 배우고, 부자가 행동하는 방식을 따라 행동하라는 것이다. 부자에게서 모든 재산을 빼앗아서 가난한 사람에게 주고, 10년이 지나게 되면 재산을 빼앗긴 부자는 다시 부자가 되고 가난한 사람은 다시 무일푼이 된다고 한다. '부자'와 '가난한 자'라는 결과가 중요한 것이 아니라 '어떤 행동'을 통해서 부자가 되었는지, 아니면 가난한 자가 되었는지가 좀 더 근원적인 물음이라는 의미다.

미국 역사상 최대 부자 중 한명인 철도왕 벤더빌트Vanderbilt, 1877년 그가 사망했을 때 남긴 재산은 1억 달러에 달했다. 당시 미국 국립은행의 총 예금액인 8억 달러의 12%에 해당하는 금액이었다. 그러나 약 100년 후인 1973년에 그의 후손 120명이 모였는데, 그 중 재산이 100만 달러가 넘는 사람이 한 사람도 없었다. '부자는 3대를 못 간다'는 속담이 들어맞은 경우다. 반면 석유왕으로 불리던 록펠러Rockefeller는 가족이 함께 자선사업을 통해 가문의 재산을 사회에 환원하면서도 오히려 재산을 불렸다. 1989년 록펠러 가문의 가족들 중 5명이 미국의 400대 부자에 들어 있었고, 가문의 재산도 50억 달러나 불어나 있었다. 지금도 미국의 심장 뉴욕에 가면 록펠러 센터가 자리 잡고 있고, 록펠러 타운이라 불릴 정도로 여러 채의 건물을 추가로 인수하거나 건설하여 규모가 점차 커지고 있다.

벤더빌트가와 록펠러가의 차이는 어디서 비롯되었을까? 벤더빌트의 손자인 윌리엄 벤더빌트는 막대한 유산이 행복 추구를 방해한다고 말했다. 부자의 함정을 이야기 한 것이다. 록펠러는 '지식의 습득과 공유, 고통의 제거와 예방, 인류 진보와 관련해 전 인류의 문명을 향상' 시키고자 재단을 설립한다. 이 재단을 통해 사회적인 명성을 얻은 것과 동시에 가족재단을 가족지배구조의 플랫폼으로 활용하여 부자 마인드를 전수시키는 방법으로 '부자의 함정'에 빠지지 않을 수 있었다.

그렇다면, 부자는 어떤 직업을 가진 사람들일까? 새로운 가치를 창출해 항상 블루오션을 만들어가는 발명가가 부자일까? 기업가가 부자일까?

발명가(10%)

사채업자(80%)

부자 시상대

CEO(20%)

샐러리맨(5%)

● 그림 4
직업군과 부자 마인드

아니면 법정 최고 이율을 받아 돈놀이하는 사채업자가 부자일까? 물론, 어떤 특정 직업 전체가 부자라는 것은 불가능한 일이다. 직업에 따른 평균 소득 차이는 있겠지만 부자는 그것만으로 결정되는 것이 아니기 때문이다. 하지만 안타

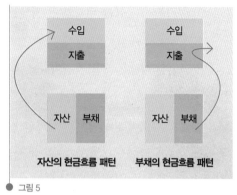

● 그림 5
자산과 부채의 현금흐름 패턴

깝게도 샐러리맨 중에는 부자가 매우 드물다. 이런 결과를 가져오게 되는 결정적인 차이는 무엇일까? 그 차이를 알기 위해선 부자인 직업을 찾는 것이 아니라 부자의 공통점을 찾아야한다. 그리고 그 공통점이 바로 '부자 마인드'다.

〈그림 5〉는 2000년 발매되어 베스트셀러가 된 책『부자아빠, 가난한 아빠』1권에 나오는 그림이다. 이 책의 내용은 사실상 〈그림 5〉가 전부라고 할 수 있다.

'자산과 부채의 차이를 알고, 자산만 사야 한다.'

〈그림 5〉는 현금흐름을 표현한 것이다. 여기에 나오는 '자산'과 '부채'는 우리가 회계적으로 알고 있는 자산과 부채를 의미하는 것이 아니다.

〈그림 5〉에서의 정의는 다음과 같다.

- **자산** : 주머니에서 돈이 들어오는 '어떤 것'이다.
- **부채** : 주머니에서 돈이 빠져나가는 '어떤 것'이다.

'부자들은 자산을 획득한다. 가난한 사람들과 중산층은 부채를 획득한다. 그리고 부채를 자산이라고 생각한다.'

가난한 사람은 집을 자산이라고 생각한다. 집을 가지고 있으면 돈이 빠져나간다. 대출이자, 재산세, 보험료, 관리비, 유지비 등등 모두 지출이다. 그렇기 때문에 위의 정의대로라면 집은 부채다. 그런데 우리가 집을 사는 이유는 집값이 오르는 것을 기대하기 때문이다. 그렇다면 집값이 올랐을 때 자산이 증가한 것인가? 아니다. 지속적인 수입을 올려주는 것이 자산이다. 집은 그 가격에 팔았을 때 수입이 발생하는 것이다. 자산을 산다는 것은 내가 직접 일을 하거나, 몸이 묶이거나, 시간을 쓰지 않아도 주머니에 지속적으로 돈이 들어오는 어떤 것을 산다는 것이다. 예를 들면 집을 임대해 월세를 받게 되면 집은 자산이 된다.

'자산이 부채로 인한 지출의 합보다 많다면 당신은 부자가 된다.'

태도에 대해 정리해 볼 점

알버트 아인슈타인(Albert Einstein)이 적절히 설파했듯 같은 행동을 반복하면서 다른 결과를 기대할 수 없다. 그렇다면 무엇을 어떻게 해야 할까? 만약 당신의 잘못된 태도가 있다면 그것부터 올바른 태도로 바꿔야 한다. 당신의 현재 모습은 어제까지 당신이 보여 온 태도의 모습 다름 아니다. 현재 당신의 태도는 당신의 마음과 생각, 당신을 둘러싼 주변 환경, 그리고 당신과 친교하는 사람들에 따라 형성된 것이다. 앞으로 당신의 미래 역시 당신의 태도에 의해 결정된다.

지나간 과거를 바꿀 수는 없다. '사람은 안 변한다'라는 실망스런 말에서 보듯 특정한 방식으로 행동하는 사람들을 변화시킬 수도 없다. 결국 우리는 우리가 바꿀 수 있는 것을 선택할 수밖에 없으며 '바꿀 수 있는 것은 바로 당신의 태도'다. 삶은 당신에게 일어나는 일 10%와 그 일에 대한 당신의 반응 90%로 이루어진다. 그것은 당신 또한 예외가 아니다. 자신의 태도에 책임져야 할 사람은 오직 자신뿐이다.

'태도가 인생의 가치를 바꿀 수 있는가?'라는 질문에 필자는 자신 있게 '예'라고 대답한다. 그러나 태도가 모든 것을 해결해준다는 말은 사실 공허한 말이다. 태도만으로 다 잘 될 거라는 말을 믿는다면 자신에게 도움이 되기보다는 오히려 해가 될 수도 있다. 만약 태도가 모든 것을 해결해준다면, '할 수 있다'는 확신만으로 모든 것이 이루어진다면 필자는 세계적인 특강 강사 또는 베스트셀러 작가가 되었을 것이다. 그러나 현실의 필자는 그렇지 않다.

태도를 통해서 극복할 수 없는 영역도 존재하는 것이다. 그것은 실력과 경험, 사실의 영역이다. 태도가 아무리 훌륭해도 실력의 차이를 메울 수는 없기 때문이다. 물론 두 명의 지원자가 실력과 경험 면에서 대동소이하다면 더 좋은 태도를 가진 사람이 선택될 것은 틀림없다. 같은 의미로 회사가 경영상의 이유로 사원 둘 중 한 명을 해고하려고 할 때 비슷한 실력이라면 태도가 더 나쁜 쪽을 선택하리라는 것도 자명하다.

태도는 중요하다. 하지만 탁월한 태도만으로 삶의 성공과 행복을 모두 얻을 수는 없기에 우리는 다음 장(章)으로 넘어가야 한다. 늘 바람직한 태도를 형성하고 유지발전 시키면서 지식, 기술과 경험을 쌓고 일과 쉼을 포함하는 삶의 모든 영역에서 최선의 노력을 다해야 한다.

TACKLE
Attitude

'하면된다'는 긍정마인드로
탁월한 태도를 견지하라

CHAPTER
03

KNOWLEDGE:
평생 지식을 쌓아라

지식은 한 마디로 'Power & Money'

실패는 재능이나 노력의 부족에 기인할 수 있다. 하지만 지식과 경험의 부족에 기인할 수도 있다. 점검하라. 세상은 늘 변하기에 평생 배우고 익혀야 하는 이유가 여기에 있다.

성공成功이란 공功으로 이루어지는成 것이다. 여기서 공功은 '공부工夫의 힘力', 즉 공부의 에너지로 이루어짐을 뜻하고 있다. 공工의 한자를 상하로 늘리면 영어의 아이I가 된다. 공부는 바로 나I, 내가 스스로 힘써서 해야 하는 것이다. 누가 대신해 줄 수 없는 것임을 말해주고 있다.

여기서 공부의 에너지란 바로 스스로 힘써 이해하고 깨닫고 터득한 지

● 그림 6
공부

식, 기술과 경험을 뜻한다. 영어단어를 외우고 영어문법을 이해하며 영어로 된 책을 읽으며, 영어 듣기와 말하기 연습을 하여 영어로 글을 쓰고 말을 주고받을 수 있게 된다. 자전거 타는 스킬, 피아노를 연주하는 기술이 모두 해당한다. 공부하고 연습하고 직접 해보지 않은 사람은 할 수 없는 것이다. 이것이 바로 공부의 힘이며, 이것이 바로 성공으로 가는 길이다.

모든 Leader는 Reader이고 Learner이다. 지하철에서 스포츠신문이나 들고 읽으면서 부자가 되길 기대하지 마라.

● Know What · How · Where

인류가 정착생활을 하기 전으로 역사를 거슬러 올라가, 수렵생활을 할 때에는 지식의 특성 중 'What'이 가장 중요한 시기였다. 어떤 동물이 사나운지, 잡기가 쉬운지, 어떤 동굴이 안전한지, 위험한지 등 객체 자체에 대한 정보가 필요하고 아주 중요한 시기였다. 이 당시에도 사냥기술과 추위와 더위를 피하는 방법들은 구전되었지만, 매우 단순하고 1차원적인 방법들이라 '노하우 Know-how'라 불릴만한 것은 못되었다.

그러던 것이 농경을 통해 정착생활이 가능해졌고 농사라는 일련의 과정 Process 를 통해야 원하는 결과물인 곡식을 수확할 수 있었다. 이때부터 노하우의 중요성이 강조되었다. 노하우가 있는 사람과 없는 사람은 생산량과 품질에서 차이가 날 수 밖에 없었다. 생산성을 결정짓는 가장 큰 요소가 기술지식 K 이기 때문이다. 인류 문화가 발전함에 따라 철을 다루는 대장일, 배를 만드는 조선, 자기를 구워 식기를 만드는 도예 등 노하우가 중요한 분야는 끊임없이 추가되어 갔다. 이는 산업사회에도 마찬가지로서 어떤 제품을 생산하는데 필요한 핵심 기술 Know-how 이 곧 기업의 핵심 경쟁력이다. 지식재산의 중요성이 증대되는 이유가 바로 여기에 있다.

21세기에 들어오면서 인류는 또 한 번의 큰 혁명을 겪게 된다. 바로 정보화 혁명이다. 지식기반사회가 되면서 '지식 Knowledge'의 가치는 더욱 커지게 되었다. 그러나 정보화 혁명으로 인해 노하우의 중요성은 상대적으로 약화되었다. 과거에는 극소수의 사람들만이 알고 있고, 이를 통한 정보의 비대칭성으로 생성된 가치였던 노하우가 정보화 혁명으로 과거와는 비교도 할 수 없을 만큼 접근성이 증대됐다. 물론 지금 시대에도 나라의 존망을 결정짓는 무기제조, 원자력발전소 건설법이나 기업의 흥망을 좌우하는 최첨단 의학정보 제약 · 치료법 등, 반도체 생산기술 등 일반인들이 접근하기 어렵고 보호되어야 그 가치가 유지되는 정보들이 존재한다. 그러한 정보들이 존재함에도 불구하고 정보화 시대의 흐름은 '노웨어 Know-where'의 중요성이 강조되어 간다.

"자기 자신보다 훌륭한 사람을 활용하여 성공한 사람이 여기 잠들다"
_ 미국의 입지전적인 사업가 데일 카네기(Dale Carnegie)의 묘비

'Know-where'는 '내가 필요로 하는 정보가 어디에 있는지 신속·정확하게 찾아내는 기술'이다. 정보 사회에서 가치 창출의 기본은 바로 '정보'다. 그러나 모든 정보를 자신이 알고 있어야 하고 그 안에서 새로운 가치를 창출해 낸다는 것은 대단히 비효율적이며 생산성이 떨어지는 일이다. 이미 정보화 혁명과 스티브 잡스가 '아이폰'을 통해 바꿔놓은 스마트폰 생태계로 인해 정보의 접근성은 인류가 존재했던 그 어느 때보다도 높은 상

표출적 지식(Explicit)과 암묵적 지식(Tacit)

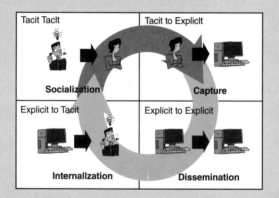

마이클 폴라니는 지식을 겉으로 분명하게 표현된 걸 이해할 수 있는 '표출적 지식(Explicit Knowledge)'과 표현하기가 매우 어려운 '암묵적 지식(Tacit Knowledge)'으로 나누었다. '암묵'이란 눈에 보이지 않고 귀에 들리지 않는다는 뜻이다. 예를 들면 숙련된 근로자들이 익힌 비법은 기업경쟁의 중요한 자산이 되기도 한다. 예를 들면 "우리 엄마는 된장찌개 조리법을 모르지만 된장찌개를 맛있게 잘하신다"에서와 같이 '손맛'이나 '솜씨' '비법'을 구체적으로 나타내기란 매우 어렵다.   *출처: 네이버 지식백과

태다. 그렇기 때문에 앞으로도 일반인들의 'Know-where'에 대한 중요성은 점차 증대될 것이다.

인도의 잭 안드라카Jack Andraka 라는 15세 소년은 인터넷에서 얻은 지식들을 조합하여 췌장암 진단법을 개발해냈다. 췌장암은 조기 진단이 불가능하기 때문에 발견되면 사형 선고다. 세계 최고의 갑부 '스티브 잡스'도 췌장암은 이겨내지 못했다. 그러나 잭이 인터넷으로 발명한 췌장암 진단 키트는 기존의 것에 비해 2만6천배 싸고 진단 시간은 5분에 불과하다. 이를 통해 조기에 췌장암을 발견하면 치료 확률이 100%에 달한다. 의학 혁명이 이루어진 것이다. 잭은 묻는다. "당신은 인터넷으로 무엇을 할 수 있습니까?"

● 시험은 시험일뿐이다

운전면허 필기시험은 하루 전에 준비해도 충분한 시험이다. 동감하는가? 만약 한 달 정도 공부해야 된다고 생각한다면 당신에겐 틀림없이 문제가 있다. '시험은 귀신도 쫀다=무서워한다'는 우스갯소리가 있긴 하지만 어쨌든 시험은 시험일뿐이다.

말하자면 고시 공부는 박사학위 공부가 아니다. 행정고시이건 사법고시이건 고시 시험문제는 대체로 일정한 문제은행 풀에서 나온다고 보면 된다. 수험생이라면 합격하기 위해 읽어야 할 책의 분량과 투자할 수 있는 시간의 제약 속에서 '합격'이라는 명확한 단기목표를 설정하고 '전략적'으로 공부해야 된다. 마치 박사학위를 따고 교수가 되려는 사람처럼 '학문적'으로 접근해서는 안 된다.

● 아는 것이 전부는 아니다

단순히 지식이 쌓인다고 지혜로워지는 것이 아니다. 누군가 머릿속에 브리테니카 백과사전과 영어 콘사이스 사전을 그대로 집어넣고 다닌다고 해서 우리는 그를 지혜로운 사람이라고 부르지 않는다. 당신이 지금까지 읽고 보고 듣고 느낀 것이 지혜는 아니다. 지혜란 지식과 경험을 분별력 있게 사용하는 것이다.

대학을 졸업하고 박사학위를 딴다고 지혜로워지는 게 아니다. 성공한 경험과 실패한 경험 모두가 지혜의 자산이다. 오히려 실패, 좌절과 아픔에서 인내와 관용 그리고 남과 함께 조화롭게 사는 법을 배우는 것이 많다. 지혜로운 사람은 평생 배운다.

"행운을 찾아오는데 지혜가 필요하지 않다. 그러나 행운을 붙잡을 때에는 지혜가 필요하다."_ 탈무드 중에서

세상은 변한다: 평생 교육의 시대

오늘날 사회는 평균 수명 100세 시대에 돌입해있다. 이전의 산업사회 때에는 평균수명도 지금보다 훨씬 낮은 수준이어서 노동·자본·기술로 경제성장을 이루고 일자리를 만들어내는데 충분했다. 청년기에는 배우고 중년기에는 열심히 일을 하고 노년기에 접어들면서 그동안 고생한 만큼 쉬는 것이 당연하게 여겨왔다. 하지만 지식사회는 지식이 개인과 조직, 국

가의 핵심자산이 되는 사회다. 지식재산으로 무장한 개인과 국가가 잘 살고 그렇지 못하면 못 살게 되어 있다. 오늘날의 지식사회는 평균 수명이 늘어난 만큼 노년기에 접어든 사람들이 이전 사회보다 훨씬 증가하였다. 다니던 직장에서 퇴직을 하고 가만히 쉬고만 있기에는 자본이 남아 있는 시간에 비해 한참 떨어지는 수준이다. 그렇기에 청년이든 중년이든 노년이든 모두가 배우고 일하고 쉬어야 하는 세상에 들어섰다.

예전에 동아일보 오피니언 면에서 어느 95세 어른의 수기를 본 적이 있다. 그는 젊어서 정말 열심히 일을 하여 실력을 인정받고 존경을 받았다고 한다. 그 덕에 65세의 나이에 당당하게 정년퇴직을 할 수 있었다. 그러나 30년이 지난 지금에 와서 후회의 눈물을 흘렸다. 95세의 어른이 후회를 한 까닭은 무엇일까? 어르신은 "내 65년의 생애는 자랑스럽고 떳떳했지만, 이후 30년의 삶은 부끄럽고 후회되고 비통한 삶이었습니다"라고 65세부터 지금까지의 세월을 비탄해 하였다. 그는 퇴직 후 "이제 다 살았다. 남은 인생은 그냥 덤이다"라는 생각으로 그저 고통 없이 죽기만을 기다렸다. 그는 본인 스스로가 늙었다 생각하고 무언가 시작하기엔 늦었다는 생각으로 65세의 초기를 보낸 것이다.

95세의 노인은 지금부터 하고 싶었던 어학공부를 시작하겠다고 하였다. 다른 사람들이 보면 "나이가 들어서 무슨 공부냐"라고 하겠지만, 그는 10년 후 맞이하게 될 자신의 105번째 생일에 '10년 전에 왜 아무것도 하지 않았는지'에 대한 후회를 다시 겪고 싶지 않기 때문이다. 늦었다고 생각하는 바로 지금 이 순간이 남은 자신의 인생에서 가장 빠른 시간이다. 자신의 나이가 걱정되어 도전해야 할 것을 포기해서는 안 된다.

클라우스 슈밥Klaus Schwab 다보스포럼 회장은 2014년 포럼에서 "유로존 위기, 빈부격차와 청년실업 등에 뾰족한 대책 없이 향후 10년간 불경기가 예상된다"고 우울한 전망을 내놨다. 그렇다면 우리 정부와 개인들은 미래에 잘 준비하고 있는가?

● 학습 속도를 높여라

토플러Toffler 부부는 미국 사회변화에 대응하는 각계각층의 모습을 고속도로를 달리는 자동차 속도에 비유해 설명했다. 시속 100마일약 161㎞로 달리는 자동차는 사회변화에 가장 기민하게 반응하는 기업이다. 시속 90마일로 달리는 조직은 작지만 탄력적인 네트워크로 구성돼 신속한 의사결정 속도를 갖춘 시민단체NGO 다. 반면 정부 관료조직의 시속은 25마일에 불과하다. 그런데 관료조직보다 느린 자동차가 있으니 학교다. 바로 이때문에 평생학습의 필요성이 대두된다. 무능한 공교육에만 의존해선 변화에 따르는 부의 창출을 기대할 수 없기 때문에 개인이든 조직이든 학습속도를 높여야 한다.

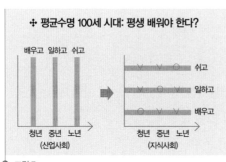

그림 7
평균수명 100세 시대의 교육

대다수의 국민들은 산업사회에서 지식사회로 이행의 진정한 의미를 잘 모르고 있다. 산업사회에서의 큰 경제 발전으로 삶이 나아진 것에 만족하고 예전에 하던 그대로 산업사회에 머물러 사는 것이다. 마치 원시시대처럼 수렵 · 채취 · 어로를 가르치는 것과 같다. 정부가 국민을, 부모가 자식들을, 선생님이 학생들을 그렇게 가르친다면 더욱 심각하다. 엘빈 토플러는 "한국 학생들은 하루 10시간 이상 미래에 필요치 않은 지식과 존재하지도 않을 직업을 위해 시간을 허비하고 있다"고 지적한 바 있다. 실제로 현재의 교육과정은 각각의 재능을 발견하는 일보다 마치 공장에서 상품을 찍어내듯 모두가 같은 교육으로 가르치고 있다.

하나의 교육기관에서 똑같은 교육으로 똑같은 목표를 가지도록 학생들을 가르치고 있다. 안정성을 위해 좋은 대학을 가서 좋은 직장에 취업하는 것이 올바른 방법일 수 있다. 그러나 지금은 산업사회가 아닌 지식사회다. 현재의 우리는 시대의 변화에 알맞은 대응을 하지 못하고 과거에 머물러 있다.

미국 정부가 "10년 후에는 현존 직업의 80%가 사라지거나 진화한다"고 발표한 것처럼 세상은 있던 것이 사라지고 없던 것이 나타나며 빠르게 변하고 있고, 우리가 미처 알지 못하는 곳에서도 빠른 속도로 사회변화가 일어나고 있다.

여러분은 현재의 직업에 만족하고 있는가? 겉으로는 만족한다고 표현을 한다 하여도 주변에 자신보다 잘 나가는 사람을 부러워하고 있지는 않은가? 우리 자녀들의 미래와 학교교육의 비전, 직업 진로교육도 이런 세상의 변화에 발맞춰 준비해야 한다. 사회의 변화상을 '가정교육'과 '직업교육' 측면에서 가르쳐야 한다.

이처럼 평생 배우면서 살아가야 하는 우리들은 배워나가는 만큼 지금에 만족하지 않고 계속해서 발전해나가야 한다.

● 지식사회와 지식근로자

정보화는 초기에는 기술 경쟁력의 핵심이었다. 그러나 정보화가 진행됨에 따라 기술, 즉 보다 많은 정보를 보다 정확하고 신속하게 수집 · 분석 · 전달하는 능력은 경쟁주체들 간에 점점 차이가 없어지게 되었다. 따라서 이제는 정보를 이용하여 새로운 것을 창출해 낼 수 있어야만 경쟁력을 가질 수 있다. 정보를 이용하여 새로운 것을 만들어 낼 수 있는 능력을 우리는 지식이라고 부른다.

지식은 두 가지 요소로 구성된다. 정보력과 창의력이 그것이다. 불과 20~30년 전까지만 해도 정보력만 가지고 경쟁을 할 수 있었다. 그런데 정보기술이 발달하는 동안 각 나라의 정보기술 수준이 거의 비슷해졌다. 그래서 이제는 정보만 가지고 경쟁을 할 수 없게 되었다. 정보를 활용해서 새로운 아이디어를 만들어내야 한다. 정보력과 창의력이 경쟁력의 원천이 되는 지식사회 혹은 지식기반사회가 된 것이다. 남에 비해 창의력이 떨어진다면 정보력이라도 앞서야 살아갈 수 있다.

예를 하나 들겠다. 대한항공이나 아시아나항공과 같은 항공회사가 가지는 경쟁력의 핵심은 무엇이겠는가? 지금까지는 항공기의 성능이 중요했다. 바꾸어 말하면 항공기라는 자본 혹은 항공기가 얼마나 빨리, 안전하게 운행되느냐 하는 기술이 경쟁력의 핵심이었다. 그러나 지금 항공기 제작의 기술수준은 각 항공기회사 간에 거의 비슷해졌다. 각 항공기회사에서 만들어내는 항공기의 성능 자체는 결정적인 차이가 없는 것이다. 물론 속도나 안전도 등의 성능에서 다소의 차이는 있지만 결정적인 차이는 없다.

어떤 항공회사의 수지에 결정적인 차이를 가져오는 것은 항공스케줄이다. 대한항공이나 아시아나항공의 경우에는 요금이 거의 고정되어 있다. 몇 년 만에 한 번씩 변경되고, 한번 변경되고 나면 그 요금이 몇 년씩 간다. 그런데 외국의 경우는 항공요금이 수시로 변한다. 오늘 인터넷으로 예약을 할 때의 요금과 하루 지났을 때의 요금이 달라진다. 어떤 날짜에 얼마만큼 여유를 두고 예약을 하느냐에 따라서 항공요금이 50% 이상 차이가 난다. 어떤 경우에는 편도요금보다 왕복요금이 더 싼 경우도 있다. 컴퓨터를 통해 소비자들의 수요 관련 정보를 수집해서 항공요금을 수시로 바꾸고 있는 것이다. 수요에 따라 항공스케줄을 어떻게 짜고, 시간대에 따라 항공요금을 어떻게 책정하느냐 하는 것이 항공회사 경영의 가장 중요한 요소가 되고 있다. 지금까지는 항공기의 성능, 즉 자본이나 기술이 경쟁력의 핵심이었지만 이제는 항공스케줄을 만들 수 있는 능력이 더욱 중요한 것이다. 여행객들의 수요가 어떻게 변하느냐 하는 정보를 수집하고, 거기에 아이디어를 보태서 요금을 조정하는 능력, 한마디로 말하면 '지식'이 경쟁력의 핵심이 되고 있는 것이다.

지식과 기술(Skills): 의사결정, 협상

● 유태인 교육법: 너는 어떻게 생각하니?

어떤 지식을 배워야 하는가? 그리고 지식을 쌓으면 어떤 일이 생기는가? 무엇을 할 수 있는가? 성공 · 행복과 어떤 상관인가?

미국에 사는 유태인은 전체 인구의 3.2% 밖에 안 된다. 하지만 전체 노벨상 수상자의 32%는 유태인이다. 미국의 정치 · 경제 · 문화 · 학계 등 유명인들의 이름을 살펴보면 유태인의 이름이 압도적으로 많다. 하버드 재학생 중 30% 이상, 2013년 노벨상 수상자 12명 중 6명이 유태인으로 나타나면서 그들의 교육법에 또 한 번 관심이 쏠리고 있다.

유태인의 성공 비결은 무엇일까? 2차 대전 당시 히틀러가 민족에도 우성과 열성이 있다고 주장하면서 세계를 공포로 몰아갔던 것처럼 정말로 유태인 민족이 유전학적으로 우월하기 때문에 이런 성과들을 내고 있는 것일까? 그러나 이에 관해 유태인의 평균 지능지수IQ를 측정해 본 결과 평균 95 정도로 다른 나라 사람들과 비슷하다는 연구결과가 있어 유전학적인 우월성은 이유가 되지 못한다. 학자들의 연구 결과 유태인의 헌신적인 자녀교육이 바로 뛰어난 인재양성의 비결인 것으로 밝혀졌다.

원활한 대화와 창조적 사고를 가능하게 하는 질문의 힘

1 질문을 하면 답이 나온다.

2 질문은 생각을 자극한다.

3 질문을 하면 정보를 얻는다.

4 질문을 하면 통제가 된다.

5 질문은 마음을 열게 한다.

6 질문은 귀를 기울이게 한다.

7 질문에 답하면 스스로 설득이 된다.

* 「질문의 7가지 힘」 도로시 리즈

∘ TACKLE ∘

그들은 자녀에게 삶의 지혜를 가르쳐주는 것을 교육이라고 생각한다. 많이 알려진 유태인 교육법에 '물고기를 잡아주지 말고, 잡는 법을 가르쳐라'는 말이 있다. 지식을 그대로 전달해 주는 것이 아니라, 지식을 얻는 방법과 창조하는 능력인 지혜를 주는 것이 중요하다는 뜻이다. 그렇기 때문에 자녀에게 바로 정답을 가르쳐 주는 것이 아니라 "마따호세프? 너는 어떻게 생각하니?"라는 질문을 통해 자녀가 스스로 정답을 찾는 방법을 체득하게끔 유도한다.

아이가 해답을 알아낸다면 그것이 최고이고, 해답을 찾아내지 못하더라도 그 과정이 아이에게는 공부가 된다. 이런 과정에서 부모 스스로도 모르는 질문이 나온다고 하더라도 아이에게 체면을 차리기 위해 잘못된 답을 알려주거나 면박을 주지 않는다. 부모와 함께 서로 모르는 것을 알아냈을 때의 성취감이 아이가 성장했을 때 협력해서 문제를 해결하는 방법을 찾는 데에 도움이 되기 때문이다.

유태인들은 아이의 엉뚱한 질문을 절대 무시하지 않는다. 그것이 창의력을 키우는 비결이기 때문이다. 유태인 속담에 '100명의 유태인이 있다면 100개의 의견이 있다'는 말이 있다. 우리나라의 주입식 교육과는 상반되는 속담이다. 이렇듯 창의력을 존중하는 교육방식이 그들의 천재성과 뛰어난 성과의 비결이다. 창의력은 하루아침에 생기지 않는다. 지식기반 사회에서 창의력을 키우기 위해서는 우리의 교육부터 바뀌어야 한다.

많은 사람들이 카약Kayak 과 카누Canoe 의 차이를 잘 알지 못한다. 얼핏 보면 비슷하게 생겼지만 그 제작 방식에 근본적 차이가 있다. 카약은

북극해 연안 그린란드와 알래스카, 알류산 열도 지역에 거주하던 이누이
트 족이 나무가 없는 지역 특성상 해변으로 밀려온 나뭇가지를 모아 뼈
대를 세운 다음 짐승의 가죽을 덮어 씌워서 만들었다. 카누는 스페인어
Canoa에서 유래됐으며 밀림에 살던 트린기트 족이 나무를 통째로 속을
파내 만들었다.

우리는 지식사회에 살고 있으면서도 여전히 여기저기 흩어진 정보와 자
료를 모아 카약을 만드는 방법으로 교육을 하고 그렇게 공부를 하고 있다.
정보의 홍수 속에 압도되어 사색 없이 검색만으로 살고 있다. 학생들에게
뭔가 질문을 하면 생각해보지도 않고 검색부터 한다. '너는 어떻게 생각하
느냐?'라는 질문에 답하는데 매우 미숙하다. 지능과 공부적성이 뛰어난 사
람은 카약을 만드는 방식으로 나아가도 성공하기 쉽다. 현재의 대학입시
교육이 그러하고 각종 고시와 자격증 시험이 그러한 능력을 요구하고 있
기 때문이다. 하지만 공부적성이 뛰어나지 않은 사람은 그렇게 살면 낭패
를 본다. 불필요한 정보를 솎아내고 숨겨진 지식의 속살을 찾아내는 '카누
식 접근' 방식으로 경쟁의 장에 나서야 한다. 이것저것 해 보다가 자신에
게 적합한 통나무를 하나 붙잡고 불필요한 속살을 파내다 보면 자신이 갖
고 있는 꿈과 재능과 에너지를 발견하게 된다.

● '왜(Why)'라는 질문으로 시작하라

사이먼 사이넥 Simon Sinek 은 『나는 왜 이 일을 하는가? Start with Why』
를 통해 "기업이건 개인이건 공히 'Why→ How→ What'의 순서로 기업
을 운영하고 인생을 살아야 한다"고 주장한다.

그는 지구상의 기업과 조직 및 사람들은 'What they do' 즉 '그들이 무엇을 하고 있는지'는 100% 알고 있지만, 많은 사람들이 'How they do what they do' 즉 '그들이 하는 것을 어떻게 하는지'를 알지 못하며, 거의 극소수의 사람만이 'Why they do what they do' 즉 '그들이 하는 것을 왜 하는지를 알고 있다'고 말한다.

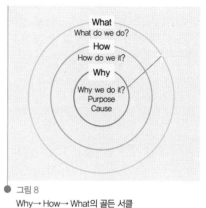

그림 8
Why→ How→ What의 골든 서클

　'어떤' 제품과 서비스를 판매하는지, '어떻게' 경쟁자와 차별화된 가치제안Value Proposition 을 하는지는 조금 알지만 '왜 그 기업이 존재하는지' '왜 당신은 이 땅에 존재하는지'에 대해서는 잘 알지 못한다는 것이다.

　대학생들과 직업 · 취업 · 창업 · 스펙 등에 대한 얘기를 많이 나눈다. 이들에게 무슨 일을 하고 싶은지 질문하면 공무원 · 대기업 연구원 · 공기업 직원 · 변리사 · 회계사 · 보안전문가 · 뷰티플래너 등 다양한 직업을 얘기한다. 그러나 "그런 직업을 갖게 되면 어떻게 일할 거냐"고 질문하면 정리된 생각을 말하는 학생이 적다.

　다들 '무슨What 직업을 가질 것인지'만을 생각하고 '어떻게How 일할 것인지' 그리고 '왜Why 그 일을 하려는 것인지'에 대해서 말하는 사람은 거의 찾기 어렵다. 일단 발등의 불인 '취업부터 하고 보자'는 심산이다. 수능 점수에 맞춰 '대학부터 들어가고 보자'라고 생각했던 과거와 차이가 없다. 아마도 '대학 들어가면 뭔가 알게 되겠지'라고 생각했을 법한데, 이들의 취업활동을 보면 여전히 남들 하는 대로 인생을 살고 있는 듯하다.

"당신은 왜 취업 혹은 창업을 하려고 하는가? 당신은 왜 그 일을 하느냐?"라고 묻는다면 돈이나 명예, 직책은 그 답이 될 수 없다. 그것은 그 일을 해낸 결과일 뿐이다. '왜'라는 질문의 답은 당신이 그 일을 하는 근거·이유·신념·목적을 말한다. '환경과 자원'이라는 인생의 첫 번째 반석위에 당신이 쌓아올린 바로 두 번째 반석 신념·관점·태도 이다. 하루에도 수십 번씩 끊임없이 내려야 하는 모든 의사결정에 가장 명료하고 분명한 기준이 된다. 그리고 이러한 반석 위에 '지식·기술과 경험'이라는 세 번째 반석이 쌓아져야 한다. 놀랍게도 '왜'라는 물음은 평범한 다수들 중에서 당신을 최고로 만들어내는 가장 중요한 경쟁력이 되어준다. 사이먼 사이넥이 말한 'Why→ How→ What의 골든 서클 Golden Circle'을 순서대로 생각하는 습관을 들여 보자.

우리는 인생에서 늘 선택의 기로에 서 있다. 여기서 우리가 생각해야 할 핵심요소는 태도와 지식이다. 태도와 지식은 우리에게 보다 나은 의사결정을 하게끔 이끌어 준다. '하면 된다'는 긍정적 태도를 가진 사람과 그렇지 않은 사람의 선택기준은 다르다. 마찬가지로 합리적 선택의 지식과 기술을 익힌 사람과 그렇지 못한 사람의 선택은 다를 수밖에 없다. 여기에서는 합리적 의사 결정 방법, 모순상황에서의 문제해결 방법 트리즈, TRIZ 등을 제시할 것이다.

● 합리적인 의사 결정 방법

우리는 살아가면서 많은 결정을 내리게 된다. 인생은 이러한 결정의 결

과물이 모아진 것이라고
볼 수 있다. 따라서 성공
과 행복을 위해서는 올바
른 결정을 내려야 한다. 그
러나 어떻게 해야 올바른
결정을 내릴 수 있는지, 그
방법을 모른 채 직관에 의
지하여 결정을 내린다면
본인의 인생을 동전 던지
기에 맡기는 것이나 다를

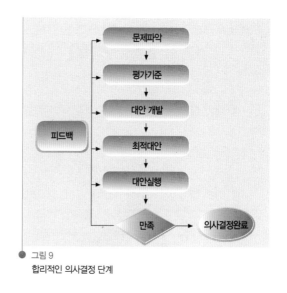

그림 9
합리적인 의사결정 단계

바 없다. 아래의 '합리적인 의사 결정 단계'*에 따라 결정을 하게 되면 정답
은 아니더라도 그에 근접한 결정을 내리게 될 가능성이 높아진다.

1 문제 파악 의사결정에 앞서서 문제에 대한 올바른 인식과 정의가 필수
　　　　적이고 문제의 유형을 파악하는 절차가 중요하다.
2 평가 기준 문제의 해결방안들을 발굴해서 비교 · 평가하기 전에 평가기
　　　　준을 마련해야 한다. 평가기준은 개인 · 조직의 비전이나 사
　　　　명과 관련된 방향성이다.
3 대안 개발 문제에 대한 올바른 정의와 대안을 평가할 수 있는 기준이 마

---
* 문규현 · 홍정효 공저 『경영학 원론』

련되면 실제로 문제를 해결할 수 있는 여러 대안들을 개발해야 한다. 가능한 많은 대안들을 개발하여 그 중에서 최적의 대안을 선택하는 것이 중요하다.

4 대안 평가 여러 대안들 중 최적의 대안을 선택할 때 고려할 사항은 그 대안이 개인·조직의 가용자원 내에서 실현가능한가와 문제를 해결하는데 얼마나 도움을 줄 수 있는 지에 있다.

5 최적 대안 발굴된 대안들에 대한 충분한 검토를 거친 후 최적대안을 선택한다.

6 대안 실행 최적 대안이 잘 실행되려면 관련자들의 적극적 협조와 참여가 요구된다. 따라서 의사결정 과정부터 관련자들을 참여시키는 것이 바람직하다.

7 피드백 대안을 실행했다면 반드시 피드백을 거쳐야 한다. 피드백을 통해서 유사 문제의 의사결정 과정에서 문제 파악의 핵심을 쉽게 관찰할 수 있고 개인·조직의 규모있는 성장을 꾀할 수 있다.

● TRIZ(Theory of Inventive Problem Solving)

'트리즈TRIZ'는 구소련의 발명가인 겐리히 알츠슐러Genrich Altshuller 박사가 개발한 '창의적 문제해결을 위한 이론'이다. 알츠슐러는 '세상을 바꾼 창의적 아이디어에는 일정한 패턴이 있다'는 가설을 세우고 구소련의 특허 40만 건을 분석한 결과 다양한 분야에서 개발된 기술의 바탕에 있는 아이디어의 패턴이 불과 수십 가지에 불과함을 밝혀냈다. 그 중 가장 많이 활용된 아이디어 패턴 40개를 정리하여 '트리즈'라는 이론을 정립했다.

트리즈를 이해하기 위해서는 세상의 많은 제품과 이론들이 모순에 갇혀있다는 사실을 먼저 깨달아야 한다. 자전거를 예로 들면, 과거 자전거의 형태는 모두 커다란 앞바퀴와 작은 뒷바퀴의 형태로 생겼었다. 이 모양의 자전거는 이동수

● 그림 10
모순에 빠진 대표적 예인 페니-파싱 자전거

단이 가져야 할 두 가지 특징인 속도와 안전성 측면에서 서로 상충되는 부분이 발생한다. 앞바퀴의 크기가 원의 둘레와 정비례하고 '원의 둘레 = 지름 × 3.14'이므로 속도를 증가시키기 위해서는 앞바퀴의 크기가 커져야 한다. 그런데 앞바퀴의 크기가 커지게 되면 안장이 높아지고 그에 따라 중심점이 높아지면서 안전성은 떨어지게 된다. 그래서 속도를 높이려고 하면 안전성이 떨어지고, 안전성을 높이려고 하면 속도가 떨어지는 모순에 빠지게 되었다. 이 문제는 해결되는데 무려 87년의 세월이 걸렸다. 체인과 기어의 발명으로 이 문제가 해결된 것이다. 이러한 문제 해결 방식은 '제약을 깨는 문제 해결'이다. 이런 창의적인 방법이 바로 여러분이 추구해야 하는 문제 해결 방법이다.

트리즈의 원리 40가지 중 대표적인 것으로 분할 · 통합 · 거꾸로 하기 역발상 등이 있다. '분할'의 원리를 활용한 대표적 사례는 버스다. 버스 출입문을 '타는 문'과 '내리는 문'으로 용도를 분할하여 적용한 것이다. 대부분

의 시내버스가 출입문이 분리되어 있어서 너무나 당연하게 생각되지만, 분할의 원리가 적용되기 전에는 내리려는 사람과 타려는 사람이 한데 엉켜서 많은 시간의 손실이 발생하였다.

'통합'의 대표적 사례는 스마트폰이다. 스마트폰의 등장으로 인해 설자리를 잃은 전자제품의 수는 한둘이 아니다. 기본 기능인 전화기부터 시작하여 디지털 카메라·계산기·네비게이션·전자사전·MP3 플레이어 등 수많은 전자제품이 스마트폰으로 통합되었다.

마지막으로 '거꾸로 하기 역발상'는 기존 상식에 반대되는 개념을 도입해보는 것으로 런닝머신을 예로 들 수 있다. 런닝머신은 달리기 운동를 하기 위해서 사람이 이동해야 된다는 상식을 뒤집었다. 사람은 제자리에서 뛰고 기계가 거꾸로 회전을 하는 원리를 적용한 것이다. 여러 가지 음식 중 먹고 싶은 음식을 찾아 가는 뷔페의 역발상으로 탄생한 음식점이 바로 회전초밥 집이다. 회전초밥 집에 가면 우리가 음식을 가지러 움직일 필요 없이, 먹고 싶은 음식 접시가 눈앞에 왔을 때 내 테이블로 옮기면 된다. 이와 같이 트리즈를 활용하면 문제해결방식을 도출할 때 효율적으로 사고할 수 있게 된다.

● 베이스의 정리를 활용한 의사결정

의사결정을 할 때 보통 최종적인 두 가지 안중에 하나를 결정하는 경우가 많다. 선택 중에 가장 어려운 선택이 양자택일 아니던가. '아빠가 좋아, 엄마가 좋아' '짜장면이냐, 짬뽕이냐'처럼 말이다.

'베이스의 정리Bayes' theorem'는 통계에서 배우게 되는 조건부 확률에 대한 정리다. 기본적으로는 확률에 관한 공식이지만 이를 의사결정에 활용 가능한 것은 인생이 확률과 밀접한 관계가 있기 때문이다. 인생에 있어서 통계에서 말하는 1 무조건 일어날 확률 인 경우 즉 100% 확신을 주는 것들은 많지 않다. 내가 어떤 결정을 내렸을 때, 그 결정으로 인한 결과가 예상과 100% 일치하는 경우는 많지 않다는 것을 우리는 경험을 통해 알고 있다. 따라서 우리는 최선의 결정을 하기 위해 두 가지 확률을 고려해야 한다. 한 가지는 바로 어떤 사건이 발생할 확률을 생각한 '개연도'이고, 나머지는 그 사건에 대한 나의 주관적인 감정을 수치화한 '소망도'이다. 이해를 돕기 위해 쉬운 예를 들어보자.

어느 날 당신은 친구가 당신의 집 근처로 이사 오는 것을 도와주러 가는 길이었다. 가는 도중 친구가 전화로 중국음식을 시키려고 하는데 메뉴를 물어보았다. 친구가 '야래향'과 '만리장성' 중 어느 중국집에 시킬지는 알 수 없는 상태이고, 당신은 각각 중국집의 짜장면과 짬뽕이 맛이 아래와 같다고 생각한다. 이 경우 어떤 음식을 시키는 것이 올바른 판단일까?

<개연도>

구분	야래향	만리장성
짜장면	0.5	0.5
짬뽕	0.5	0.5

<소망도>

구분	야래향	만리장성
짜장면	1	-1
짬뽕	0	1

짜장면을 선택 할 경우 친구가 '야래향'에 주문을 한다면 당신은 1의 만족을 얻겠지만, '만리장성'에 주문을 한다면 -1의 만족을 얻게 된다. 짜장면을 선택했을 경우 확률적으로 당신의 만족은 0이 된다. 짬뽕을 선택했

을 경우에는 확률적으로 당신의 만족은 0.5가 된다. 따라서 이 경우 당신이 짬뽕을 선택하는 것이 올바른 판단이 될 것이다. 위의 예시에서 나온 친구는 인생의 운에 관한 비유이며, 우리가 컨트롤 할 수 없는 일을 의미한다.

● 협상 전략

뛰어난 협상은 '좋은 관계'를 만들어 낸다. 좋은 관계를 위해서는 뛰어난 협상을 해야 한다. 협상을 한다는 것은 '무언가를 얻기 위해 협상목적' 협상 과정에서 상대에게 '무언가를 주장하고 협상의 포지션' 다양한 전략기법, 술책 등을 통해 협상전략 결과적으로 '무언가를 얻어내는 것 협상성과'을 말한다. 협상의 핵심은 다음 사례와 같다.

고려 성종 말년인 993년 거란의 1차 침입 때 조정의 신하들은 거란이 원하는 서경 이북의 땅을 떼어주고 화평을 맺어야 한다고 했다. 이때 서희는 침략목적을 파악하고 거란의 장군인 소손녕과의 협상을 통해 고려를 침공하지 않는다는 조건과 강동 6주를 돌려받는 쾌거를 이뤄냈다.

겉으로 드러난 거란의 포지션은 '항복하라' 이었지만 속마음은 자신들이 송나라를 공격할 때 고려가 그들의 '뒤통수를 치지 않을까'하는 걱정이었다. 서희는 협상의 대가답게 포지션 Position 이 아닌 욕구 Needs 에 집중했다.

고려의 입장에서 거란의 침입을 막는 것이 협상의 목적이었다. 서희는 거란이 고려를 침입하는 목적이 송을 견제하기 위함이었음을 파악했기에

소손녕에게 송과의 동맹파기를 내세웠고 협상의 포지션 서희는 고려왕과 친
송파를 설득하기 위해서는 송과의 관계를 끊는 대신 그에 상응할만한 뭔
가 필요하다며 소손녕에게 압록강 지역을 요구했다. 거란의 관심은 송나
라 정복에 쏠려있었기에 변방의 땅을 떼어주는 것에 동의하여 서희는 고
려를 전쟁으로부터 막을 뿐 아니라 강동 6주까지 돌려받게 되었다.

당시 고려에는 소손녕의 요구에 따라 항복하고 서경 이북의 땅을 내어
주자는 할지론이 차선책 바트나, BATNA 으로 거론되었다. 거란에 많은 영
토를 양보하지만 전쟁을 막음으로써 더 큰 피해를 막고 평화를 유지하자
는 것이었다.

'바트나 Best Alternative To a Negotiated Agreement '란 상대방과의 합의
에 도달하지 못했을 때 택할 수 있는 여러 대안들을 평가하여 고른 최선의
대안을 의미한다. 취업이건 이직이건 협상을 성공적으로 이끌기 위해서는
우선적으로 바트나를 확실히 정해 놓아야 한다.

협상전략

- 열린 질문으로 상대의 욕구(Needs)를 파악하라.
- 내 관점이 아닌 상대의 관점에서 생각하라.
- 숨어 있는 힘을 찾아라. 열쇠는 다른 곳에 있을 수 있다. 나의 협상 상대에게 영향력을
  미치는 주변의 '히든 디시전 메이커'(Hidden Decision Maker)를 찾아서 활용하라.

● 지식 · 기술이 있고 경험이 있다는 의미

지식 Knowledge, 기술 Skills 및 경험 Experience 이라고 명사로 말하면 다소 추상적이니 형용사로 표현해보면 다음과 같다. knowledgeable, skillful & experienced. 즉, '지식 있고 기술이 있고 경험이 있는' 정도가 되겠다. 이 의미를 살펴보자.

당신이 마케터를 꿈꾼다면? 당신은 경영학과에서 전공과목을 공부하면서 특히 마케팅 관련 과목에 관심을 갖고 공부할 것이다. 마케팅 서적을 읽고 관련 잡지와 신문기사 및 논문도 틈틈이 읽을 것이다. 석사과정에 진학하여 마케팅 관련 심화학습을 하고 논문도 쓸 수 있을 것이다. 이런 과정을 통해 마케팅에 대한 지식이 점차 쌓일 것이다. 마케팅 지식이 있는 Knowledgeable 사람이 되어 갈 것이다. 그래서 마케팅에 관한 지식 Knowledge 으로 뭔가를 할 수 있는 Able 사람이 될 것이다. 지식의 힘은 그것으로 뭔가를 할 수 있는 힘 아니던가?

그리고 마케팅 전문가가 되려면 해당 지식은 물론 관련 기술이 있는 사람이 되어야 한다. 직장에서 마케터로 일하기 위해 기본적인 오피스 툴을 다루는 기술을 익혀야 하고 시장조사를 위한 설문조사 기법, 통계처리 기법, 프리젠테이션 스킬, R&D 및 생산부서 등 관련부서 설득 커뮤니케이션과 협상스킬 등 다양한 스킬을 지닌 Skillful 사람이 되어야 한다.

이러한 지식과 기술을 갖추고 어떤 경험을 해봤는지가 바로 '경험이 있는' Experienced 을 뜻한다. 식음료 마케팅과 스마트폰 마케팅이 다르고, 청년 대상과 실버 대상 마케팅이 다르다. 봉사 경험과 직업 경험은 다르다. 벤처기업에서 두세 명이 팀을 이뤄 국내 마케팅 하는 경우와 대기업에서 글로벌 런칭 경험이 풍부한 조직화된 팀의 마케팅 활동은 다르다. 그게 무엇이든 이런 다양한 경험을 통해 당신은 마케팅의 타겟 집단인 고객이라는 사람들이 얼마나 변덕이 심한지 세상 사람들의 인심이 얼마나 아침 저녁으로 변하는지 세상은 또 얼마나 급변하는지를 깨닫게 된다. 이런 경험치가 쌓이면 훌륭한 마케터로 성장하는 것이다.

● 지식으로 차별화 하라

엘빈 토플러Alvin Toffler는 부의 미래를 결정짓는 세 가지 심층기반에 대해 말했다. 이에 의하면 돈 못 버는 사람의 세 가지 특징이 있다. 지식의 충돌, 시간의 충돌, 공간의 충돌이 그것이다. 진부한 지식으로 살아가는 것, 다른 사람보다 행동속도가 느린 것, 공간 활용이 좁은 것이다. 중소기업이건 1인 기업이건 시장의 틈새를 찾아가는 지식, 속도 그리고 국제화가 필요하다. 새로운 지식의 꾸준한 습득과 자신만의 독특하고 확고한 영역을 구축하는 것이 경쟁 우위에 서는 길이다. 경쟁자 보다 더 좋다거나 단순히 다르다는 것은 시간경과에 따라 변화한다. 하지만 First와 Only One의 개념은 쉽게 변화하지 않는다. 세계에서 가장 높은 산이 에베레스트인 건 기억해도 두 번째 높은 산 K2는 잘 알지 못한다. 한국 최초의 프리미어 리거는 누구인가? 바로 박지성이다.

TACKLE

knowlegde

지식, 기술과 경험을
평생 배우고 익히라

CHAPTER
04

LUCK:
행운을 부르는 사람이 되라

행운은 누구에게 오는가

아마도 이 글을 읽는 독자 누구라도 행운이 가득하기를 원할 것이다. 하는 일 마다 족족 안 되는 삶을 원하는 사람은 없지 싶다.

'운 Luck'이라는 것은 재능·적성과 함께 이미 주어진 것이다. 자신이 어떠한 적성을 가지고 그 적성에 따른 노력을 함으로써 가장 나중에 따라오는 것이 운이다. 즉, 재능과 적성 그리고 운은 이미 주어진 것이다. 하지만 재능과 적성이 인생 성공의 시작이라면 운은 가장 마지막에 결정적인 역할을 하는 존재다.

'진인사대천명 盡人事待天命'이라는 말이 있다. '인간으로서 해야 할 일을 다 하고 하늘의 뜻을 기다린다'는 의미다. 창업뿐만 아니라 어떠한 일을 함에 있어서 인간으로서 자신이 할 수 있는 노력을 쏟아 내고 그 결과를 기다린다. 그런데 어떠한 사람은 뜻하는 바를 이루고, 어떠한 사람은 뜻하는 바를 이루지 못하여 희비가 교차하는 경우를 흔히 보고 경험해왔다.

운은 하늘로부터 받는 것이다. 인간은 '인간의 일'을 하고 하늘은 '하늘의 일'을 한다는 말이 바로 '진인사대천명'의 뜻이다. 하지만 인간은 기계처럼 움직이도록 창조된 것이 아니라 자유의지를 가진 존재로 창조되었기에 삶의 과정과 결과에 책임을 지는 존재다. 운이 하늘의 소관이라 하여 숙명적인 사주팔자대로 살아가는 미리 각본이 쓰여진 인생이 아니라 스스로 자기주도적인 삶을 살아 갈 수 있다.

> "재능을 갖고 있는 것을 행운이라고 생각하는 사람은 많지만, 재능이 있기에 행운을 가져 올 수 있었다고 생각하는 사람은 거의 없다."
> _ 1922년 노벨상 수상 스페인의 극작가 하신토 베나벤테(Jacinto Benavente)

기회란 채 발견하기도 전에 사라져 버리거나 설령 마주쳐도 너무 미끄럽기 때문에 잡기가 여간 어려운 게 아니다. '기회의 신'은 원래 앞 머리카락만 있을 뿐 뒷 머리카락이 없어 미리 앞에서 잡지 않는 한 헛손질을 할 수밖에 없다. 기회의 신을 잡는 것처럼 리더가 미래를 예측해 기회를 포착하는 것은 매우 어렵다.

행운은 준비된 자에게 찾아온다. 흔히 인생에는 3번의 기회가 있다고 한다. 그러나 필자의 생각은 이와 다르다. 필자는 세상이 우리가 원하는 것을

● 그림 11
기회의 신. 앞머리는 길고 뒷머리는 없다.

얻을 수 있을 만큼 풍요로우며 손만 뻗으면 된다고 생각한다. 나에게 충분한 역량이 있다면 이 세상은 기회로 가득하다. 내가 3P와 3C를 갖추고 관계의 중심이 된다면 기회가 마치 블랙홀처럼 나에게 빨려 들어온다.

● 보이지 않는 차이: 행운의 4원칙

리처드 와이즈먼Richard Wiseman 하트퍼드셔대 교수는 행운·불행에 대한 8~10년에 걸친 연구 성과를 담아『행운 인자The Luck Factor · 2003』를 펴냈다. 연구 배경은 다음과 같다.

"재수 없는 놈은 뒤로 자빠져도 코가 깨진다"는 말이 딱 들어맞는 사람들이 있다. '아무리 돈을 피하려고 해도 자꾸만 돈이 따라다니는' 사람도 있다. 차이가 뭘까. 과학으로 원인을 풀어보기 위해 신문에 광고를 냈다. "'나는 항상 운이 좋다' 혹은 '나는 항상 운이 나쁘다'는 분 중에서 행운 연구에 참가하려는 분은 연락 바랍니다." 18세 학생에서 은퇴한 84세 회계사까지 400명이 실험·인터뷰·시험으로 구성되는 연구에 참가했다.

'운이 좋은 사람행운인, 幸運人'과 '운이 나쁜 사람불운인, 不運人' 사이의 차이를 발견했다. 생김새·지능과 같은 요인하고는 관계가 없었다. 마치 자석처럼 행운을 끌어당기는 행운인들은 다음 4가지가 달랐다.

첫째, 행운인은 기회를 잘 만들고, 포착하고, 기회에 잘 반응한다. 한마디로 찬스에 강하다. 아는 사람이 많을수록 기회가 더 많이 생긴다. 행운인은 '행운 네트워킹'에 능하다. 그들은 인맥에서 금맥을 캔다. 잠시 스쳐가는 인연에서도 기회를 포착해 불독처럼 물고 늘어진다. 행운인은 신체

언어Body Language 구사를 잘한다. 행운인은 불행인보다 더 자주 웃고 남들과 눈을 더 자주 마주쳤다.

둘째, 행운인은 예감 능력이 좋다. 예지력을 바탕으로 효율적이고 효과적인 결정을 내린다. 감이 좋은 것이다. 게다가 행운인은 명상이나 기도 같은 활동으로 '촉'을 한층 더 예리하게 만드는 경향이 있었다. 거짓말과 진실을 말하는 사람이 나오는 비디오를 틀어주고 진위를 가려보게 하는 테스트를 했더니 역시 행운인들이 더 정확했다. 불행인은 잘 속는 경향이 있다.

셋째, 행운인은 행운을 기대한다. 삶은 살만하다고 믿는다. 낙관적이다. 행운이 앞으로도 지속될 것이라고 낙관한다. 행운인은 과거의 좋은 일을 회상한다. 불운인은 끊임없이 불행했던 순간을 반추한다. 말은 씨가 된다. '좋은 씨를 심느냐' '나쁜 씨를 심느냐'에 따라 결과가 갈린다. 여기서 '씨'는 생각·태도·실천이다.

넷째, 행운인은 불운을 행운으로 바꿀 줄 안다. 행운인은 오뚝이다. 나쁜 일이 생겨도 심리적인 기법Psychological Techniques 을 동원해 극복한다. 예컨대 계단을 내려오다 넘어져 다리가 부러지면 '목이 부러지지 않은 게 얼마나 다행인가'라고 스스로를 위로한다.

와이즈먼 교수에 따르면 불운한 지금 이대로가 나름대로 '행복한' 사람

들과 아직 준비가 안 된 사람들은 행운인이 될 수 없다. 4원칙을 습득하는
데는 상당한 노력과 시간이 필요하다. '준비'가 '기회'를 만났을 때 생기는
게 행운이다.

● 초심자의 행운과 로또 당첨자의 말로

'초심자의 행운'이라는 말이 있다. 주로 게임과 도박에서 비롯된 말이다.
초보자가 운으로 돈을 따내는 경우를 얘기한다. 그러나 초심자는 그것이
지옥으로 가는 지름길임을 모르고 있다. 초심자의 행운은 사람을 자만에
빠지게 하고, 자신의 능력과 재능을 과대평가하게 만든다. 초심을 잃는 순
간 행운은 사라진다. 파울로 코엘료Paulo Coelho 의 『연금술사』에 이런 말
이 나온다. "무언가를 찾아 나서는 도전은 언제나 초심자의 행운으로 시작
되고, 반드시 가혹한 시험으로 끝을 맺는다." 문제는 게임과 도박에서 뿐
아니라 실제 우리의 인생에서도 이런 일이 벌어진다는 것이다.

어떤 일에 처음 도전을 했을 때 우리는 겸손하다. 우리가 그 일에 대해
잘 모르기 때문이다. 그러나 신의 장난인지 아니면 본인의 기대치가 낮기
때문인지, 대부분 우리가 기대했던 것 이상의 결과가 나오게 된다. 그리고
초심을 잃고 자만에 빠지게 된다. 비극은 여기부터다. 그 순간부터 초심자
의 행운이 더 이상 영향력을 발휘하지 못하고 가혹한 시험이 시작되는 것
이다. '초심을 잃지 않는 것'은 '도전을 통해 나를 발전시켜나가는 것' 만큼
중요한 일이다.

그래서 로또 당첨자들은 대부분 행복과는 먼 삶을 살게 된다. 로또 당첨
자의 80%가 별 볼일 없는 삶을 살아간다고 한다. 내가 힘들게 쌓아 올린

50억 원의 부와 어느 날 갑자기 나에게 하늘에서 떨어진 50억 원은 숫자로는 같은 50억 원일지 몰라도 그 무게와 용도가 다를 수밖에 없다. 로또에 당첨된 사람들은 인생이라는 일종의 게임 속에서 초심자의 행운을 받은 사람들이라고 볼 수 있다. 그리고 이들 역시 갑자기 찾아온 너무 큰 행운에 초심을 잃게 되어 가혹한 시험에 빠지게 된 것이다.

"20살 전에 거두는 성과는 100% 근면함으로 얻어지는 것이다. 20살에서 30살 까지는 작으나마 기초가 있기 때문에 성공의 10%는 운으로 90%는 노력으로 얻어진다. 그 이후에는 기회 혹은 운의 비중이 점점 커진다."_ 청쿵그룹 리카싱 회장

● 카지노 '룰렛'으로 본 행운

카지노에 가면 프랑스어로 '돌아가는 작은 바퀴'라는 뜻의 '룰렛' 게임이 있다. 둥그런 원판 위에 0, 00 그리고 1부터 36까지의 번호가 구획으로 나뉘어져 있다. 총 38개의 구획이다. 게임에 참여하는 사람들은 이곳에 칩

돈을 건다. 특정 번호예: 7에 칩을 걸면 0과 00을 제외하고 1/38의 확률2.63%로 돈을 벌 기회가 생긴다. 당첨되면 36배의 돈을 받게 된다. 두 개의 번호가 걸쳐지는 '줄'에 맞으면 18배, 네 개의 번호가 걸쳐지는 모서리에 맞으면 9배를 받

● 그림 12
카지노 룰렛

게 된다. 2·3·4배 등 총 12가지의 돈을 거는 베팅방식이 있다. 0과 00
에 맞으면 카지노측이 돈을 딴다. 36/38의 확률은 카지노와 손님에게 공
히 적용되지만 2/38 확률은 '카지노 에지'라고 하여 카지노 몫이 된다. 원
래 손님이 7에 걸어 맞으면 38배를 줘야 하는데 36배만 주는 것이다. 그
래서 룰렛을 오래하게 되면 손님은 결국 돈을 잃게 되어 있다.

사람들의 베팅 방식은 다양하다. 특정 번호예: 7 또는 특정 '거는 방식'
예: 번호, 줄 또는 모서리 만을 고집하는 사람들이 있다. 여러 번호와 거는 방
식을 왔다 갔다 하는 사람들이 있다. 어디서나 그렇듯 주관 없이 다른 사
람 따라 거는 사람도 있다. 어쨌든 확률은 매 판마다 독립적이다. 어디에
원판이 멈춰 설지 모른다.

이러한 베팅 방식은 우리에게 중요한 점을 시사하고 있다. 대체로 사람
들은 자신의 재능과 강점이 있는 영역, 전문지식과 경험이 있는 분야 그리
고 성공해 본 분야에 머무르는 경향이 있다. 실패한 영역은 회피하려고 한
다. 그곳에 다시 가기 두려워한다. 일종의 안전지대 Comfort Zone 인데 물
론 이렇게 하는 게 잘못 된 건 아니다. 하지만 룰렛 원판이 그러하듯 내가
7번만 고집한다고 해서 룰렛이 그곳에 온다는 보장이 없다는 것이다. 어
느 번호에서 기회가 올지 알 수 없는 것이다.

당신이 고집하는 번호예: 7를 당신이 '잘 아는잘하는' 영역이라고 가정
하자. 그곳에 집중, 몰입 그리고 노력하는 게 성공에 이르기 쉽다. 하지만
앞으로는 80%를 그곳에 투자하고 20%는 다른 번호, 다른 베팅 방식으로
투자하라. 당신이 익숙하지 않은 지식을 쌓고 당신이 늘 만나는 사람이 아
닌 사람들과 만남의 기회를 만들라.

가난한 사람들은 자신과 익숙한 사람 특히 가족, 가난한 동료와 지역사회 과 만나지만 부유한 사람들은 '낯선 사람'들과의 만남을 즐기고 그들로부터 각종 기회를 만든다는 점을 기억하라. 성공한 CEO들이 이른 아침 조찬모임에 나가고 퇴근 후 피곤한 몸을 이끌고도 단 몇 개월에 1천만 원 씩 하는 최고위 과정에 나가는 건 다 이유가 있다.

당신의 전문분야가 아닌 영역에서 지식과 경험을 쌓고, 당신의 현재 친교범위 동창, 직장동료 등 를 뛰어 넘어 낯선 사람들, 특히 성공한 사람들과의 교제를 즐겨라. 낚싯대를 한 곳으로만 던지지 말고 다양한 곳으로 던지면 물고기를 잡을 확률이 높아질 수 있다.

1부터 6까지 여섯 개의 숫자가 적힌 주사위가 있다. 각각의 번호가 나올 확률은 1/6 씩 정확하게 같다. 만약 우리 각자에게 '재능의 달란트'가 주어지듯 '행운의 주사위'도 주어져서 타고 났다고 가정하자. 그리고 주사위 위의 숫자는 1이 최고의 행운이고 2, 3, 4, 5, 6의 순서대로 6이 최악의 불운이라고 가정해보자.

우리에게 주어진 달란트의 크기는 1달란트, 2달란트 및 5달란트 등으로 각자 다르지만 '왜 나만 한 개 주었지?' 근심하고 불평 불만할 필요없다. 또한 얼마를 벌었는지도 중요치 않다. 성경의 달란트의 비유에서 다섯 달란트를 벌었던 두 달란트를 벌었건 하나님은 똑 같이 칭찬하고 있다. '얼마나 사용하고 개발했느냐'가 중요하다는 것이다.

하지만 달란트와 달리 행운의 주사위는 모두에게 '하나씩' 공평하게 주어졌다. 그리고 우리는 인생을 살면서 주사위를 던진다. 학업, 취업과 창업, 여가 및 친교와 봉사의 매 순간마다 각자의 주사위를 던진다. 그런데 어떤 사람은 매번 1 · 2 등의 행운의 숫자가 나오는데 누구에겐 매번 5 · 6 등의 불운의 숫자가 나올 수 있다. 쉽게 말해 누군가는 하는 일마다 술술 풀리는데 누군가는 하는 족족 꼬이고 망할 수 있다.

안타깝게도 어떤 주사위는 6과 같은 불운의 숫자 모서리가 찌그러져서 던질 때 6이 나올 확률이 큰 주사위도 있다. 우리는 알고 있다. 정신적 육체적 장애와 시련과 고통은 물론이려니와 심지어 도대체 이유를 알 수 없는 죽음을 맞이하는 비참한 인생이 있음을. 신실하게 사는데도 평생 가난과 결핍을 벗어나지 못함을. 우리가 알지 못하는 영역이다.

우리는 조물주의 영역은 알지 못한다. 하지만 운 없게 행동하면 자신의 주사위에 6을 몇 개 더 넣는 것과 같음을 명심해야 한다. 재수 없게 행동하면 1이 2로, 3으로…6으로 변화된다. 그러면 던질 때 마다 6이 나올 확률이 커지게 된다. 끔찍하게도 주사위 여섯 개의 번호 중 세 개가 666이 되어버릴 수도 있다. 얼굴에 자상한 미소를 짓는 건 자신의 주사위에 행운의 1번을 새겨 넣는 것과 같다. 얼굴을 찡그리는 건 불운의 숫자를 불러오는 것과 같다.

복 있는 사람은 훌륭한 생각을 하고 좋은 태도를 갖고 선한 행동을 한다. '남 탓하지 않고 내 탓'을 한다. 남에게 좋은 것을 준다. 바로 '행운을 부르는 사람'의 모습이다. 사람들의 칭송 속에 축복의 길을 걷게 된다. 자신은 미처 알지 못하지만 자신의 주사위에 1을 몇 개 더 넣는 격이 된다. 던지면 1이 나온다. 당신 보기에 별거 아닌 사람이 복 있는 사람의 자리에 있다면 당신은 알지 못하지만 그는 행운을 부르는 사람의 삶을 살고 있다는 증거이다.

'역경의 행운' 그리고 '인생의 불운'에 대처하는 법

● 내 탓 vs. 남 탓?

어떤 일이 발생했을 때 그 결과를 두고 책임을 따지는 경우가 있다. 그리고 일반적으로 책임을 따지는 것은 그 일이 잘못되었기 때문이다. 이 경우 자신의 책임을 인정하는 사람이 있는가 하면 즉시 다른 사람에게 책임을 전가하는 사람도 있다. 물론 일의 성격상 같이 협력해서 처리한 일의 경우 본인에게 모든 책임이 있는 것은 아니기 때문에 잘못을 인정하는 것이 억울할 수도 있다. 또한 다른 사람도 책임질 부분이 있다고 생각이 드는 것이 자연스런 일이다. 하지만 다른 사람 탓을 하는 것은 자신의 행운을 갉아먹는 행동이다.

당신이 스스로 책임을 지는 대신에 다른 사람 탓을 하게 되면 그 행동은 부메랑처럼 자신에게 돌아온다. 사실상 그 행동이 의미하는 것은 '난 아무것도 잘못한 것이 없다'는 변명이기 때문이다. 변명은 승자가 아니라 패배자, 거짓말쟁이의 몫이다. 경기에서 패배한 뒤 상대를 비난하는 것처럼 어리석은 일이 없다. 경기가 페어플레이 정신에 입각하여 문제없이 진행되었기 때문에 본인의 패배가 결정지어진 것인데 결과에 승복하지 않는다면 그것처럼 꼴불견으로 보이는 일도 없기 때문이다.

모든 일이 항상 성공할 수는 없다. 사람이기 때문에 실수는 최소화하는 것이 최선이지 실수 자체를 안 할 수는 없다. 실수를 인정하는 사람은 그 실수를 반복하지 않으려 노력하기에 발전할 수 있다. 실수를 본인의 실수로 인정하지 않는 사람은 결국 또 같은 실수를 반복하게 될 것이다. 그때마다 변명으로 벗어나려 한다면 실수를 책임지는 것보다 더 큰 책임을 져야 될지도 모른다.

● 불운에 대처하는 법

불행은 예기치 않게 찾아온다. 그렇기 때문에 대비하기 어렵다. 자신이 최선을 다했다고 해도 불행이 올 수 있다. 불행을 겪게 되면 마음이 약해지고 화가 난다. 자기가 가는 길이 잘못된 길이라는 신호로 생각될 수도 있다. 마음이 흔들릴 수도 있다. 그러나 불행과 함께 찾아온 위기를 잘 관리하면 불행을 최소화 할 수 있다. 운이 좋은 사람들은 실제로는 불행이 찾아왔더라도 주위사람들이 그 사실조차 인지하지 못하도록 한다. 오히려 불행을 자신이 대비하지 못했던 문제들을 대비하는 기회로 삼기도 한다.

불행을 행운으로 전환시키기 위해서는 불운에 대처하는 태도가 중요하다. 불행을 객관화시켜라. 우리는 우리가 겪은 불행을 주관적으로 너무 크게 받아들이는 경향이 있다. '남의 생손은 제 살의 티눈만도 못하다'는 속담이 있다. 그러나 이렇게 주관화된 불행을 주위사람들에게 전달한다면 그만큼 그 불행이 가지는 악영향도 커지게 된다. 도움을 요청하더라도 불행에 대해 객관화하고 도움을 요청하라. 상대가 당신을 도와줄 때 '밑 빠진 독에 물붓기'라는 생각을 가지게 된다면 도움을 받을 길이 요원해진다.

상대에게 자신의 불행에 대해 이야기할 필요가 있다면 나쁜 소식부터

먼저 전하라. 우리는 보통 이야기를 할 때 귀납적으로 이야기한다. 결론을 이야기하기 위해 서론을 펼쳐나가는 방식이다. 그렇기 때문에 중요한 이야기는 나중에 한다는 생각을 가지고 있다. 나쁜 소식을 나중에 얘기하면 당신이 생각하는 것보다 더 큰 문제처럼 상대에게는 들리게 된다. 먼저 나쁜 소식을 이야기 하고 그 문제에 대해 당신이 어떻게 해결할 것인지를 나중에 얘기하라. 그러면 당신은 그 문제를 해결하는 해결사가 된다.

불행이 당신을 잡아먹도록 놔두지 마라. 불행으로 인해 화를 내면 잠깐은 스트레스가 해소되어 기분이 나아질 수 있다. 그러나 그것은 행운을 쫓아내는 행동이다. 화를 내면 행운은 그만큼 멀어지게 되고 우리는 더욱 화가 나게 된다. 우리 주변에 불평불만이 많은 사람들을 곰곰이 생각해보라. 그들은 항상 자신에게 불행이 찾아온다고 화를 내면서 불평불만을 쏟아낸다. 하지만 그 화를 내는 행동이 결국 자신의 불평과 불만을 더욱 증폭시키는 기폭제가 되는 것이다. 그래서 종국에는 불행에 자신을 잡아먹히게 된다. 세상의 모든 불행을 짊어지고 불평 불만만 하는 사람 주변에는 조력자가 없기 마련이다.

'인생지사 새옹지마'라는 말이 있다. 중국 변방에 노인이 살고 있었다. 그가 기르던 말이 어느 날 도망을 쳤다. 그러자 이웃 사람들은 그를 위로했다. 그러나 노인은 "이 일이 복이 될지 누가 알겠습니까?"하였다. 몇 달 후 도망쳤던 말이 암말과 함께 돌아왔다. 이를 본 이웃 사람들은 축하를 하였다. 그러나 노인은 "이 일이 화가 될지 누가 알겠습니까?"라고 하였다. 그로부터 또 며칠 후 노인의 아들이 돌아온 말을 타다 낙마하여 다리가 부러지고 말았다. 하략 이와 같이 어떤 일이 좋은 일인지 나쁜 일인지는 바로 알 수 없다는 뜻의 사자성어다.

　인생은 짧다면 짧지만 길다면 길다. 지금 당장 불행으로 다가온 일이 전화위복이 될 수도 있고 로또에 당첨된 사람들의 이야기처럼 행운으로 생각됐던 일이 사실은 불행의 시작이 될 수도 있는 것이 인생이다. 그렇기 때문에 너무 빨리 불행을 불행으로 단정 짓지 말자. 사실은 불행의 가면을 쓴 또 다른 행운일수도 있기 때문이다.

행운을 부르는 좋은 습관

- 부모에게 효도하라. 부모는 살아 있건 아니건 최고의 수호신이다.
- 남이 잘되게 도와줘라. 그것이 내가 잘되는 일이다.
- 세상을 향해 축복하라. 세상도 나를 향해 축복해 준다.
- 꽃처럼 활짝 웃어라. 얼굴이 밝아야 밝은 운이 따라온다.
- 힘들면 기뻐하라. 힘들다는 것은 정상이 가깝다는 증거다.
- 겨울이 추우면 봄에 많은 과일이 열린다. 추위를 두려워 말라.
- 자신의 그릇을 키워라. 그릇의 크기만큼 담을 수 있다.
- 끊임없이 베풀어라. 샘물은 퍼낼수록 맑아지게 마련이다.
- 안될 이유가 있으면 될 이유도 있다. 될 이유를 찾아보라.
- 말 한마디도 조심하라. 부정적인 말은 부정타는 말이다.
- 인생은 도전이다. 도전하고 또 도전하라.
- 어떤 일이 있어도 기죽지 말라. 기가 살아야 운도 산다.
- 벼는 익을수록 고개를 숙인다. 겸손한 자가 되라.
- 오늘 일은 내일로 미루지 말라. 오늘과 내일은 족보가 다르다.
- 적군도 감싸줘라. 내 품에 들어오면 적군도 아군이다.
- 말조심하라. 칼로 입은 상처는 회복되어도 말로 입은 상처는 평생간다.
- 내가 상처를 입혔으면 내가 치유해 줘라. 그게 사람의 도리다.
- 어두운 생각이 어둠을 만든다. 마음속에 한 자루 촛불을 켜라.
- 좋은 글을 읽고 또 읽어라. 나도 모르는 사이에 엄청난 에너지로 변한다.
- 감사할 일이 없어도 감사하라. 감사하면 감사할 일이 생긴다.
- 욕을 먹어도 화내지 말라. 그가 한 욕은 그에게로 돌아간다.
- 좋은 말을 하는 사람과 어울려라. 말은 운을 운전하는 운전기사다.
- 불평·불만은 악성바이러스다. 면역력을 키워라.
- 오늘에 집착 말라. 오늘은 번개처럼 지나간다.
- 비행기는 마찰에 의해 하늘로 떠오른다. 마찰을 두려워말라.

TACKLE

Luck

준비된 자에게 행운이 따른다

EFFORTS: 노력하라
"Nothing without efforts"

노력한다는 건?

1981년 미국의 보스턴 마라톤 대회에서 일본의 한 마라토너가 우승했을 때의 일이다. "어떻게 훈련을 했습니까?" 몰려온 기자들이 질문을 던지자 그가 대답했다. "저는 아침에 10km, 저녁에 12km를 달렸습니다." 너무 단순한 답변에 기자들이 실망한 표정을 지었고, 그가 이런 말을 덧붙였다. "1년 365일 단 하루도 빼놓지 않고 달렸습니다." 일순간 기자들의 반응이 실망에서 경탄으로 바뀌었다. '반복 反復'은 '반전 反轉'의 열쇠다.

'진인사 대천명'이라고 했다. 하늘은 스스로 돕는 자를 돕는다고 했다. 하늘은 하늘이 할 일을 하고 인간은 인간이 해야 할 일을 해야 한다. 아리스토텔레스는 인간의 3대 악성으로 교만·탐욕·나태를 들었다. 인간은 본성적으로 게으른 존재일지 모르겠다. 불성실한 놈은 천하에 쓸모가 없다. 노력에는 방향이 중요하다. 방법 보다 방향이 중요하다. '1만 시간의 법칙'에서 처럼 양적 성장이 질적 변화를 가져오기도 한다.

> "경험을 통해 내가 직접 깨달은 바, 누구나 꿈을 이루기 위해 자신 있게 밀고 나가고, 원하는 삶을 살기 위해 열심히 노력하면, 언젠가는 뜻밖의 성공을 거두게 된다."
>
> _ 헨리 데이비드 소로(Henry David Thoreau)

인생을 통해 뭔가를 성취하고자 한다면 침대에 누워 뒹굴 거리고 싶어 하는 우리의 본성을 끊어내야 한다. 편안함과 게으름은 우리의 인생 전체를 망가뜨린다. 도전의 철학적 의미는 우리의 악한 본성을 끊어내고 불편하고 익숙하지 않은 새로운 것을 시도하는 것이다.

레오나르드 다빈치는 자신의 일기에 "쇠는 쓰지 않으면 녹이 슨다. 물은 고여 있으면 순수함을 잃고 차가운 날씨에 꽁꽁 얼어붙는다. 마치 게으름이 정신적인 활력을 소멸시키는 것처럼 말이다"라고 썼다. 프랑스의 수필가 미셸 드 몽테뉴는 "최고의 재능도 나태함 앞에서는 파괴될 수 있다"라고 말했다.

자유롭고 평화로운 세상에서 고결한 영혼, 건강한 육체와 정신, 뛰어난 지능과 따뜻한 감성, 긍정 마인드, 지혜롭고 자애로운 부모, 풍요로운 양육조건을 가지고 태어나는 것만으로는 충분하지 않다. 중요한 것은 이러한 축복을 어떻게 활용하느냐에 있다.

왜 노력해도 안 되는가?

노력한다고 모두가 성공하는 것은 아니지만 노력이 없다면 성공이란 절대 있을 수 없다. 그런 뜻에서 노력은 배신하지 않는다.

세상을 살다보면 자연스럽게 알게 된다. 우리는 알게 된다. 노력한다는 건 교실에서 칠판을 뚫어지라 쳐다보거나 한 자리에 오래 붙어 앉아 공부하거나 일하는 걸 뜻하지 않는다는 것을…. 노력을 해도 안 되는 일이 분명 있다는 것을…. 그 이유가 뭘까?

● 적성(Talent)에 맞지 않는 일

『서편제』『취화선』 등 가장 한국적인 영화를 만드는 영화계의 거장 임권택 감독에게 "왜 영화를 하느냐"고 질문하면 "영화가 그저 좋아서 한다"고 답한다. 임 감독은 언론 인터뷰에서 다음과 같이 말한 적이 있다.

"영화를 통해서 국가와 사회에 기여하고자 하는 꿈을 가진 감독도 있겠지만 저는 '서편제'처럼 영화가 좋아서 그저 최선을 다합니다. 그러다보니 때로는 분수가 넘치는 과찬을 듣게 된 것이지요. 영화를 찍으면서 좋은 영화로 평가받고 싶겠지만 그게 말처럼 쉬운 일도 아니고…. 영화는 제 안의 흥을 찍어내는 작업입니다. 이 땅에 살고 있는 진솔하고 정직한 미감이나 꿈들을 담아내는 일이죠."

또한 "어느 영역이든 자기 적성이 맞는 분야에서 노력한다면 벽을 뛰어넘을 수 있다"고 이야기했다.

"영화는 꿈을 가지고 정말 노력을 하면 손에 닿을 수 있는 세계입니다. 영화라는 매체 안에 미쳐서 살고 모든 걸 던져서 할 수 있기를 바랍니다. 물론 재능과 떨어져서 이야기할 수는 없겠지만 영화에 재능이 있는 사람이 들어와야 하고 최선을 다해 노력해야 합니다. 영화뿐 아니라 어느 영역이든 자기 적성에 맞는 분야에서 열심히 하면 벽을 뛰어넘을 수 있어요."

적성에 맞는 일은 하면, 하기 전에 가슴이 설렌다. 또한 일을 하면서도 흥이 나고 결과도 좋기 쉽다. 반면에 적성에 맞지 않는 일은 그 일을 한다는 것 자체가 스트레스로 작용한다. 따라서 결과물도 본인의 본래 실력만큼 나오지 않는 경우가 많다. 앞에서 같은 노력을 기울이더라도 적성에 따라 그 결과물이 차이난다고 설명했다.

만약에 적성이 0점이라면 무한대의 노력을 기울여도 성과물은 0에 수렴하게 될 것이다. 그렇기 때문에 적성에 맞지 않는 일은 노력을 의미 없게 만든다.

타고난 적성에 점수를 매겨보자

누군가 20점, 10점, 5점, 1점짜리 네 종류의 적성을 타고 났다고 치자. 그리고 그가 각각 20점, 10점, 5점, 1점 분량의 노력을 한다고 가정하자. '20점 적성 × 10점 노력 = 200점'이 되는 반면 '1점 적성 × 20점 노력 = 20점'에 불과하다. 공부도 잘하면서 글 솜씨도 있고 그림도 잘 그리고 피아노도 수준급으로 치고 노래도 잘 부르고 공도 잘 차고 발표력도 좋고 교우관계도 좋을 수 있다.

장애물 때문에 반드시 멈출 필요는 없어요.

벽에 부딪힌다면 돌아서서 포기하지 말아요.

어떻게 벽에 오를지,

뚫고 갈 수 있을지,

돌아갈 순 없는지 생각해봐요.

누가 위의 말을 했는지 아는가? 바로 NBA 3연패의 위업을 달성한 농구 스타 마이클 조던이다. 그는 1993년 10월 농구선수로서의 은퇴를 선언하면서 "저는 도전 없이는 살아갈 수 없습니다. 농구에서는 모든 것을 이루었기에 이제 야구에 도전하려 합니다"라고 말했다. 그는 시카고 화이트삭스와 계약을 맺고 야구선수가 되었다. 메이저리그는 구경도 못하고 마이너리그 최하위를 전전했지만 굴하지 않고 처절하게 노력했다. 하지만 2년 만에 야구를 포기했다. 적성은 이처럼 중요하다. 농구 코트가 아닌 그라운드에서 그는 더 이상 불세출의 마이클 조던이 아니었다.

● 태도(Attitude) 불량

세상에는 독불장군이 많이 있다. 그들은 자기만 잘난 줄 알고 남의 의견에 귀 기울이거나 소통하지 않는다. 개인 개인은 뛰어난 능력을 가지고 있을지 모르지만 그 능력이 최대로 발휘되기 위해서는 남의 도움이 필요하다. 사회의 문명화가 진행될수록 개인이 할 수 있는 일에는 한계가 있고 영향력 또한 발휘하기 힘들다. '안 되는 일을 되게 하는 건 사람이 아니라 사람들'이라고도 했다.

==태도는 당신을 성공하게도 실패하게도 만들 수 있다. 태도는 당신을 날==
==아오르게도 추락하게도 만든다.== '물론 하면 된다. 할 수 있다'는 긍정적인
태도로 나아간다고 세상 모든 게 가능해지는 것은 아니지만 적어도 부정
적 태도일 때보다는 더 훌륭하게 해낼 수 있다.

과거에는 뛰어난 개인이 비록 개인일지라도 많은 업적을 남길 수 있었
다. 그러나 현대 사회에 혼자서 많은 성과를 이루기는 힘들다. 자본주의
사회의 기본적인 경제 주체는 기업이다. 개인이 아니라 기업으로 대표되
는 법인이 기본적인 경제 주체인 것은 기업을 설립해서 경영활동을 하는
것이 가장 효율적이기 때문이다. 기업이란 조직으로 활동하는 것이 개개
인으로 활동하는 것보다 훨씬 많은 일을 할 수 있다.

기업을 설립하지 않고 본인이 기업에 속해있더라도 태도가 중요하기는
매한가지이다. 기업 내부에서의 관계, 외부와의 관계 등 일Work 을 하기
위해서는 관계가 필수적이며 좋은 관계의 전제조건은 좋은 태도이기 때
문이다. 일을 하다보면 내가 남을 도와주기도 하지만, 남이 나를 도와줘
야 진행되는 경우가 많다. 평소 나의 이미지가 ▲매사에 불평불만을 가지
고 ▲남 탓하기 좋아하면서 ▲입방정을 떠는 사람이라면 상대가 나와 함
께 일할 때 신뢰감을 가질 수 있을까? 같은 조건이라면 상대가 나의 부탁
을 먼저 들어줄까? 입장을 바꿔놓고 생각해보자. 상대가 이런 이미지라면
나는 이런 사람과 함께 일을 하고 싶을까?

● 지식(Knowledge)과 올바른 방법 부족
'모로 가도 서울만 가면 된다.' 과정이 잘못되더라도 결과가 처음에 의도

한 바와 일치하면 상관없다는 의미를 가진 속담이다. 결과만 나온다면 과정이 잘못되어도 정말 상관이 없을까? 해당 직무에 맞는 적성과 태도가 갖춰져 있더라도 업무에 대한 지식이 없고 잘못된 방법으로 접근한다면 결과가 잘못 나올 가능성이 매우 크다. 설령 우연히 좋은 결과가 나왔더라도 그것은 실력이 아닌 요행일 가능성이 높고 다음에는 안 좋은 결과를 피하기 어렵다. 충분한 지식과 올바른 방법으로 노력을 기울인다면 그 노력으로 얻게 되는 성과는 지식과 방법의 적절성에 따라 배가 될 것이다.

좋은 결과를 얻기 위해서 뿐만이 아니라, 24시간으로 한정된 하루를 살아가는 개인들은 시행착오를 최소화하는 것이 좋다. 본인이 충분한 지식과 올바른 방법으로 시도했을 때 실패한다면 그것은 경험으로 쌓인다. 하지만 잘못된 방법으로 도전했다 실패한다면 그것은 방법이 잘못됐기 때문에 실패한 것이고 거기서 얻게 되는 경험은 한정될 수 밖에 없다.

● 운(Luck)이 닿지 않은 경우

최선을 다했는데 정말로 운이 없어서 원하는 결과가 안 나올 수 있다. 우리 인생은 수학처럼 딱딱 맞아 떨어지는 것이 아니기 때문이다. 그러나 행운은 준비된 자에게 찾아오고, 준비하지 못한 사람은 그것이 행운인지조차 모르고 기회를 놓치게 된다. 내가 최선을 다했지만 행운이 찾아오지 않은 것이지, 행운이 찾아오지 않았다고 최선을 다한 행동 자체가 잘못된 것은 절대 아니다. 따라서 이번에 설령 원하는 결과가 나오지 않았더라도 스스로 행운을 내치는 행동을 하지 않도록 조심해야 한다. 자신은 최선을 다했다고 생각하지만 실제로는 행운을 불러올 정도로 행운의 4원칙 참조 충분한 노력을 다하지 못한 결과일수도 있기 때문이다.

● 잘못된 방향

S사의 연구원으로 직장에 다니다 한의사로 변신한 에피소드를 기억하는가? 그는 전문성을 가지고 좀 더 많은 부를 얻기 위해 도전을 했다. 그리고 도전에 성공했다. 하지만 자기가 원하는 삶을 사는 것에는 실패했다. 그것은 한의사라는 시장이 '뜨는 시장'이 아닌 '지는 시장'이었기 때문이다. 이렇듯 노력을 기울일 때, 그 노력이 빛을 발하기 위해서는 앞으로 '뜨는 뜰 시장' '뜨는뜰 분야'인지가 매우 중요하다. 시장은 우리가 예측할 수 있지만 경기를 좌우하기는 매우 힘들기 때문이다. 마치 적성처럼 100이라는 같은 노력을 기울이더라도 '뜨는 시장'에서 얻을 수 있는 성과물과 '지는 시장'에서 얻을 수 있는 성과물은 분명히 차이가 난다.

● 노력(Efforts) 부족

노력을 해도 아무런 변화가 없거나 기대에 미치지 못해 실망하거나 좌절을 경험하는 경우가 있다. 물이 99℃에서 100℃로 넘어가는 순간에 끓듯이 우리의 인생도 마찬가지다. '임계치'에 못 미쳤을 때에는 당신이 바라는 성과가 나타나지 않는다는 것을 명심하라. 할 만큼 했다고 생각하는가? 당신의 경쟁자는 당신이 상상도 못 할 정도로 많은 노력을 했을 수 있다. 당신보다 더욱 간절히 구하고 있을 수 있다. 조금만 더 참고 노력해보라.

"할 수 있는 한 최선을 다하라. 당신이 할 수 있는 모든 수단과 당신이 할 수 있는 모든 방법으로 당신이 할 수 있는 모든 장소에서 당신이 할 수 있는 모든 시간에 당신이 할 수 있는 모든 사람들에게 당신이 할 수 있는 한 오래오래."

_ 감리교 창시자 존 웨슬리(John Wesley)

재능과 노력

필자는 학업과 직업을 선택할 때 자신의 적성이나 재능을 잘 살펴야 성공할 수 있다고 강조했다. 이와 관련해 몇 가지 실험결과를 살펴보자.

미국의 사회심리학자 캐럴 드웩 스탠퍼드대 교수의 실험이다. 초등학생 400명을 둘로 나눠 문제 10개를 풀게 한 뒤 A집단 학생들에겐 "참 똑똑하구나"하고 재능을 칭찬하고, B집단엔 "참 열심히 하는구나"하고 노력을 칭찬했다. 엇비슷한 성적의 두 집단은 뒷 실험에서 놀라운 차이를 보였다. 난이도가 다른 문제 중 하나를 고르게 했더니 A집단은 대부분 쉬운 문제를, B집단은 90%가 어려운 문제를 택하더라는 것이다. '안주'와 '도전'으로 갈린 것이다. 이어진 실험은 더 놀랍다. 처음 수준의 문제를 다시 냈더니 A집단은 성적이 20% 정도 떨어졌고 B집단은 30% 가량 올랐다. 천재는 1%의 영감과 99%의 노력으로 이루어진다는 발명왕 에디슨의 명언을 뒷받침한다.

반면 자크 햄브릭 미시간 주립대 심리학과 교수팀 분석 결과 예체능과 학업 능력에서 노력이 차지하는 비중은 20%를 넘지 않더라는 것이다. 특히 학업에 있어서 노력_{공부}의 비중은 4%에 그쳤다고 한다. 연습이 얼마나 실력을 향상시키는지 분야별로 조사해봤더니 체육은 18%로 나왔다. 박지성·류현진의 실력 100% 중에 연습이 차지하는 비중은 18%뿐이고 82%는 타고난 몸과 운동신경에서 왔다는 설명인 셈이다. 박지성은 뜀박질도 불편할 평발인데도 세계 최고 수준의 축구 선수로 발돋움했고 LA 다저스의 투수 류현진은 오른손잡이지만 왼손 투수가 더 유리하다는 말에 초등학교 시절 공 던지는 손을 왼손으로 바꿨다. 둘 다 남들보다 몇 배 더 노력해 지금의 자리에 올랐다.

학업 분야에서는 연습의 효과가 체육보다 현저히 낮아서 연습, 즉 공부의 기여도는 4%에 불과했다. 도서관에서 밤잠 설치며 공부한들 성적에 미치는 영향은 4%뿐이고 나머지 96%는 타고난 머리에서 나온다는 것인데 머리 나쁘면 아무리 공부해도 소용없다는 뜻이다.

이에 대해 당장 학계에서 반발이 쏟아졌다. 햄브릭 교수팀의 연구가 혼자하는 연습과 고수의 지도를 모두 뭉뚱그려 똑같은 연습으로 간주하고 있고 초보와 고수가 하는 연습을 같은 잣대로 평가하는 등 연구 방법론 자체가 틀렸다는 것이다. 이전의 유사 연구는 실력에서 노력 또는 연습이 차지하는 비중이 80%에 달한다고 평가했다. 문제의 논문을 집중 보도한 뉴욕타임스는 연습의 총량보다는 질이 중요하다며 실력 향상을 위한 효과적인 연습을 강조했다. 필자의 태클 공식을 위의 논문에 맞춰 단순화하면 다음과 같다.

$$P(성과, Performance) = T(재능, Talent) \times E(노력, Efforts)$$

실력이 아무리 뛰어나더라도 노력을 전혀 하지 않으면 성과는 0이고, 본인의 재능에 맞지 않는 일을 노력을 통해 극복해 내는 것도 경쟁사회에

서는 한계가 있다. 결과적으로 시간대비 성과는 저조할 것이고, 이는 경쟁
우위를 갖추지 못한다. 인생은 한번뿐인 것으로 모든 사람에게 하루에 주
어진 시간은 24시간으로 동일하기 때문이다.

어떤 일의 성과는 본인의 적성에 의해 크게 좌우되며 노력이 동일할 경
우 적성에 의해 성과의 크기는 달라진다. 그런데 하루는 24시간으로 개인
들에게 모두 동일하며, 노력을 경쟁상대에 비해 10배 이상 기울인다는 것
은 산술적으로 쉽지 않다. 따라서 어떤 일의 성과를 결정짓는 중요한 요소
는 적성이며, 요소들의 비율을 분석했을 때 적성이 노력보다 높은 비율을
가지는 것은 당연한 결과다.

예를 들어, 'P=T×E'에서 'T가 1인 사람이 들인 E 100'과 'T가 10인 사
람이 들인 E 100'을 비교해보면 첫 번째 경우 P는 100이고 두 번째 경우
P는 1,000이다. 이 경우 두 사람의 성과의 합은 '100+1,000=1,100'이며
이중 T가 전체 성과에 기여한 비율은 90% 정도다.

그러나 여기서 간과한 것이 한 가지 있는데 바로 '노력의 질'이다. 위 논
문이 저지른 실수 역시 적성이 안 맞는 사람이 기울인 비효율적인 노력까
지 성과에 포함되어 있다는데 있다. 같은 노력을 기울인다고 하더라도 '고
수의 지도를 받은 노력'과 '초보자가 혼자 하는 노력'은 질적인 차이가 있
을 수밖에 없다. 이 경우 노력을 단순히 시간이 아니라 노력의 질에 비례
하여 그 크기를 재 산정해야한다. 그렇게 되면 같은 시간이라도 E의 크기
가 T의 크기처럼 큰 차이가 발생할 수 있기 때문에 E 역시 P에 중요한 요
소가 된다. 따라서 노력의 총량도 중요하지만 얼마나 효과적인 노력을 하
느냐가 중요하다.

한편 저명 저널리스트인 제프 콜빈은 『재능은 어떻게 단련되는가?』라는 책에서 "탁월하고 위대한 성과는 단순히 열심히만 해서도 이룰 수 없고 타고난 재능을 가지고만 있다고 달성할 수 있는 것이 아니다"라고 주장한다.

음악의 신동으로 알고 있는 모차르트나 골프 천재 타이거 우즈도 천부적인 재능과는 거리가 먼 평범한 선수에 불과하다. 이들의 위대한 성과는 엄격한 아버지나 그 분야의 전문가에 의해 어린 시절부터 장기간의 혹독하고 전문적인 훈련의 결과이지 결코 천부적인 재능과는 거리가 멀다는 주장이다. 저자는 '신중하게 계획된 연습Deliberate Practice'을 핵심개념으로 제시한다. 이러한 연습은 일반적 노력과 달리 해당분야의 지도자로부터 가장 적합한 연습을 할 수 있는 설계를 세우고, 그 설계에 맞춰 고도의 무한 반복훈련을 해야 하며 그 과정에서 반드시 피드백이 포함되어야 한다. 혼자 힘으로 연습하는 것은 사실상 불가능하다. '선택과 집중'이 필요한 노력으로 재미도 없고 정신적인 고통을 수반한다. 단기간의 성과를 기대하기도 힘들다.

우리는 지능지수IQ가 높으면 성과도 비례하여 높을 것으로 예측한다. 하지만 IQ도 검사과정에서는 사교성·정직성·인내심·지혜 등을 측정할 수 없고 광범위한 연구를 통해 성과와 상관관계가 없었다고 한다. 최근의 많은 연구를 통해 기억력도 습득되는 것이고 거의 누구나 기억력을 향상시킬 수 있다고 한다. 지능과 기억력이 탁월한 성과를 달성하는데 반드시 필요한 능력이 아니라는 것이다. 체스·승마·미식축구와 같은 스포츠 분야 뿐만 아니라 비즈니스 현장에서의 빌게이츠나 GE의 잭 웰치 회장에 이르기까지 거의 모든 분야에서 재능과 성과와의 관계를 분석하여 '신중하게 계획된 연습'의 타당성을 검증해 나간다.

어느 분야에서든 10년 정도의 고된 기간을 준비하고 훈련하여야 위대하다고 불릴만한 수준에 도달한다는 '10년 법칙'은 말콤 글래드웰Malcolm Gladwell 이 쓴 『아웃 라이어』의 핵심내용인 '1만 시간의 법칙'과 맥을 같이 한다. '1만 시간의 법칙'은 어떤 분야에서 성공하기 위해서는 1만 시간을 투자해야 한다는 것이다.

탁월한 성과는 하늘로부터 특별한 재능Talent 을 받은 소수의 사람들에 의해 나오는 것은 아니라는 희망의 메시지를 주고 있다. 제대로 목표를 세워서 꾸준히 '선택과 집중'의 노력Efforts 을 하면 큰 성과를 얻을 수 있다는 사실에 만족하는 것도 나쁘지 않을 것 같다.

TL 틀 + Cake(Challenge, attitude, knouledge, efforts)

우리는 오방떡, 붕어빵 찍어 내듯이 똑 같은 모습으로 태어나지 않았다. 우리에게 인간으로서의 틀(TL)이 주어졌고 이를 만들어 가기 위한 일은 모두 우리 각자의 몫임에 틀림없다. 태클의 요소 중 T(Talent)와 L(Luck)은 우리에게 주어진 것으로, 나와 당신 그리고 우리가 그 요소 자체를 좌우 할 수는 없다. T(적성)의 경우 앞서 설명한바 같이 앞으로 '뜰 시장'에서 능력이 발휘될 만한 우리에게 알맞은 적성을 '찾아야' 하는 것이지 '만들' 수는 없다. L(운) 역시, 좋은 운을 불러일으키는 태도와 행동을 통해서 행운이 우리에게 오도록 하는 것이지 좋은 운 자체를 만드는 것은 아니다. 그렇기에 T와 L은 태클의 다른 요소와는 차별화된 특징을 가지고 있다. 우리의 의지를 벗어난 일이라는 것이다. 그러나 그렇다고 해서 틀(TL)이 변할 수 없는 완벽히 고정된 형태가 아니라는 점에 인간으로서 우리의 할 일이 있다. 틀 그 자체는 고정된 것이 맞지만, 우리에게는 한 가지의 틀만 있는 것이 아니다. 우리의 비전(Vision)이 무엇인가에 따라 그에 맞는 틀을 선택할 수 있는 선택권이 있다. 비전은 나와 당신 그리고 우리 각자가 스스로 세우지 않던가? 비전에 맞는 틀을 골랐으면, 빵틀 안에 들어갈 여러 가지 재료들을 넣을 차례다. 바로 CAKE로 어떤 재료로 CAKE를 만들지는 전적으로 우리의 몫이다. 이 CAKE의 각 요소들은 우리가 얼마든지 만들 수 있다. 어떤 도전을 어떻게 할 것인가? 주위의 사람들과 어떤 관계를 맺을 것인가? 내게 필요한 기술을 배울 것인가, 흥미 있는 지식을 쌓을 것인가?

본질적인 노력을 할 것인가, 겉으로만 보여 지는 노력을 할 것인가? '틀'을 아무리 잘 골랐어도 내용물인 케이크가 형편없으면 그 빵은 맛이 없다. 반대로 케이크가 아무리 정성을 들였어도 '틀'을 잘못 골랐다면 원치 않는 모양의 결과물이 나올 것이다. 이렇게 알맞은 '틀'(TL)과 정성들인 재료(CAKE)를 가지고 나만의 맛있는 빵을 굽는(Bake)것이 바로 인생이며, 그것이 여러분의 태클이다. 여러분은 여러분만의 걸작(Masterpiece)을 만들 준비가 되었는가?

TACKLE
Efforts

노력한다고 모두가 성공하는 것은 아니지만
노력이 없다면 성공이란 절대 있을 수 없다

03
PART

플러스 섬
Plus Sum

TACKLE

역량 강화의 파워

누구나 담을 뛰어 넘을 수 있다

우리는 살면서 많은 선택을 하게 된다. 인생은 B · C · D라는 말이 있다. B는 'Birth' 태어나는 것을, D는 'Death' 죽는 것을 의미한다. 그 사이에 우리는 'C=Choice' 즉 선택을 하면서 살아간다. 태어나고 죽는 것이 인생의 시작과 끝이라면, 인생 자체는 '어떤 선택을 하느냐'다.

우리는 여러 대안 중에서 어떤 선택을 하게 된다. 예를 들어 지금 독자가 이 책을 보고 있는 행동을 할 때, 그 행동은 '책을 본다'는 행동을 하기 위해 필요한 시간과 비용을 지불하고 책을 보고 있는 것이다. 독자는 책을 보는 행동 대신에 TV를 보거나 운동을 하거나 일을 하는 등의 여러 가

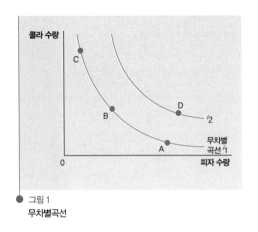

그림 1
무차별곡선

지 행동들을 할 수 있다. 이러한 대안들의 집합 중 같은 효용 만족을 주는 선택들을 연결한 것이 무차별곡선이다.〈그림 1〉 무차별곡선은 원점에서 멀어질수록 그 효용의 수준이 커지게 된다. 원점은 효용이 0인 것을 의미하기 때문이다. 예산제약선은 주어진 예산과 가격 상황에 맞게 소비자가 구입할 수 있는 재화들의 집합으로 한정된 현실을 의미한다.

〈그림 2〉는 콜라와 피자 가격 비율이 1:5로 책정되어 있다. 피자 1개를 포기하면 콜라 5개를 더 살 수 있는 것이다. 결국 내가 가질 수 있는 콜라와 피자의 총 개수는 예산제약선을 벗어날 수 없다. 좀 더 현실적인 예를 들어 설명해보자면, 내가 정말 하고 싶은 일이 해외경험을 쌓는 것이다. 그러나 나에게 주어진 자원 용돈이 50만 원이고, 해외여행을 가기 위해 필요한 금액이 100만 원이라면 나는 50만 원의 예산제약선 안의 활동밖에 할 수 없기 때문에 해외여행은 갈 수 없는 것이다.

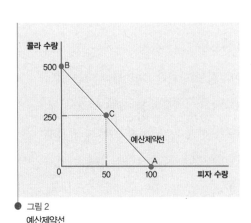

그림 2
예산제약선

∘ TACKLE ∘

예산제약선과 무차별곡선의 접합 점에서 우리는 최적의 선택을 하게 된다. 예산제약선과 무차별곡선이 만나는 지점을 선택하는 것이 우리에게 최고 효용을 가져다주기 때문이다. 그 점은 '내가 가진 모든 자원을 활용했을 때 얻을 수 있는

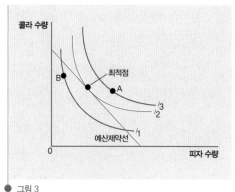

● 그림 3
무차별곡선과 예산제약선의 최적점

가장 큰 만족'이라는 의미를 가진다. 물론 〈그림 3〉과 같이 주어진 상황예산 제약 하에서 가장 큰 효용만족 을 얻을 수 있는 최선의 선택을 하는 것도 중요하다. 그러나 '주어진 상황'이라는 고정된 틀을 벗어나 더 큰 효용을 얻을 수 있는 선택지가 있다면, 그것이 새로운 최선의 선택이 될 것이다.

우리가 '태클'을 통해 본인의 역량을 키우고 그 역량을 바탕으로 도전한다면 앞서 해외여행을 가기 위한 자원용돈 이 부족하더라도, 부족한 부분을 우리의 역량으로 보충할 수 있다.

〈그림 3〉의 그래프 상에서 실제로는 선택할 수 없었던 선택지인 A지점해외여행 을 선택하는 것이 가능해진다. 언어외국어 에 관한 적성 T 이 있고, 새로운 친구들과 관계를 맺는 것 A 이 두렵지 않으며, 해외활동에 대한 충분한 지식 K 이 있다면 워킹홀리데이, 코이카KOICA 의 해외 봉사활동, 정부 해외인턴십 등 다양한 도전 C 을 통해 원하는 해외경험을 쌓을 수 있다. 이와 같이 본인이 가진 자원 이상의 선택지를 찾은 사람들이 바로 스스로 브랜드가 된 사람들이다. 평범한 사람 누구라도 가능하다.

일의 의미: 효율적으로 일하라

● 왜 같은 노력을 해도 성과가 다를까?

주위를 둘러보면 일을 잘하는 사람도 있고 못하는 사람도 있다. 같은 노력을 해도 잘하는 사람은 성과가 좋을 것이고, 못하는 사람은 노력에도 불구하고 성과가 미흡하기 쉽다. 사람들은 일이 많아 죽겠다고 하면서도 정작 "일이 무엇이냐"고 물으면 의외로 답변을 못한다. 일이란 '사람이 삶을 영위하기 위하여 행하는 모든 활동'이다. 인간은 일을 통해 자기 자신을 드러낸다. 일을 통해 자신이 누구인지 무엇을 원하고 추구하는지 드러낸다. 하는 일을 보면 그 사람의 지식과 경험 그리고 태도가 온전히 드러난다. 그의 모든 것이 반영된다. 일을 통해 비로소 인생의 성공과 행복이 성취된다. 일을 통해서 무언가 가치를 만들어 낸다는 인식이 중요하다.

고 정주영 회장은 『나의 살아온 이야기: 이 땅에 태어나서』에서 자신을 '타고난 일꾼'이라고 표현하면서 일에 대해 다음과 같이 말하고 있다.

"나는 성실과 신용을 좌우명으로 삼고 오로지 일하는 보람 하나로 평생을 살았다. 일하는 것 자체가 그저 재밌어 일에 묻혔고 그러다보니 일과 한 몸이 되어 살았다. 좋은 옷이나 음식이나 물건에 한눈 팔 겨를도 없이 그저 일이 좋아 일과 함께 살았다. 타고난 일꾼으로서 열심히 일한 결과가 오늘의 나 일 뿐이다. 일꾼으로서 지금의 나는 아직 늙었다고 생각지 않는다. 일에는 늙음이 없다. 최상의 노동자에겐 새로운 일감과 순수한 정열이 있을 뿐이다. 이 땅에 태어나서 내가 물려줄 재산은 이러한 노동에 대한 소박하다면 더없이 소박한 내 생각이다. 우리 젊은이들이 앞날을 개척해 가는데 이러한 내 생각과 지나온 삶이 힘이 되어주길 바란다."

여러분은 일에 대해 어떤 철학과 전략을 갖고 있는가? 일은 '과학에서의 일'과 '일상생활에서의 일'로 구분된다. 과학의 일은 일상생활의 일과 다르게 정의되며, 이 차이를 깨닫는 것이 일을 잘하는 방법이다.

먼저 과학에서의 일은 어떤 물체에 힘을 가해서 그 물체가 힘의 방향으로 이동했을 때 "일을 했다"고 말하며 일의 크기는 가해진 힘과 이동 거리의 곱으로 나타낸다. 자동차를 아무리 밀어도 움직이지 않았다면, 이때 이동 거리는 0이므로 한 일은 0이 된다. 마찬가지로 우주 공간을 같은 속력을 유지한 채 직선으로 한없이 항해하는 우주선도 한 일의 양은 0이다. 우주 공간은 중력도 없고 마찰력도 없어서 한 번 움직여 주면 더 이상 힘이 작용하지 않는 상태에서 관성에 의해 앞으로 진행하는 것이다. 작용하는 힘이 0이기 때문에 일이 아닌 것이다.

보통 우리는 회사에 출근을 하거나 무거운 물건을 들고 서 있는 것 등 힘을 쓰는 모든 행동을 일을 한다고 말한다. 그러나 과학에서는 아무리 힘들게 무거운 물건을 오랫동안 들고 서서 땀을 뻘뻘 흘리고 있어도 이동 거리가 0이면 일이 아닌 것이다.

대형 쇼핑센터에 가서 카트에 많은 물건을 싣고 밀면서 여러 층을 돌아다니면 엄청나게 많은 일을 하게 되는 거지만 계산대에 앉아서 계산해 주는 사람은 이동 거리가 없으니 하루 종일 서서 정신없이 계산을 해도 과학적인 측면에서 보면 일을 전혀 안 하는 것이다. 과학에서의 일은 작용한

● 그림 4
힘과 일

힘이 0이거나 이동거리가 0이면 일도 0이 된다. 그러나 일상에서의 일은 이동거리가 0이어도 일을 한 것이 된다. 계산대에 앉아서 계산을 하는 사람이 바로 그 예다. 일상에서는 어떻게 하면 이동거리를 줄이고 혹은 이동하지 않고 일을 더 잘 할 수 있을까 끊임없이 고민해야 한다.

모 그룹 전 회장이 법원으로부터 선고 받은 벌금 249억 원을 노역으로 대신한다하여 큰 논란이 되었다. 문제는 하루 노역비가 무려 5억 원이라는 것. 49일만 노역하면 벌금 249억 원이 탕감된다. 일반인은 보통 하루 노역비가 5만 원 정도인데 무려 1만배 차이이다. 노역장에서 똑 같은 '노가다'를 하는 두 사람이 한 사람은 일당 5만 원을 받고, 다른 한 사람은 무려 5억 원을 받는다. 이들이 하는 일의 효율성과 산출하는 부가가치의 차이가 있는가? 이것이 현재 한국 사회인데, 어떻게 이런 불평등한 상황이 발생할 수 있는가?

핀란드의 세계적인 기업인 노키아의 부회장인 안시 반요키가 50km/h 제한도로에서 오토바이를 타고 75km/h로 달리다 경찰에 적발되어 1억 3천만 원짜리 범칙금을 내 화제가 된 적이 있었다. 헬싱키에서 한 기업인은 차를 몰다가 속도위반으로 경찰에 적발돼 무려 2억5천만 원의 범칙금을 낸 적도 있다고 한다. 한국과 핀란드는 무엇이 이러한 차이를 낳은 것일까?

경험 적은 신참기자와 노련한 고참기자를 비교해보면 일과 이동거리의 의미를 쉽게 이해할 수 있다. 신참기자는 취재거리를 찾아 하루 종일 땀 뻘뻘 흘리며 이곳저곳 분주하게 돌아다녀도 변변한 단편기사 하나 물어오기 힘들다. 하지만 고참기자는 시원한 사무실에서 에어컨 바람 쐬며 전화

한 두 통 걸어 보곤 특종을 잡기도 한다. 작은 단서 하나로도 인터넷 등 연관 검색 자료 조사를 좀 해보고 주위에 전화 걸어 확인하는 것으로 대박을 내는 것이다. 앉은 자리에서 천리를 본다. 이동 거리 0이다. 특강강사도 마찬가지다. 무명시절에는 전국 각지를 누벼도 몸만 바쁘지만, 유명강사는 서울 근교에서만 이동 거리 짧게 움직이며 돈을 번다.

반면, 지하철 등에서 폐지를 줍는 노인들은 정반대의 일을 하고 있다. 폐지 가격이 비쌀 때는 kg당 350원 까지 했는데, 최근 80원으로 떨어졌다. 열심히 돌아다녀 하루 100kg 모으면 8천 원 가량 버는 것이다. 평균연령 74.5세. 폐지를 주워 한 달에 20만 원 정도 벌었는데 이제 무가지가 거의 폐간하다 보니 이들 간의 경쟁도 매우 치열해졌다. 이 분들이 부모밑에서 자라던 꿈 많던 학창시절에 이런 상황이 올 거라고 과연 한번이라도 생각해보았을까? 이런 노인들이 우리나라에 175만 명이나 된다.

이와 비슷한 일인 지하철에서 꽃 배달하는 노인들, 택배기사와 퀵서비스, 대리운전은 어떠한가? 모두 이동거리는 길면서 먹고 살기 고달프다.

한술 더 떠 '쉬지 않고 일해도 희망이 없다'면 어떠할까? 주변에서 흔히 볼 수 있는 동네 식당이나 청과물상·슈퍼·문구점 사장들은 인건비 줄 돈도 없어 가족까지 총동원해 가게를 운영해 보지만 손에 쥐는 돈은 최저임금인 시간당 5,210원에도 미치지 못한다.

중요한 건 워런 버핏, 빌 게이츠의 시급과 일반인의 시급이 다르다는데 있다. 워런 버핏과의 점심 한 끼는 무려 40억 원에 달한다. 이들의 예를 들지 않더라고 왜 같은 특강강사인데 누구는 시간당 1천만 원이고 누군 10만 원인가? 효율적으로 일해야 보다 큰 부가가치를 만들어내는 사람이 될 수 있다. 놀이터에 있는 '시소see-saw' 한 쪽에는 100명이 앉아 있고, 다른 한 쪽에는 1명이 앉아 있는데 균형을 이루고 있다고 생각해 보자. '일당 백'인 셈이다. 현행법상 최저 시급 5,210원 100명과 시급 521,000원 한명이 앉아 있는 셈이다.

'20대80' 법칙은 전체 인구 중 20%가 전체 부의 80%를 차지하고 있다는 이론. 19세기 영국의 부와 소득 유형을 연구하던 중에 발견한 부의 불균형 현상이다. 이탈리아 경제학자 빌프레도 파레토Vilfredo Pareto 가 처음 주창했다. 이후 20대80 법칙은 1997년 한스 피터 마르틴과 하랄드 슈만이 쓴 『세계화의 덫』이라는 책을 통해 세간에 널리 알려졌다. 이론에 따르면, 세계화 시대에서는 전 세계 인구 중 20%만이 좋은 일자리를 가지고 안정적인 생활을 유지하는 반면 대다수인 나머지 80%는 사실상 20%에 빌붙어 살아가야 한다. 즉, 빈곤층 80%와 부유층 20%로 사회가 양분된다는 설명이다.

● 목표 설정과 '골디락스'

당신이 뭔가 해 보려고 노력을 했음에도 결과가 신통치 않을 수 있다. 왜 그럴까? 끈기와 인내가 부족해서? 물론 그럴 수도 있다. 하지만 당신이 갖고 있는 '능력' 또는 역량과 해야 할 일의 '난이도'가 맞지 않아서인지 관찰해봐야 한다. 예를 들면 영어의 기본은커녕 기초도 없고 책상에 앉는 공부습관도 안 되어 있는 학생 부족한 능력 이 전문서적 높은 난이도 을 보고 공부 하려면 몰입이 안 된다.

반대의 경우가 생기기도 한다. 당신의 능력에 비해 너무 쉬운 일을 할 때도 몰입이 안 된다. 고등미적분을 풀 수 있는 학생 높은 능력 에게 1차 방정식 문제 낮은 난이도 를 풀라고 하는 건, 공부가 아닌 따분한 '노동'이 될 확률이 높다.

이렇게 사람은 자기 능력 또는 역량보다 턱없이 높은 난이도를 만나면 포기하고 싶어진다. 반대로 너무 쉬운 목표도 사람을 매너리즘에 빠뜨린다. 그래서 너무 쉽지도 어렵지도 않은, 즉 적당한 긴장감을 느낄 수 있는 목표를 찾아야 한다. 그래야 게임을 하듯 목표 달성을 즐기게 된다. 이렇게 자신의 능력과 업무의 난이도가 '적당히' 조화를 이룬 업무를 미래학자인 대니얼 핑크 Daniel Pink 는 '골디락스 Goldilocks ' * 업무라 했다. 당신이 할 일이 골디

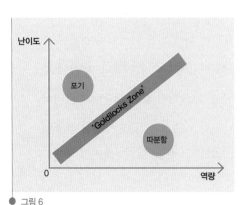

그림 6
몰입을 이끄는 골디락스 존

락스 존에 있을 때 일에 몰입하게 되고, 업무능력이 극대화된다는 것이다. 결국 이를 찾는 것이 중요한 과제라 말했다.

가치를 만드는 방식

일의 의미와 일하는 방식에 대해 설명했고, 제약과 한계를 뛰어 넘을 수 있다는 것도 설명했다. 이제부터 일을 통해 뭔가 만들어 보기로 하자. '일을 통해 가치 Value 를 창출'한다는 인식이 매우 중요하다. 절대 잊지 마라.

사람이 일을 한다는 것은 결국 자신이 쌓아올린 집을 갖고 일을 하는 것이다. 집을 쌓아 올리면서 한편으로는 날마다 다양한 활동을 하는 것이다. 공부도 하고 일도 하고 휴식도 취하고 봉사도 하는 등…. 우리가 생을 마칠 때에도 그 집은 완벽하게 지어지지 않을 수 있다. 하지만 달란트의 비유에서 보듯이 하나님이 우리에게 원한 것은 '완벽이 아니라 최선'이라는 점에서 위안이 되고 힘을 낼 수 있다. 즉, 타고났으며 지금 처한 환경과 자원, 세상을 바라보는 신념과 태도, 학습을 통해 축적한 지식 기술과 경험의 초석 위에 '어디로 갈 것'이며 그것을 달성하기 위해 '무엇을 할 것인지' 비

---

* 영국의 전래동화 『골디락스와 곰 세 마리(goldilocks and the three bears)』에 등장하는 소녀의 이름에서 유래한 용어다. 본래는 골드(gold)와 락(lock, 머리카락)을 합친 말로 '금발머리'를 뜻한다. 동화에서 골디락스는 곰이 끓인 세 가지의 수프 (뜨거운 것과 차가운 것, 적당한 것) 중에서 적당한 것을 먹고 기뻐하는데, 이것을 경제 상태에 비유하여 '뜨겁지도 차갑지도 않은 호황'을 의미하는 용어로 사용되기 시작했다.

전과 미션의 지붕을 그려 내면서 매일 매일의 다양한 활동이라는 기둥을 노력을 통해 튼튼히 지어서 세상을 향해 뭔가 가치 있는 것을 만들어 제시하는 것이다.

나이팅게일처럼 아픈 사람들을 돌보는 간호사가 되기로 한 비전을 가진 소녀가 있다. 소녀는 그 비전을 성취하기 위해 성장하면서 훌륭한 간호사가 되기 위한 따뜻한 연민을 품고 간호학을 전공한다. 그리고 대학생 때는 의료봉사 활동도 하면서 경험도 쌓는 식이다. 그렇게 성장하면서 자신이 꿈꾸는 가치의 실현을 위해 큰 가치 나이팅게일 같은 백의의 천사로서 세상에 봉사와 관련된 작은 가치 간호대학 입학, 의료봉사활동, 간호사로 취업, 아프리카 오지에서의 봉사 등를 끊임없이 만들어 낼 것이다.

마치 기업이 새로운 상품과 서비스를 시장에 출시하고, 새로운 원료 조달처의 마련, 새로운 기술과 특허개발, 획기적 원가절감 방식 발견, 새로운 협력채널 구축, 새로운 조직관리 기법 개발 등의 가치를 창출하는 것과 마찬가지다.

사람은 인생을 살아가면서 성공과 행복이라는 큰 가치의 성취를 위해 각종 시험 대학입학 및 운전면허시험 합격 등 · 취업 · 결혼 · 창업 등에서 일을 통해 자신의 가치를 드러내게 되어 있다. 도전한 대상에서 성공하기도 하고 실패하기도 한다. 누군가는 대학입시 경쟁에서 일류 대학에 진학했고 누군가는 서울 소재 대학에 진학했으며 누군가는 지방대에 진학하였다. 경쟁에서 각자의 가치 내신, 수능, 기타 등를 걸고 경쟁한 것이다. 취업준비생도 마찬가지다.

어쨌든 우리는 각자의 자원과 역량의 토대 위에 '일을 통해 가치를 창출'

한다. 각자의 재능 발현 정도, 믿음 신념 과 태도 그리고 지식 기술 토대 위에 일을 통해 가치를 만들어 낸다.

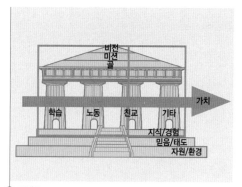

그림 7
성공의 신전

지금까지 우리가 다룬 태클을 도식화하면 〈그림 7〉과 같다. 우리의 역량은 자원과 환경, 믿음과 태도, 지식과 경험의 총 집합체다. 이러한 역량을 바탕으로 우리는 학습, 노동, 친교, 기타 취미 · 봉사 · 휴식 등 도전활동 Activity 을 통해 목표 Goal 를 달성하게 된다. 이러한 목표들은 미션과 맞닿아 있으며, 여러 목표들의 달성을 통해 현재의 미션을 수행하면

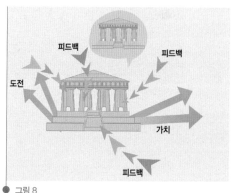

그림 8
피드백에 의한 경쟁력 강화

미래의 비전에 한 발 더 내딛게 된다.

우리가 도전활동을 하게 되면 그에 따라 가치가 생기게 된다. 그 가치는 외부로 발현되어 타인에게 효용으로 돌아가거나, 내부로 축적되어 나에게 효용으로 돌아와 자원이 되기도 한다. 도전으로 나의 역량이 커질 수도 있고 작아질 수도 있는 것이다. 이러한 도전을 통해 우리는 자신을 변화시켜 나갈 수 있다. 그러나 도전하지 않는다면 우리는 현재의 모습보다 더 퇴화

하게 된다. 시간의 흐름에 따라 나의 자원과 역량인 지식과 체력, 재화의 가치는 점차 감소한다. "오늘 걷지 않으면 내일은 뛰어야 한다"는 말이 있다. 사회에서 다들 자신의 길로 걸어가고 있을 때 나는 도전하지 않고 가만히 있는다면, 그들이 걸은 만큼 나는 뒤처지게 될 것이다.

지식 기술과 경험의 수준이 어떻게 가치를 만들어 내는데 차이를 만들까? 매우 중요한 문제가 아닐 수 없다.

만약 당신이,

■ 물려받은 유산과 모아 놓은 돈도 없으면서 별반 지식과 경험이랄 게 없으면, 가진 게 몸 밖에 없으니 몸뚱아리를 굴려 먹고 살게 된다. 속칭 '노가다'가 여기 속할 것이다. 몸이 재산이며 몸 아프면 일 못하고 날 궂으면 공사판도 일을 쉰다. 하루 벌어서 하루 먹고 살기 바쁘고 인생은 고단하다.

■ 비록 돈은 없더라도 어느 정도의 지식과 경험이 있다면, 그 지식과 경험을 갖고 일자리 블루칼라이건 화이트칼라이건 를 구해서 먹고 산다. 대부분의 사람들이 이렇게 먹고 산다. 예전에 남들 대신 타이프를 쳐주는 타이피스트 직업이 있었다. 주로 타이핑 기술 있는 여자들이 이걸로 취직했다.

■ 남이 갖지 않은 차별화된 지식을 갖고 '정원Fixed Number'이 정해진 시험을 통과하면 자격증 또는 유사 자격증을 갖게 되어 따뜻한 인생을 살

게 된다. 의대에 입학하여 의사가 되고 로스쿨 나와 변호사 되며 공무원 시험에 합격해서 공무원이 되는 식이다.

■ 남이 갖지 않은 차별화된 지식을 갖고 이걸 재산권으로 만드는 놀라운 세계가 있다. 바로 지식을 지식재산권으로 만드는 것이다. 특허·상표·디자인·저작권 등이다. 재산권이 된다는 뜻은, 만약 당신이 아파트를 소유하고 있으면 그곳에 살거나 임대를 하거나 팔거나 할 수 있는 것처럼 특허권도 당신이 직접 사업에 써먹거나 실시 남에게 돈 받고 빌려주거나 매각할 수도 있다. 다만, 특허를 내려면 공학적 지식이 필요하듯 각 재산권마다 그 분야의 지식 기술과 경험이 필요하다는 제약이 있다.

■ 특별한 전문지식이 필요 없이 사람들 간의 인간관계나 협력을 활용해서 가치를 만드는 방법이 있다. 이에 대해서는 아래에서 별도의 사례를 들어 설명하겠다.

위에서 설명한 관계를 통한 가치의 창출 사례다. 필자의 경험담을 통해 관계형성을 통한 거래에 대하여 생각해보자.

필자는 어린 시절 집안 형편이 어려워 달동네에 살면서 학교를 다녔다. 어려운 생활에도 기가 죽는 일은 없었고, 교우관계도 원만하게 지냈다. 기성세대라면 많은 사람들이 어린 시절 『어깨동무』『소년경향』『새소년』『소

그림 9
어린 시절 필자의 관계로 인
한 거래형성을 일궈내 준 4종
류의 책

년중앙』 등을 접해봤을 것이다. 집안형편이 어려워 이
러한 책들을 내 것으로 보고 싶어도 그만한 능력은 되
지 못하고, 친구들에게 빌려서 보곤 하였다. 보통 누
군가에게 빌린다는 것이 한두 번 정도면 모를까 빌리
는 행위가 지속된다면 누구도 좋아할 사람은 없을 것
이다. 나의 경우도 마찬가지로 책을 가지고 있는 친구
들에게 가서 빌려보기만 하였고 그것은 마음속 깊이
'다음에도 빌릴 수 있을 것인가'라는 의문까지 가지게
되었다.

그러다 문득 "나한테 가진 것이 아무것도 없다 하더라도 그 책들을 볼
수 있는 방법이 없을까?"라는 고민을 하기 시작했다. 이러한 고민은 몇 개
의 거래사슬을 형성하게 되어 나는 사람들에게 내 책인 것처럼 교환하여
책을 볼 수 있게 되었고, 서로간의 관계도 거래의 형성과 함께 더욱 돈독
해졌다. 내가 사용한 방법은 간단한 방법이었다. 사람들마다 자신들이 원
하는 종류의 책이 있듯이 내 친구들 사이에도 여러 종류의 책 중에 자신들
이 가장 먼저 보고 싶어 하는 책을 산다. 그 부분에서 힌트를 얻었던 필자
는 어떠한 책을 누가 가지고 있는지를 그동안 빌려 보았던 경험을 토대로
정리했다.

그리하여 『어깨동무』를 가진 친구에게 내가 『소년경향』을 가지고 있으니
"바꾸어 보지 않겠냐"는 거래를 제안하였고, 『어깨동무』를 가진 친구는 이
에 응하면 『소년경향』을 가진 친구에게 같은 방식으로 『새소년』을 가지고
거래를 제안하는 방식으로 거래를 중개하는 역할을 하였다. 이러한 거래

중개로 필자는 학창시절동안 보고 싶던 책을 굳이 사서 보지 않아도 다 볼 수 있었고, 이러한 거래를 성립할 수 있도록 도와준 대가로 친구들의 신임도 함께 얻을 수가 있었다.

경제학적 측면에서 살펴보면, 위 사례는 '거래를 통한 사회적 효용 Social Profit 의 증가'라고 할 수 있다. 『어깨동무』만을 가지고 있는 친구가 그 책을 읽음으로써 얻게 되는 효용 만족 이 5라고 수치화 하자. 『소년경향』을 가진 친구 역시 5의 효용을 얻는다. 이런 식으로 『새소년』과 『소년중앙』 역시 각각의 효용을 얻어 이 그룹에는 총 20의 효용이 존재한다. 그러나 거래를 통하게 되면 각각의 친구들이 얻게 되는 효용은 4배로 증가 책이 4권이므로 하여 20의 효용을 가지게 된다. 여기에 추가로 중간에 거래를 유도한 '나'는 기존에는 0의 효용을 가지고 있었으나, 거래를 통해 20의 효용을 얻게 된다. 거래를 통해 이 그룹의 총 효용은 20에서 100으로 5배 증가하게 되는 것이다.

구 분	거래 전 효용		거래 후 효용
어깨동무	5		20
소년경향	5		20
새소년	5	거래	20
소년중앙	5		20
'나(필자)'	0		20
총효용	20		100

이 사례에서 효용은 만족을 의미하지만, 위와 같은 매커니즘 거래형성 을 통해 실제 사회의 전체적 효용 만족 뿐 아닌 실질적인 부의 증대를 포함한 을 증대 시킬 수 있다는 것이 바로 자본주의의 기본 전제이다. 여러분도 자신의

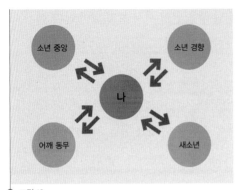

그림 10
필자의 관계에서부터 시작된 거래의 형성

주위를 살펴보고, 필자의 거래 전과 비슷한 상황을 발견한다면 이와 같은 플러스 섬 Plus Sum 을 이뤄낼 수 있다.

필자는 여기에서 끝나지 않았고, 돈 주고 사 먹어야 하는 급식 우유와 빵도 이런 방식으로 해결했다. 어떻게 해결 했을까?

필자가 이와 같은 방법을 찾은 것은 어머니의 생활방식에서 벤치마킹을 해왔다 해도 과언이 아닐 것이다. 어머니는 가난한 생활 속에서 우리 형제들을 먹여 살리려고 많은 고생을 하셨다. 그 중에 기억이 남는 이야기가 있다.

하루는 그릇을 파는 상인이 집들을 찾아다니며 오늘날의 방문판매를 하고 있었다. 필자의 집으로도 찾아와 그릇을 팔기 위해 어머니에게 이것저것 보이면서 물건에 대한 설명을 하고 있었다. 어머님께서는 "그릇이 너무 좋아서 사고 싶은데 살 형편은 못됩니다. 이 그릇을 살만한 사람들을 소개를 해드리겠으니 판매수당을 주세요"라고 말씀하셨다. 장사를 하면서 다니던 것을 토대로 어머님에게는 인맥이 있었다. 어머님은 그 인맥들에게 그릇을 소개하였고, 평소 어머니의 물건이 좋았던 것을 기억하던 사람들은 그 그릇을 하나 둘씩 사갔다. 어머니와 그릇상인 두 사람 모두에게 이익을 가져다주었다.

필자는 어머니의 이러한 생활력을 바로 옆에서 지켜봐 왔다. 그렇기에 내가 직접 생산하거나 가지고 있는 상품이 아닐지라도 어떻게 하면 상품화하여 판매를 할 수 있을지, 내가 그 사이에서 거래를 형성시킬 수 있는지에 대해서 창의적인 생각을 떠올릴 수 있게 된 것이라 본다.

이와 같은 거래의 형성을 실제 비즈니스화하여 성공한 회사가 있다. ACTIVE라는 회사는 1984년에 설립한 세계 최초의 Corporate Trading 회사로 일반 기업에서 재고로 남게 되어 원가의 절반도 안되는 가격에 처분을 해야 하는 상황을 오히려 돈을 제대로 받고 팔 수 있도록 도와주는 사업을 하고 있다. 약 30여 년간 동안 독특한 비즈니스로 각 기업의 경영상 수많은 문제들을 해결하고, 대가로 재무적인 혜택을 받으면서 지금까지 그 명성을 이어가고 있다. ACTIVE의 독특한 비즈니스는 기업의 부실 자산을 적정한 가치로 되살려낸 재고, 채권, 토지 등 여러 분야에서 기업 간의 거래를 중개하여 각 기업 간의 손실을 최소화 하고 새로운 고객 창출 등의 역할을 맡아왔다. 현재 동종 업계에서 시장 점유율이 55%라는 엄청난 규모로 부동의 1위를 유지하고 있으며, 2010년 기준으로 기업자산 매입액이 약 15억 달러, 미디어 취급규모는 약 12억 달러로 추정되고 있다. 미국, 캐나다, 프랑스, 독일, 중국, 일본 등 세계 14개국에 현지법인을 운영하고 있는 다국적 기업인 ACTIVE는 2011년 우리나라에도 지사를 설립하여 운영 중이다.

ACTIVE의 비즈니스 방법을 간단한 사례로 알아보면, 에어컨 제조사인 A사가 여름 성수기를 대비하여 겨울에 제품을 많이 생산하였으나, 이상저

온 현상과 지속되는 불경기로 인해 막대한 재고가 남게 되었다. 여러 방면으로 판매를 할 구상을 하여도 매출 손실이 크게 발생하고 브랜드 이미지 손실 등의 문제가 있었다. 이러한 고민 중 ACTIVE에서 거래를 중개한 덕분에 신축 중인 대형 호텔에 재고 전량을 넘기게 되면서 A사는 재고도 제 가격에 처리하고 새로운 고객을 확보하는 일석이조의 성과를 거두었다. 이처럼 물물교환이라는 아이디어에서 시작한 ACTIVE의 비즈니스는 '트레이드 크레디트T/C · Trade Credit'라는 가상 화폐를 기업 간 거래에 도입해 재고 거래를 더욱 활성화 하였다. ACTIVE에서는 기업의 재고를 구입하고 그 대가로 지급한 T/C를 현금처럼 활용하여 다른 기업의 제품이나 서비스를 구매하는데 활용할 수 있도록 하였다. 또한 광고에도 이용을 할 수가 있는데 ACTIVE에서 각종 매체와 접촉하여 유리한 조건으로 광고를 할 수 있는 시간과 지면을 파악하고 광고를 원하는 기업과 연계를 한다. 해당 기업은 광고비를 현금 + T/C로 지불하여 비교적 낮은 가격에 광고를 실어 광고비를 절약할 수 있고, 매체는 팔리지 않은 시간과 지면을 처리할 수 있는 것이다. ACTIVE의 사업은 기업 간 거래중개로 인한 이익창출이라는 기존의 물물교환이라는 개념에서 아이디어를 얻어 시작하였다. 동종 업계 시장 점유율 55%라는 것은 활발한 활동을 했다는 것도 있겠지만, 각 기업 간의 중개를 위해 얼마나 많은 노력을 통해 관계를 이어왔는지에 대한 부분도 염두에 두어야 할 것이다.

필자의 어릴 적 경험과 비슷한 이야기로 하나의 예를 더 들어보겠다. 어떤 아버지와 아들이 있었다. 어느 날 아버지는 아들에게 "넌 내가 정해주

는 여자랑 결혼해라"라고 하였
다. 이에 아들은 싫다고 하는
것은 당연한 반응이었다. 그러
자 아버지는 "그 여자는 빌게
이츠의 딸이란다"라고 하자 아
들은 아버지의 말을 따르기로
하였다. 아들과의 거래를 성립
한 아버지는 빌게이츠를 찾아

● 그림 11
리눅스 OS 'Open source'

간다. 아버지는 자식들을 결혼시키자는 제의를 하였지만 빌게이츠는 당연
히 거절을 한다. 그러자 아버지는 "내 아들은 월드뱅크 CEO요"라고 말하
자 빌게이츠는 그들의 결혼을 승낙한다.

빌게이츠와의 거래마저 성사시킨 아버지는 바로 월드뱅크 회장을 찾아
가 "내 아들을 월드뱅크 CEO로 임명해주시오"라고 하였다. 그동안 사람
들의 반응과 마찬가지로 월드뱅크 회장도 거절을 하자 아버지는 "내 아들
은 빌게이츠의 사위요"라고 말을 하였다. 이에 월드뱅크 회장은 "그럼 좋
소"라며 승낙을 하였다.

이 이야기는 단순히 보면 말도 안 된다고 생각하고 한번 웃고 넘어갈 이
야기겠지만, 이런 거래형성의 방식이 바로 비즈니스다. 이 이야기는 실화
는 아니지만, 필자의 경험을 조금 더 알기 쉽게 표현한 것이라 볼 수 있다.
아무것도 가진 것이 없는 상태에서 새로운 아이디어를 만들어 관계의 연
결고리를 만들고 거래를 형성하고 성립시키는 것. 이것이 바로 비즈니스
의 방법인 것이다.

이번에는 개방공유를 통한 거래를 형성시킨 골드코프Goldcorp의 CEO 롭 맥이웬Rob MacEwen을 소개하겠다. 골드코프는 미주 전역에 금을 생산하는 기업이다. 현재에도 금은 높은 값어치를 자랑하고 있는 만큼 골드코프는 가장 낙후된 분야에서도 연간 1억 달러의 매출을 거두는 회사였다. 하지만 1999년 파업과 함께 금 광산의 고갈로 파산에 임박하여 새로운 광맥을 찾지 못하면 부도가 나는 시점에 채굴경험이 전무한 펀드매니저인 롭 맥이웬이 회사를 인수하게 된다.

롭 맥이웬은 금광 개발만이 회사를 살리는 길이라 생각하고 1천만 달러를 지원한 탐사 프로젝트를 실시하였다. 직원들은 그를 미쳤다고 하였으나, 깊은 땅 속까지 시굴해가며 진행한 탐사는 현재 골드코프가 채굴하는 금광의 약 30배 가량 새로운 금광개발 가능성을 보고하였다. 하지만 이는 가능성 일뿐, 당장 실현하기에는 회사의 상황이 좋지 못하였다.

좌절감에 빠졌던 맥이웬 사장은 펀드매니저 시절에 있었던 기억을 떠올려 누구도 생각하지 못했던 방법으로 광맥을 찾기 시작하였다. 그것은 50년간의 광산에 대한 지질데이터를 인터넷에 공개하여 콘테스트를 개최하는 것이다. 데이터를 공개하여 전 세계의 지질학자들에게 공개적으로 묻기 위함이었는데 이는 사내 지질학자들의 극심한 반대가 있었다. 그 이유라면 광산업의 은밀한 특성 때문에 지질 자료의 공개는 곧 회사 전체를 공개하는 것과도 같았기 때문이다.

그러나 맥이웬 사장은 뜻을 굽히지 않고 2003년 3월 총 57만5천 달러의 상금이 걸린 '골드코프 챌린지Goldcorp Challenge'를 열고 개발 중인 약 6,730만 평의 광산에 대한 모든 정보를 홈페이지에 게재하였다. 사내의 지질학자들의 극심한 반대가 무색해질 만큼 그의 아이디어는 성공적이었다. 1천여 명에 달하는 전문가가 참가하여 110곳의 새 금맥 후보지를 발굴하였고, 새로운 후보지의 80% 이상에서 무려 220톤의 금이 쏟아져 나왔다. 맥이웬 사장의 아이디어로 인하여 골드코프는 연매출 1억 달러에서 90억 달러의 거물급 기업으로 성장할 수 있었다. 가장 낙후된 분야서 새로운 시도를 통해 성공한 골드코프의 롭 맥이웬은 '1차 산업+시대가치+new ICT'라는 새로운 비즈니스의 예를 보여주었다.

골드코프의 경우처럼 200년 역사를 자랑하는 '브리태니커' 사전의 정보를 50여개국의 네티즌들이 참여하여 5년 만에 넘어선 온라인 최대 백과사전인 위키디피아, 인텔의 버클리 캘리포니아대와 시애틀 워싱턴 사이의 협업 연구, 이베이와 아마존의 'SW 개발자 생태계' 협업 등 많은 기업에서 '오픈 소스 Open Source'를 통한 대규모 협업이 이루어지고 있다. 이러한 협업과정을 통해 핵심역량을 기르는 것이 오늘날의 새로운 과제일 것이다.

취업과
창업 어디로?

취업부터 해라

우리 사회는 '개천에서 용 나기'가 쉽지 않은 구조가 됐다. '공부만 열심히 하면 될 것'이라 믿고 대학에 입학한 저소득층, 주거비와 생활비를 부담해야 하는 지방 출신 학생들은 '스튜던트 푸어 Student Poor'의 나락으로 더 쉽게 떨어진다. '취업을 위한 지출 증가→ 비용 마련을 위한 저임금 노동과 빈곤한 생활→ 취업 실패→ 취업 준비의 장기화→ 저임금 노동과 빈곤한 생활 고착화'라는 악순환에 청년들이 빠져들고 있다

빚을 져가며 수천만 원의 취업 비용을 대고 고시에 올인 All-in 하는 것은 처음부터 '좋은 일자리'를 잡아야 한다는 생각이 퍼져있기 때문이다.

'첫 직장은 평생직장'이라는 인식을 바꾸고 첫 직장을 자신의 능력을 키울 수 있는 '징검다리'로 생각한다면 취업이 빨라지고 부채는 감소할 것이다.

우리사회 일각에서는 취업난의 대안으로 청년들에게 창업을 권장한다. 학교에서도 교수들이 빌게이츠, 스티브 잡스 등의 예를 들면서 기업가정신을 앞세워 학생들에게 창업을 권하고 있다. 필자는 "정부 관료와 대학교수들 중 창업해본 경험 있는 분이 얼마나 계신지? 그리고 사업화에 성공한 분은 또 얼마나 계신지?"를 물어보고 싶다. 이 분들이 얼마나 많은 지식과 경험을 가지고 있는지 궁금하다.

필자는 "대부분의 사업가는 진정한 의미의 회사를 설립한 것이 아니라 '열심히' 일하면서도 직장에 근무할 때 보다 수입이 적은 직업, '파산만 가까스로 면한Just over broke'* 상황을 창출했을 뿐"이라는 것을 잘 알고 있다. 여러분은 이러한 사업을 영위하고 싶은가? 사업은 기본적으로 남과 함께 일하는 것이다. '비전을 공유하고, 역할을 나누고 그리고 협력' 하는 소중한 경험을 남이 월급을 주는 일터에서 먼저 배워야만 한다. 도전정신이 있는 누구나 창업을 할 수 있을지언정, 인생의 폭 넓은 지식과 경험이 없으면 사상누각에 불과하다. 이것이 취업부터 해야 하는 이유다.

---

* 동아일보의 최근 자영업자 조사 결과 '가난한 사장님'들은 노동자의 주당 법정근로시간 40시간보다 무려 32시간이나 많은 주 72시간 이상 노동을 하면서도 벌이는 최저생계비 수준에 그쳤다. 설문에 참여한 자영업자의 절반 이상(52.1%)이 하루 12시간 이상 일을 하고 있었다. 한 푼이라도 더 벌려면 "휴일에도 일해야 한다"고 했다. 일만 하는 데도 벌이는 시원찮았다. 대다수(75.6%)가 40대 이상이었지만 중소기업 신입사원 수준에도 못 미치는 돈을 벌고 있었다. 응답자의 절반가량인 45.3%는 장사를 해서 손에 넣는 순이익이 200만 원이 못 됐다. 형편이 쪼들리다 보니 종업원을 두는 것도 어려웠다. 49.4%가 혼자 또는 가족 1명과 가게를 운영하고 있었다. 절반가량(45.1%)은 "전업이나 폐업을 고려하고 있다"고 했다.

필자에게 많은 청년들이 창업을 하고 싶은데 어떻게 하면 되는지 묻는다. 필자는 "반드시 취업부터 해야 한다"고 권한다. 청년들의 지식과 경험이 턱 없이 부족하기 때문이다. 실제로 중소기업청이 발표한 자료에 드러난다. 창업의 실패율은 3년차 34%, 5년차 54%, 10년차 74%로 드러났는데 결국 창업자의 10명중 8명에 가까운 사람은 실패한다는 것이다. 이들이 실패 한 가장 큰 이유는 이미 언급한 지식과 경험부족이다. 지식이 부족하다는 것은 업무를 진행할 때 효율성이 떨어진다는 의미이고, 경험이 부족하다는 것은 그만큼 해당 분야에 관계가 형성이 안 되어 있다는 말과 같다. 본인의 역량이 이렇다보니 당연히 실패할 가능성이 높다. 물론 가벼운 창업*의 영역에서는 상대적으로 성공 가능성이 높음을 인정한다.

대학을 나오고 석 · 박사를 취득하여 사회로 나와도 자신을 써주는 곳이 없어 한탄하는 예비 취업자들이 즐비하다. 한편으로는 이들보다 학력이 더 낮고 학식도 많이 부족하지만, 진작부터 취업을 하여 일을 하고 있는 사람들이 있다. 학력이 높고 많은 것을 안다고 해서 취업이 잘되는 시대는 이미 지났다. 자신의 '적성이 무엇인지' '재능이 무엇인지'를 파악하고 그에 맞게 준비를 한 사람들이 가장 먼저 일을 시작하여 자신의 인생설계를 하는 것이다.

자신의 적성과 재능도 제대로 파악하지 못하고 남들 다 한다고 따라서 하는 사람들은 아무리 많이 배웠다 하여도 일을 하지 못하는 것은 당연하

---

* 가벼운 창업(Lean Start-up)이란? 최근 창업시장에도 플랫폼 바람이 불고 있다. 과거에는 기획 · 마케팅 · 총무 · 인사 등 기업운영에 필요한 모든 일을 경영자가 책임지고 운영해야 했다면, 이제는 초협력 생태계를 기반으로 한 '핵심 역량' 중심의 창업이 가능해진 것이다.

다. 본인에 대한 평가가 객관적이지 못하고 주관적으로 치우쳐 자신의 가치를 너무 높게 잡아서 본인이 할 수 있는 일을 가리게 되는 오류가 발생하고 결국은 취업을 하지 못하는 결과를 초래한다.

만약 당신이 의류유통에서 성공하고자 한다면, 먼저 우리나라 또는 세계에서 손꼽히는 의류유통업계에 취업을 해야 한다. 그 곳에서 인사 · 총무 · 회계 등 기업운영의 기본을 배우고 상품조달과 재고관리, 홍보마케팅, 고객관리와 상담, A/S 등을 철저히 배워야 한다. 또한 그 곳의 주인인 사장 혹은 CEO의 장단점을 빠짐없이 배울 것이며, 매순간 주인처럼 생각하고 행동해야 한다. 언제나 솔선수범하고 회사의 발전을 위해 전심전력 해야 할 것이다.

그 곳에 '꼭 필요한 인재'가 되라는 말이다. 통상은 10년 정도 지식과 경험을 습득하기를 권한다. 그리고 적당한 때에 창업하라. 10년이라는 기간이 긴 기간일 수 있다. 무조건 그 기간을 채우라는 것이 아니다. 하지만 손꼽히는 곳에 들어가 그곳의 사정을 파악하기 위해서는 그 정도의 시간은 투자할만한 가치가 있는 것이다.

스펙을 쌓는 형태의 취업준비만 하면서 일할 준비가 되었다고 착각을 해서는 안 된다. 당신의 경쟁자는 취업 전에 이미 취업 · 창업 훈련을 마쳤다. 같은 아르바이트를 해도 "내가 이까짓 알바나 할 사람…"이라고 투덜대면 알바에 불과하다. 하지만 정규직 직원처럼 일하고 배운다면 그것은 이미 취업훈련을 하고 있는 것이다. 아르바이트생이 주인처럼 일한다면 이는 창업훈련을 하고 있는 셈이다.

● 경영전략의 관점에서 바라본 취업 시장

경쟁우위의 원천에 크게 두 가지 요소가 있다. 낮은 생산 비용 원가 우위 과 자기만의 특별한 가치 차별화 우위 가 그것이다. 취업 시장에서 원가 우위는 달성하기 정말 쉬운 방안이다. 더 적은 연봉을 받고, 더 오래 일하고, 더 많이 출근하면 된다. 그러나 시급 3천 원씩 받으면서 하루 20시간씩 일하고 싶은 사람이 어디 있겠는가? 원가 우위 전략은 근본적인 해결책이 되지 못한다.

그렇다면 차별화 우위란 무엇인가? 제이 바니 Jay Barney 는 기업의 역량에는 가치 · 희소성 · 모방불가능성의 3요소가 필요하다고 말한다. 몇몇 스펙들은 아마 희소성도 있을지도 모른다. 그런데 이게 정말 다른 사람이 모방할 수 없는 당신만의 역량인가? 어떠한 역량이 진정한 모방 불가능한 역량인가? 자기만의 스토리? 사연 하나 없는 사람이 어디 있는가. 누군가가 풍부한 인생 경험으로 감동적인 이야기를 들려줄 수는 있지만, 그 이야기가 우월한 역량이라고 평가내릴 수는 없다.

전문성? 어느 정도는 맞다. 사람들이 의사 · 변리사 · CPA를 따려고 노력하는 이유일 것이다. 그러나 요즘은 의대 나와도 개업해 실패하면 먹고 살기 힘들다. 아무리 차별화된 역량을 갖추고 틈새시장을 찾아도, 다른 경쟁자들이 금방 진입하여 비용 경쟁으로 치닫는다. 취업 시장은 점점 더 치열해지고, 다른 구직자와의 비교 우위를 갖추는 것조차 어렵다. 이러한 '초경쟁 시대'에서 어떠한 전략을 취해야 하는가?

먼저, 르네 마보안 Renee Mauborgne 과 김위찬 교수가 주장한 블루오션 Blue Ocean 전략이 있다. 기존의 레드오션 Red Ocean 에서 벗어나 새로운 수요를 창출하라는 것이다. 취업 시장의 관점으로 보자면 새로 뜨는 직종이나 스타트업에 비유할 수 있을 것 같다. 그러나 블루오션이 항상 답이 되는 것은 아니다.

반대로, 조나단 번즈는 "블루오션이라는 환상을 버리고, 기존 비즈니스의 수익성을 극대화하라"는 레드오션 전략을 주장한다. 불필요한 프로세스를 개선하고 자원을 집중하여 이윤을 제고하라는 논지다. 취업 시장의 관점으로 보자면 낭비하는 시간을 줄이고 구직 활동에 집중하라는 말이다. 둘 다 일리가 있는 말이고, 둘 중에 어떤 전략을 선택할지는 개인의 판단에 달린 문제다. 하지만 두 가지 전략이 동시에 양립할 수 없다는 점은 확실하다.

위의 두 전략은 정적인 상황을 가정한다. 그러나 최근 경영이론은 '경쟁 역학'을 다룬다. 동태적 포지셔닝 전략은 지속가능한 경쟁우위란 존재하지 않으며, 장기적 성공을 위해서는 일시적인 우위를 계속 만들어야 한다고 주장한다. 취업 시장의 관점으로 보자면 끊임없이 새로운 지식을 습득하고 경쟁력을 쌓아야 한다고 볼 수 있겠다.

구직자들은 초경쟁 취업 시장에서 블루오션 창업과 레드오션 취업 중에 자신의 경쟁 영역을 명확히 정의하고 타깃 시장에 집중하여, 지속적으로 역량을 기르며 효율적으로 구직 활동을 해야 한다.

● 취업시장과 역선택

노동시장 진입자들의 학력이 높아지게 되면, 예전에는 고등학교 졸업자가 담당하던 하위 직종의 일을 대학 졸업자 중 일부가 담당해야 한다. 누가 그 일을 담당할 것인가? 생산성이 가장 낮은 혹은 낮다고 평가되는 사람이 담당할 수밖에 없다. 기업은 예전 같았으면 대학 졸업자가 생산성이 높을 것이라 예상하여 이들을 선발해 왔지만, 대학 졸업자가 많아지면 이제는 다른 방법으로 생산성이 높은 사람을 선별해 내야 한다. 대학원을 졸업한 사람 혹은 영어성적이 높은 사람 등 다른 신호 signal 를 사용하게 된다. 대학 졸업장은 이제 상위 직종 일자리를 배분하는데 있어 신호의 기능을 상실함으로써, 졸업자들은 또 다른 신호를 보여주기 위한 '스펙 경쟁'에 돌입하게 된다.

최근 학벌 등의 이력서 기재내용보다는 자기소개서와 심층면접을 중시하는 추세로 취업시장이 변화하고 있다. 이러한 취업시장의 변화를 경제학에서는 정보의 비대칭성 Asymmetry of Information 으로 인한 '역선택 Adverse Selection 의 방지'를 위한 것이다.

중고 자동차 매매시장을 예로 들어보면 중고 자동차를 판매하는 사람은 그 차의 상태를 알 수 있지만 구매자는 차에 대한 정보를 정확히 알 수 없다. 만약 양호한 자동차와 겉만 좋은 자동차가 있다. 이 차의 시장가치는 각각 500만 원, 100만 원이라고 해 보자. 판매자는 각 자동차의 정확한 가치를 알고 있기 때문에 유리할 수 있다. 그러나 구매자의 입장에서 보면 차의 가치를 정확히 알 수 있는 방법이 없는 것이다. 이 때문에 구매자는 '500+100 /2 = 300만 원'이라는 단순 평균한 가격을 제시할 것이다. 반면 판매자는 300만 원의 가격을 제시하였다면 500만 원의 가치를 지닌 자동차보다는 100만 원의 가치를 지닌 '겉만 좋은 불량차'를 내 놓을 것이다. 이런 행위가 계속 될 경우 구매자는 자신의 300만 원 제시 가격은 늘

100만 원의 불량한 차만 얻게 되는 것을 깨닫고 중고차 매매는 중단될 것이다. 이러한 현상을 역선택 발생으로 인한 정보의 비대칭성의 폐해로 설명하곤 한다.

이러한 예를 취업시장의 이야기로 전환시켜 보자. 기업 인사담당자와 두 명의 취업준비생이 있다고 해 보자. 이 기업의 업무 특성상 채용 이후에 이 인력의 능력치를 알 수 있다고 전제할 경우 한 명은 월 300만 원의 일을 할 수 있는 우수한 인력이고 다른 한명은 100만 원의 능력을 지녔다면 기업의 인사 담당자는 제시 임금을 '300+100 /2 = 200만 원'으로 제시하게 될 것이다. 이러한 경우 월 200만 원의 임금 제시는 300만 원의 능력을 지닌 사람은 포기하게 만들고 100만 원 능력을 지닌 사람이 이 채용공고에 응하게 된다. 결국 이 기업의 채용은 실패작으로 거듭날 수밖에 없다. 또한 계속된 200만 원 제시는 거듭되는 실패로 귀결되며 역시 역선택으로 인한 정보의 비대칭성 현상이 나타나게 되는 것이다.

구직을 원하는 취업준비생이 취업시장의 이러한 양태를 잘 이해하고 있어야 유리하다. 어떻게 당신에 대한 신뢰할만한 정보를 채용담당자에게 설득력 있게 전달할 것인가?

● 당신이 본 것은 '빙산의 일각'

'빙산의 일각'이란 말이 있다. 빙산은 바닷물이 얼어서 일정한 모양으로 형태가 잡히고 부피가 증가하며 비중은 감소한다. 바닷물의 비중은 1.025로 빙산의 무게에 해당하는 바닷물의 부피만큼 물에 잠기고, 그 부피만한 물의 무게만큼 부력을 받기 때문에 빙산이 물 위에 떠 있게 된다. 그래서

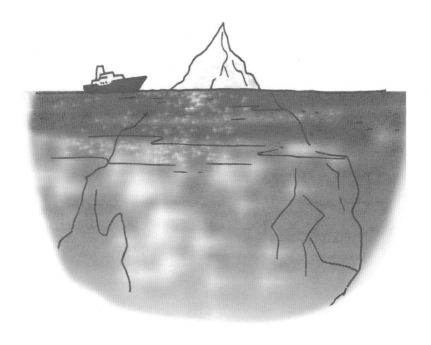

● 그림 12
빙산의 일각

빙산의 90%는 물에 잠기고 10%만 수면 위에 떠 있게 된다. '빙산의 일각'은 전체 중의 일부다. 인간이 능력도 이와 같다.

인간의 능력은 빙산과 같이 대부분 수면 아래에 잠겨 있다. 대부분의 사람들은 겉으로 보여지는 모습과 능력으로 자신과 타인을 규정하고 마치 그것이 전부인양 행동한다. 당신의 잠재력은 수면 아래에 있다. 그 아래의 것을 취업시장에 잘 드러내야 한다.

이런 점에서 볼 때 구직자는 취업시장에서 당신을 판단하는 기준에 대해 알 필요가 있다. 필자는 다음 세 가지로 사람을 판단한다.

- 추정 Inference
- 참조 Reference
- 수치 Credit

첫째, '추정'은 이력서, 자기소개서 등과 같이 당신이 직접 작성하여 준비한 것이다. 취업 면접관은 당신이 직접 작성한 내용을 갖고, 당신이 어떤 사람인지를 판단한다. 하지만 당신이 작성한 것이라는 한계가 있고, 당신의 내면 빙산의 잠긴 부분을 알기 어렵다는 한계가 있다.

둘째, '참조'는 추천서, 언론보도내용, 당신에 대한 주위의 평가, 특허, 논문, 수상실적, 봉사증명서 등 주위에서 당신에 대해서 얻을 수 있는 정보다. 제3자가 말한 것이라는 점에서 좀 더 객관적 정보로 작용한다.

셋째, '수치'는 말 그대로 당신을 숫자로 말해주는 것이다. 대학성적 GPA, 토익점수, 기업의 매출액 등이다.

문제는 위의 세 가지 어떤 것일지라도 당신의 내면 빙산의 잠긴 부분 을 알기 어렵다는 한계가 있다. 하지만 기업에서 정작 알고 싶은 것은 바로 이런 것이다. 세 개의 밑돌을 생각해 보자. 당신의 적성과 기질, 당신의 신념, 가치관과 태도는 참으로 알기 어려운 것이다. 오늘날 기업에서는 태도가 성과Performance 에 핵심적 영향을 미친다고 여긴다. 따라서 당신의 고민은 토익점수를 올리는데 치중할 게 아니라 어떻게 하면 '내면 빙산의 잠긴 부분의 역량을 키우고 이를 진정성 있게 홍보할 것인가'에 있다.

● 스펙보다 역량을 키워라

취업을 앞둔 학생들의 가장 큰 고민은 남들보다 우수한 스펙 쌓기라고 한다. 능력을 중시하자는 정부 발표안에 기업들이 스펙을 초월해서 인재를 뽑겠다고 밝혔기도 했다. 이에 대해 언론에서는 기업이 실제로는 여전히 스펙으로 사람을 뽑는다고 꼬집고 있고 학생들도 그렇게 생각하는 듯하다. 과연 이들의 인식은 옳을까? 아래 관련 TV 뉴스보도*를 살펴보자.

박근혜 대통령은 지난 2월 경제혁신 3개년 계획을 발표하면서 "취업을 위한 '스펙 쌓기'에서 벗어나서 '학벌보다 능력'이 중시되는 사회를 만들겠습니다"라고 천명했습니다. 정부의 청년 일자리 개선안 발표에 대기업이 스펙을 초월해 인재를 뽑겠다며 합동 채용 설명회를 가졌습니다. 인사담당자들은 하나같이 '스펙보다 열정과 경험'이 중요하다고 강조합니다.

---

* 채널 A. 2014. 6. 1 '스펙보다 능력이라더니'

[인터뷰: 박선영 / 네이버 인사담당자] "본인이 관심 있어 하는 분야에 대한 지속적인 관심과 열정"

[김상훈 / SK 이노베이션 인사담당자] "무분별한 스펙을 쌓기 보다는 하고 싶은 직무와 역량, 확실한 비전을 갖는 것이…"

막연하고 두루뭉술한 대답에 학생들은 잘 와 닿지 않는 듯 떨떠름한 표정입니다.

[인터뷰: 김미수 / 광운대 4학년] "가족관계라던지 역량을 드러낼 수 있는 것보다 외적인 것들을 요구하는 기업들이 많았어요."

[스탠드업: 이준영 기자] "한 대기업의 입사 특별전형입니다. 서류전형 없이 면접으로 뽑은 뒤 인턴십을 거쳐 정직원으로 입사하는 방식으로 학점과 토익점수 등 스펙을 전혀 보지 않습니다."

하지만 이 전형의 채용인원은 전체 채용인원 800명의 5% 수준인 50명에 불과합니다.

[인터뷰: 박현필 / 용인대 4학년] "정말 기업에서 어떤 인재를 찾는지 궁금해요. 서류에서 먼저 떨어지니까 일할 기회조차 얻지 못해서…"

[현장음] "스펙보다 사람!"

스펙보다 사람을 봐 달라는 이들의 외침이 무색해지는 현실입니다.

위 인터뷰에서 네이버와 SK 이노베이션 인사담당자는 충분한 답을 주었다. "관심 분야에 대한 지속적인 관심과 열정 그리고 무분별한 스펙을 쌓기 보다는 하고 싶은 직무와 역량, 확실한 비전을 갖는 것…" 바로 이것이 박현필 학생이 묻고 있는 '기업이 찾는 인재'다. 박 대통령은 '능력 Capabilities'이라고 표현했지만, 오늘날 치열한 시장경쟁에서 기업이 원하는 건 개별능력이 아니라 경쟁에서 이길 수 있는 종합능력 바로 '역량 Competences'이다. 학생들이 쌓으려고 기를 쓰는 토익 등 스펙이란 것은 개별능력에 불과하다.

이러한 역량은 재능Talent, 신념·관점과 태도, 지식·기술과 경험 그리고 운이 따르는 사람인지, 노력 여부, 비전과 미션이 잘 설정되어 있는지, 일의 진정한 의미를 알고 일을 통해 가치를 창출하는 효율적인 방법을 아는지 등으로 구성되어 있다. 그 중 지식과 기술 등 일부는 겉으로 드러나지만 재능, 태도 등 많은 부분이 드러나지 않기에 구직자들은 어떻게 하면 그것을 밖으로 잘 드러낼 것인지가 매우 중요한 것이다. 취업시장에서의 역선택과 빙산의 일각을 참조하라. 역량을 키우고 그것을 잘 드러내야 하는 것이다.

필자가 보기에는 네이버와 SK 이노베이션 인사담당자가 두루뭉술한 대답을 하고 있는 게 아니라 언론과 학생들이 그 의미를 정확히 알지 못하고 있는 것이다.

● 큰 그물을 던져라: 은밀한 채용에 대비하라
가장 큰 '그물'을 가지고 있는 어부가 고기를 잡을 가능성이 가장 크다.

당신이 갖고 있는 그물의 크기를 크게 하는 법을 연구하라. 그러면 일자리를 구할 가능성이 높아진다. 구인광고를 보고 지원한다면 당신의 그물은 여전히 작은 그물에 불과하다.

취업시장에도 보이지 않는 채용이 은근히 많다. '몰래 뽑기'라고도 불리는 '그림자 채용'이 바로 그것이다. 그림자 채용이란 구인광고를 내는 대신 취업사이트에 등록된 구직자들의 이력서 데이터베이스DB를 이용해 적임자를 발굴, 은밀히 채용하는 방식이다.

사내추천이나 학교추천 등도 몰래 뽑는다는 점에서 동일한 채용방식이다. 하지만 그 활용빈도는 취업사이트의 이력서검색서비스에 비할 바가 못된다. 온라인 채용이 보편화되면서 구직자 정보를 빠르게 찾아보는 가장 효과적인 방법이 인터넷 취업사이트를 활용하는 것이기 때문이다.

기업들이 그림자 채용을 선호하는 이유는 시간과 노동력 낭비를 최소한으로 줄일 수 있기 때문이다. 허수 지원을 없앨 수 있고 면접 등 모든 채용절차가 빠르면 3~4일 안에 마무리된다. 인사 청탁이 몰리는 곤란한 상황도 막을 수 있는 장점이 있다. 업종에 따라 50~60%의 기업이 공개 채용과 더불어 그림자 채용을 병행한다는 취업사이트 조사결과에 주목해야 한다. 현장별로 소수의 인력을 급하게 채용하는 경우가 많은 건설업종은 그림자 채용이 많다. 수시 채용이 일반적인 보건의료업종, 외국계기업, IT업종 등도 마찬가지다.

'은밀한 채용'에 대처하는 가장 좋은 방법은 자신이 구직활동을 하고 있다는 사실을 널리 알리는 것이다. 취업 희망기업에 근무하는 선배나 지인들에게 자신이 현재 직장을 구하고 있으며 그 회사에 취업하고 싶어한다는 의사를 최대한 알린다. 그들이 활동하는 동아리나 동호회 등의 커뮤니티에 적극적으로 참여하는 것도 방법이다.

앞서 그림자 채용이 가장 빈번한 곳이 인터넷 취업사이트라고 했다. 그런 점에서 취업사이트 방문시 채용정보 열람서비스에만 집중하는 구직자가 많다는 현실이 안타깝다. 취업사이트에 이력서를 등록하지 않거나 비공개로 설정한 사람은 스스로 구직활동 범위를 좁히는 것이나 다름없다.

취업사이트에 올려놓은 이력서는 일반기업만 보는 것이 아니다. 전문인력의 재취업이나 스카우트를 중개하는 헤드헌팅 업체들도 취업사이트의 인재DB를 활용한다. 따라서 취업사이트에 등록한 이력서는 수정할 내용이 없어도 자주 업데이트해 상단에 노출시키거나 이력서 추천서비스를 이용해 노출빈도를 높이는 노력이 필요하다. 취업사이트마다 특성이 있지만 대개 최신 업데이트된 이력서 순으로 리스트가 나열되는 것이 보통이다.

상당수의 일자리는 전혀 구인광고를 하지 않는다는 사실을 알고 있는가? 신문광고나 인터넷 광고를 보고 연락을 하는 식으로만 일자리를 찾게 되면 대다수의 '일자리 그물'을 빠져나가게 될 것이다. 구인 광고를 내지 않는 회사들에게도 적극적으로 연락을 하라. 지금은 일자리가 없지만 3개월 후에 다시 연락해보라고 할 수 있다.

● 직장과 직업에 대한 편견을 버려라

취업을 할 때에도 주의를 해야 할 부분이 직장을 쫓아가서는 안 된다. 직장이 중요한 것이 아니라 그 사람의 직업이 중요한 것이다. 당신의 입맛에 딱 맞는 직업을 구할 가능성은 매우 희박하다. 특정한 직종에 대한 편견을 극복하라. 사람들이 천시하는 일이더라도 취직 기회가 주어지면 그 때마다 그 기회를 잡으려고 기를 써라. 직장은 지금까지 다녔던 학교가 아니다. 단순히 매달 일정 기간에 급여가 나오고, 자신은 직장에 출근도장만 찍으면 된다는 생각을 가지고 다닌다면, 그 사람은 발전할 수 없고 출근만 하다가 제2의 인생을 준비하지 못한 채, 퇴직을 하고 난 후에는 허탈할 수밖에 없다.

단순히 직장을 다니는 사람들과는 다르게 직업을 중요시 한다는 것은 자신의 적성과 재능을 갈고 닦는다는 것과 같다. 직업에 대한 깊은 관심과 이해를 높여 자신의 지식으로 발전시킬 수 있는 것이다. 이러한 지식은 자신의 창업훈련이라 해도 과언이 아닐 정도로 직장중심의 사람보다 훨씬 더 많은 발전과 결과를 가져온다.

예를 들어 '현대건설'이라는 회사에 다니는 두 사람이 있다. 현대라는 이름을 위해 입사한 사람은 그 이름을 믿고 자신의 발전을 위해 노력하지는 않을 것이다. 회사에서 요구하는 것들만 충족시켜주면 그 회사에 계속 다닐 수 있는 것이기 때문이다. 그러나 회사이름이 아닌 현대건설의 '설계자'라는 직업으로 입사한 사람은 설계라는 부분에 통달하기 위해 그 부분에 대한 집중적인 연구와 노력을 다할 것이다. 이러한 노력으로 설계자로서 최고의 위치를 얻게 되면 자신의 다음 인생설계를 위한 훈련을 한 것이고, 더불어 회사의 이름까지 높일 수 있는 일석이조의 방법인 것이다.

취업했다면 창업을 준비하라

● 파이프라인 우화

우리는 지난 수 십 년 동안 역사상 가장 부유한 경제를 구가하며 살고 있다. 하지만 아직도 대부분의 사람들이 좀 더 많은 시간동안 일하면서 월급으로 겨우 버티며 살아가고 있는 형편이다. 그 이유는 무엇일까? 그것은 처음부터 잘못된 길로 들어섰기 때문이다. 시간과 돈을 교환하는 시스템의 함정에 빠진 것이다.

이탈리아 중부 작은 마을에 파블로와 브루노라는 두 젊은이가 살고 있었다. 그들은 강에서 물을 길어 마을의 물탱크로 나르는 고된 일을 하며 일당 1페니씩 받아 생계를 꾸려갔다. 일상의 '당근'에 만족한 브루노와 달리, 파블로는 '이렇게 살아서는 안 되겠다'고 생각하고 강에서 마을까지 파이프라인을 깔기로 결심하고 실행에 옮긴다.

브루노가 옷과 당나귀를 사고 술에 절어 쳇바퀴 인생을 보내는 동안, 파블로는 참을성 있게 파이프라인의 길이를 조끔씩 늘려나갔다. 마침내 수년 후 파이프라인이 완공되자 파블로와 브루노의 팔자는 하늘과 땅처럼 달라졌다. 하루살이 노동으로 브루노는 노쇠하고 가난해졌지만, 파블로는 파이프라인 덕분에 가만히 앉아 있어도 주머니에 돈이 넘쳐났다. 『파이프라인의 우화』 버크 헤지스 지음

재벌닷컴에 따르면 2014년 한국에서 개인재산 1조 원이 넘는 부자가

● 그림 13
파이프라인

25명이라고 한다. 이 중에 상속이 아닌 당대에 스스로 부를 일궈내 자수성가한 인물이 6명에 달했다. 박현주 미래에셋그룹 회장, 김정주 엔엑스씨 옛 넥슨 회장, 김택진 엔씨소프트 대표이사, 이민주 에이티넘파트너스 회장, 김준일 락앤락 회장, 서정진 셀트리온 회장이 주인공이다. 특히 박현주 회장과 김정주 회장은 상위 10대 부자 대열에 처음 진입했다.

이들은 물통을 져 나르는 삶을 박차고 파이프라인을 구축하겠다는 꿈을 꾸며 실현한 장본인들이다. 파이프라인 개념을 무시해버리거나 구축하려다 실패했다는 주변의 말만 들먹이며 일상을 보내는 이들에게 자극을 주는 성공담이 아닐 수 없다.

'금융가의 황제' 박현주 회장의 경우, 86년 증권사에 입사해 '물통을 나르는' 평범한 직장생활을 시작했다. 남들은 미래의 비전을 보지 못하고 삶에 대한 불평불만만 일삼는 동안, 그는 라면을 끓여 먹으며 꿈을 키웠다. 97년에 미래에셋캐피탈을 세워 '첫 파이프라인'을 깔고, 98년에 미래에셋자산운용을 설립해 국내 최초 뮤추얼펀드 '박현주 1호'를 출범시켜 '제2의 파이프라인'을 완성했다.

주식회사를 차리고 시스템을 구축하는 일은 '고생길'이다. 하지만 자본資本주의에서 큰돈을 벌려면 지분Stake 과 주식Share 의 힘을 등에 업지 않고서는 불가능하다. 이들은 자본을 투하해 회사의 주주 가치가 팽창하면 '파이프라인'의 마술이 작동한다는 사실을 일찍부터 깨닫고 이를 실천에 옮겼다. 이번에 발표된 자수성가 부자들은 '노력해도 안된다'는 좌절에 빠진 한국의 젊은이에게 '롤 모델'을 제시한다. 맨주먹으로도 열심히 노력하면 당대에 여전히 기회가 있다는 것을 보여주는 '희망'의 메시지이기도 하다.

자, 당신이 물통을 나르는 또 다른 젊은이라고 가정하면, 당신은 어떨까? 누군가 당신에게 파이프라인 건설을 제안해 올 경우, 당신은 흔쾌히 수락하게 될까? 현재 당신 물통은 다른 사람들보다 더 크기 때문에, 더 많은 수입을 벌고 있으므로 불필요한 작업이라 거절하게 될까? 혹은, 당신보다 앞서 파이프라인을 건설하다 실패한 사람들의 말을 주워들으며 부정하게 될까?

당신을 포함한 대부분의 사람들은 현재에 순응하며 살고 있고, 그로 인한 현재 그대로의 모습을 변화시키려 하지 않는다. 이유는 간단하다. 지금까지 살아온 방식이 편하기 때문이다.

안하던 등산을 하고, 운동을 하면 근육과 관절에 무리가 오듯 우리네 삶을 바꾸려면 그에 상응하는 저항이 발생하게 된다. 정신이든 육체든 인간의 몸은 루틴Routine 한 일상에 대한 변화를 거부한다.

우리는 어떻게 해야 할까? 어떻게 보면 그 결론은 간단하다. 하지만 실천이 어렵고, 실천으로 행하되 결론으로 다다를 수 있는 과정이 힘들 수가 있다. 지난 2~3년간 당신이 살아온 길을 되돌아보자. 충실히 살아왔던 하루하루들이지만, 당신의 미래에 대한 준비라고 생각하기엔 너무도 요원하지 않았는가? 정말로 파이프라인을 만들고 싶다면 하루하루 물통만 나르던 지금까지의 당신의 일상을 바꿔야 한다. 창업을 준비해야 한다. 그렇다면 창업파이프라인 설치 을 하기 위해선 어떻게 해야 할까?

● 창업을 위해 취업하라

아이러니한 대답이지만, 우선 물통을 잘 옮길 줄 알아야한다. 그래야 파이프라인을 운영할 수 있다. 그래서 누가 뭐라 하건 필자의 확고한 신념은 '취업부터 하라'다. 그런 후에 당신은 인생에서 언젠가 한 번쯤은 창업을 할 수 있다. 예전에는 사업을 안 할 수 있는 선택의 여지가 있었지만 지금은 어떤 형태이건 사업을 해야만 할 형편이 되었다. 그 이유를 설명해 보겠다.

창업과 사업경영은 매우 어렵고 고된 일이다. 주위를 둘러보면 사업했다 망한 사람들 얘기로 넘쳐난다. 자기 자식에게 사업하라고 하거나 사업하는 사위나 며느리를 선호하는 사람들은 별로 보지 못했다. 사정이 이렇다 보니 청년들은 너나 할 것 없이 알아서 공무원 시험을 준비한다. 기업가가 낙관적 전망이 있어야 투자를 하듯 청년들도 그런 전망이 있어야 창업을 하게 되는 이치다.

창업에 대한 깨달음 없이, 창업에 대한 여부를 이야기하기에는 무리가 있다고 생각을 한다. 사업을 해야만 하는 매우 중요한 이치를 깨우쳐야 한다. 당신이 '부자로 살고 싶다면' 창업을 해야 한다. 월급쟁이로는 평생 부자로 살기 어렵다. 이것이 첫 번째 이유다. 여러분은 개인과 법인의 지출구조의 차이를 알고 있는가? 대부분의 사람들은 이를 알지 못

개인의 수지 계산
급여 – 세금공제 = 지출 가능금액(가처분 소득)

법인의 수지 계산
매출 – 비용(지출)공제 – 세금공제 = 법인의 수익

● 그림 14
개인과 법인의 수지계산

한다.

 일반 직장인들은 정부에서 세금을 미리 뗀 금액을 월급으로 받게 된다. 그가 가장이라면 이 돈으로 그 가정은 생계를 꾸린다. 친구에게 밥과 술을 사거나, 영어회화를 배우기 위해 학원에 다닐 돈은 모두 그 급여에서 지출된다. 그러나 법인은 이와 전혀 다르다. 법인에서 누군가에게 밥이나 술을 사면 접대비로 처리된다. 직원 교육훈련비를 지원해도 비용처리가 된다. 심지어 연구개발 장비를 구입하면 세금을 깎아 주거나 보조금을 주기도 한다. 이렇게 직원급여부터 접대비, 연구개발 투자, 은행이자 지급 등 모든 것을 쓰고 남은 돈에 정부는 세금을 부과한다.

 개인과 법인은 정부에서 세금을 공제해가는 순서가 다르다. 왜 정부에서는 법인에 이런 혜택을 주는가? 자본주의 시장경제하에서 총수요는 '소비수요+기업투자+정부지출'로 구성되는 바, 기업투자가 늘어야 경제가 성장하고 국가가 발전하기 때문이다. 기업들이 투자를 많이 하도록 세금 감면과 보조금 지원 등을 하는 게 마땅한 조치인 것이다. 이것이 바로 창업을 해야 하는 이유다. 그러니 부자로 살고 싶다면 부자를 욕해서는 안 된다. 그들의 생각과 좋은 습관을 배워야하는 것이다.

 그리고 직장은 남에게 월급을 받아가면서 창업 연습을 하는 곳이다. 그 일터가 있음에 매일 매순간 감사해야 마땅하고, 고용주를 위해 최선을 다해 일해야 한다. 그게 곧 나의 성장과 미래를 위한 길임을 깨닫는 자는 현명한 자이고 앞으로 부자로 살 자임에 틀림없다.

 두 번째 이유는 평균수명 100세 시대가 도래 한 반면, 평균 은퇴연령은 여전히 50대 중반에 머물고 있기 때문이다. 은퇴 후 남은 세월을 어떻게 보낼 것인가? 재취업에 재취업을 전전하지 않으려면 그게 무엇이든 간에 내 사업이 있어야만 한다. 목구멍이 포도청인데 싫든 좋든 직장을 다닐 수 없게 된다면 뭔가는 해야만 한다.

또한 사업을 해야 하는 이유는 자신뿐만 아니라 사업을 통해 그 분야가 지속적으로 발전을 하여 세상에 유용하게 만들기 위해서다. 사업을 통해 새로운 상품과 서비스를 만들어 내면서 세상에 유익한 가치를 남길 수가 있다.

● 창업사례: 인쇄업 vs. 출판업의 차이?

만약 당신이 창업을 하기로 마음을 먹고 그 준비를 하려 한다면 그 전에 자신이 창업할 분야가 어떠한 것인지 세분화하여 알아보는 것이 중요하다. 많은 사업부문 중에 종이를 가지고 사업을 하는 곳은 대표적으로 인쇄업과 출판업이라는 것은 누구나 아는 사실이다. 이 두 사업은 일반적으로 정보와 지식 등을 포함한 글자를 종이에 담아 사람들에게 보이고 알리는 역할을 한다는 점에서 공통점이 있다. 따라서 사람들이 같은 종류의 사업으로 착각을 하는 경우가 많지만 엄연히 다른 사업체이다.

인쇄업은 주로 수수료나 계약 등에 의해 명함 · 스티커 · 간판 · 현수막 · 전단지 등의 인쇄물을 각종 제판술에 의해 인쇄를 하는 사업이다. 좁은 규모의 일정범위를 주 사업범위로 하고 적은 양의 인쇄물들을 제외하고는 대부분 몇 종류의 인쇄물을 필요로 하는 사업체와 계약을 형성하여 단골 형식의 특정 소수의 고유고객을 대상으로 하고 있다. 계약할 당시 인쇄물의 양을 정하기 때문에 인쇄사업은 재고가 없다. 주문을 받아서 사업을 진행하는 방식이어서 일정범위의 지역을 넘어 사업을 확장시키려면, 또 다른 지역에서 새롭게 고유고객을 형성하여야 하기에 사업 확장에 많은 어려움이 있다. 그리고 고객들이 필요로 할 때에만 찾기 때문에 항시 일정한 양의 일이 있지는 않다. 마지막으로 인쇄업은 본인들이 원하는 대로 가격을 스스로 정할 수 없는 '가격수용자Price Taker'의 위치에 있다.

출판업은 인쇄업보다는 사업영역이 넓다. 우리나라 전역에 서점이 있는 곳은 모두 출판업의 영역에 들어가는 부분이기에 그만큼 사업범위가 넓다. 나아가 출판된 책들의 인기가 국내를 벗어나 해외까지 이르게 되면 이에 비례하여 출판업 또한 해외수출이 활발해질 가능성도 충분히 있는 사업이다. 그러나 인쇄업과는 달리 '선주문 후제작'이 아닌 고객들이 원하는 팔릴 가능성이 다분한 글들을 위주로 다양한 책들을 먼저 출판하여 연중 내내 사람들에게 판매를 하고 일정 기간이 지나면 신간들은 재고가 된다. 마지막으로 출판업은 먼저 제작하여 사람들에게 보이는 사업이기 때문에 가격을 출판사에서 정하여 판매를 한다. 이러한 판매방식을 '가격결정자 Price Maker'라고 한다.

이와 같이 똑같은 제지를 사용하는 사업이지만, 세부적으로 들어가면 서로 다른 의미의 사업이 존재한다. 인쇄업과 출판업의 예를 통해 본 것과 같이 단순히 사업을 한다고 해서 지식의 부족으로 자신이 창업할 아이템에 대한 사업부분을 제대로 파악하지 못하여 시작부터 잘못된 길을 걸어가며 큰 손실을 보는 것 보다는 충분히 조사 · 연구를 하여 정확한 사업 분야와 구상을 완료하고 나서 실현을 하는 것이 창업을 함에 있어서의 기술이고 전략이다.

CHAPTER
03

스스로
브랜드가 되라

잘하는 것으로 경쟁하라: 내 영역에서 전쟁을 하라

● '스펙 쌓기'가 취업역량?

대한민국 청년들이 스펙 경쟁에 올인하고 있는 것은 비난받아 마땅하다. 이들이 청춘의 꿈, 열정과 패기도 없이 '돈' 밖에 모르거나 현세적 성공에 눈이 먼 '속물'이어서가 아니다. 답이 안 나오는 제로 섬 게임Zero Sum Game의 수렁에 빠져 허우적거리고 있기 때문이다.

대학을 졸업하면 무조건 대기업 또는 공기업에 취업해야 한다는 조급증과 강박증에서 벗어나야 한다. 직장에 들어가야 한다는 막연한 생각을 떨쳐버려라. 당신이 인생 전체를 놓고 경쟁전략 관점에서 늘 잊지 말아야 하는 건 바로 '내가 생각하는 이 길이 쥐떼들이 우~하고 죽을 줄 모르고 몰려가는 길이 아닌가?'하는 질문이다.

● 게임의 규칙이 정해지지 않은 곳으로 가라

'정해진 숫자Fixed Number' 안에 들어가야 성공합격하는 경쟁구조에 자신을 맡기게 되면, 들어가지 못하는탈락 순간 루저Loser 가 되고 만다. 대기업이나 공기업에서 만든 스펙에 여러분을 구겨 넣으려고 노력하지 마라. 이는 마치 침대 길이에 맞춰 다리가 짧으면 잡아당겨 길게 해서 맞추고 다리가 길면 잘라내는 식과 마찬가지임을 명심하라. 왜 당신이 '프로크루스테스의 침대Procrustean Bed'에 스스로 눕는 우를 범하려 하는가? 여러분의 훌륭한 적성과 강점이 다리가 잘리듯 잘려나가서야 되겠는가? 말도 안 되는 스펙에 맞추지 못해 탈락했다고 좌절한다면 이건 잘못되어도 한참 잘못된 것이다.

속칭 'SKY 대학' 출신들이 이러한 경쟁을 통해 사회 상층부로 올라가는 것은 우리 사회의 장래를 생각할 때 큰 문제다. 통 크게 양보해서 만약 지금이 조선시대라면 그나마 이해해 줄 수 있다. 암기식 과거시험을 통해 소수의 관료를 선발하고 이들이 사회의 통치 엘리트가 되었던 시절이었다. 그러나 오늘날 창의성과 상상력 그리고 융합을 원하는 지식정보화 시대에 뭔가를 암기해서 머릿속에 넣고 다니는 사람들이 우리사회의 엘리트가 된다면 이건 문제가 아닐 수 없다. 머리 좋은 사람들은 과학기술분야 등 창의적인 일을 해야 한다. 게임의 규칙이 분명한 영역이 아니라 모든 게 급변하는 영역에서 자신들의 뛰어난 능력을 자신과 자신을 둘러싼 공동체 구성원의 미래를 위해서 써야 하는 것이다.

공무원, 변호사, 의사가 되는 길은 명확하다. 공무원은 문제은행이라 할 정도로 문제와 답이 정형화된 시험문제를 몇 년간 달달달 공부하면 합격할 수 있는 구조다. 행정고시, 사법고시 다 그런 식이다. 게임의 규칙이 분명하고 예측 가능하다. 지금은 상당한 재력이 있어야 로스쿨을 통해 변호사가 되지만 어쨌든 게임규칙은 명확하다. 의사도 마찬가지다.

부모들이 자식들에게 권하는 대부분의 직업이 게임의 규칙이 분명한 영역이라는 공통점이 있다. 마치 체스, 바둑이나 장기처럼 게임의 규칙이 분명한 것이다. 그래서 속칭 이런 영역에는 '정석定石' 즉 정해진 방식이라는 게 있다. 필자는 학창시절 '공통수학의 정석', '영어의 왕도' 같은 참고서를 보고 공부했다.

하지만 사업Business은 어떠한가? 누구나 크든 작든 사업을 할 수 있다. 하지만 시장상황은 늘 변화하며 정해진 게임의 규칙이 없다. '학교 우등생이 사회 우등생이 아니다'라는 말은 이러한 영역에 적용되는 말이다. 학교 우등생일지라도 변화무쌍한 세계에 적응하기엔 한마디로 역부족이란 말이다.

학교 우등생이 사회우등생인 영역	학교 우등생이 사회우등생이 아닐 영역
게임의 규칙이 정해져 있고 안정되고 예측가능(즉, 변수가 적고 작음)	게임의 규칙이 정해져 있지 않고 예측가능하지 않음(즉, 변수가 많고 큼)
예) 공부(변호사, 의사, 고급공무원 등), 바둑, 체스, 스포츠(테니스, 골프, 스케이팅, 야구, 축구, 복싱, 레슬링), 원전 · 석유화학 등 정부규제가 강한 사업영역 등 공부적성 강한 사람이 성공가능성 높음 공부적성 강한 사람끼리 치열하게 경쟁	예) 사업, 정치, 전쟁(특히 게릴라전), 싸움(Street Fight), UFC 등 이종격투기, 산악자전거, 철인3종 경기 공부적성 강하다고 성공가능성 높지 않음 공부적성이 강하지 않아도 성공가능 '한 방'으로 성공이 가능하기도 함

앞의 표에서 보듯, '사업, 정치, 전쟁' 등이 게임의 규칙 체급, 게임 룰 등이 정해져 있지 않은 대표적 영역이라 할만하다. 다윗이 골리앗을 이긴 것도 게임의 규칙이 정해져 있지 않았기 때문이다. 어린 다윗에게 무거운 투구와 갑옷을 입히고 큰 칼을 들게 하며 돌팔매를 못하게 규칙을 정했다면 다윗은 이기지 못했으리라. 씨름에서 최고였던 신장 2m17cm 체중 140kg의 거인 최홍만이 입식타격 K1에서는 야수 밥셉 Robert M. Sapp Jr., 196cm, 170kg 도 이겼지만, 프라이드에서는 효도르 Emelianenko Fedor, 183cm 에게 제대로 힘 한 번 쓰지 못하고 지고 말았다. 누워있는 최홍만은 더 이상 골리앗이 아니며 긴 팔과 긴 다리는 효도르의 쉬운 표적일 뿐이었다.

● 복싱보다는 이종격투기를 하라

영화 『싸움의 정석』에서 말하는 정석은 비슷한 이종격투기라도 사커킥, 스탬핑킥, 그램플링 등이 허용되는 마치 길거리 싸움 같은 UFC나 프라이드 보다는, 상대적으로 복싱에 킥 정도만 가미된 K1 같은 영역에 적합하다. 헤드기어를 쓰고 하는 아마추어 복싱 보다는 프로 복싱이, 프로복싱 보다는 UFC에서 신인이 혜성 같이 등장할 가능성이 크다. 변수가 크기 때문이다.

이제 표의 좌측 '공부' 영역을 보자. 대학입시는 정시와 수시로 나뉘고, 내신과 수능성적 등으로

● 그림 15
프라이드에서의 **최홍만과 효도르**

그림 16
씨름판에서의 최홍만과 효도르

성적이 산출된다. 게임의 규칙이 명확하게 정해져 있다. 공부적성이 강한 사람이 강한 영역이다. 공부적성이 뛰어난 사람들이 바로 정해진 게임규칙을 잘 풀고 적응하는 머리를 가진 사람들이기 때문이다. 누군가 하루 밤에 혜성같이 전국 수석이 될 수 없는 영역이다.

우리사회의 지도층 인사라는 사람들을 보라. 그들은 거의 공부를 잘 한 사람들이다. 국회의원, 교수, 고위공무원, 군 장성, 판검사, 변호사, 의사 등 전문직. 이들의 학력 란을 한 번 보라. 현직 국회의원, 장차관들의 프로필을 보라. 당신과 비슷한가?

만약 당신이 공부적성이 아닌 약한 사람이라면 공부적성이 큰 강한 사람들과 게임의 규칙이 정해진 장에서 경쟁하려 들지 마라. 백전백패일 것이다. 자신이 유리한 장에서 경쟁을 해야 이길 가능성이 큰 건 당연하다.

● 공부 잘하는 적성이 존재하는가?

좀 더 쉽게 설명해보겠다. 당신이 보기에 공부 잘하는 적성이란 게 존재하는가? '존재 한다'가 정답이다. 여러분이 공부를 잘 했건 신통치 않았건 누군가는 잘하는 사람이 있지 않았던가? 누구나 짧든 길든 학창시절이란 게 있기 마련인데, 공부를 잘하면 공무원·교수·의사·변호사가 된다.

필자의 학창시절 친구들도 거의 예외가 없다. 바로 이게 현재 대한민국의 먹고 사는 사회구조라고 보면 된다. 정해진 파이 정원를 뜯어 먹고 사는 생태계 다름 아니다.

매년 공무원 채용공고가 난다. 공무원이 되려면 정해진 숫자의 합격선 안에 들어가야 한다. 그리고 공무원이 되면 헌법이 보장하는 직업공무원제도 하에서 신분이 보장되는 '철밥통'이 된다. 거기다가 각종 인허가 권한을 등에 업고 평생 갑甲으로 행세한다. 변호사가 되려면 사법고시 또는 로스쿨을 나와 변호사 시험에 합격하고 소정 교육을 이수하면 된다. 세무사, 변리사 등 전문직이 대체로 이러하다. 매년 뽑는 정원이 정해져 있다. 의사가 되려면 의대를 졸업해야 하고 국가 의사고시에 합격해야 한다. 의대 정원도 정해져 있다. 대체로 이런 직업을 갖게 되면 부와 명예가 함께 보장된다.

문제는 지금 예시한 직업들에 아래와 같은 공통점이 있다는 것이다. 물론 아무도 체계적으로 알려주지 않는다.

- 공부를 잘해야 한다. 왜냐하면 시험에 합격해야 하므로
- '정원Fixed Number'이 정해져 있다.
- 일단 그 안에 들어가면 대체로 먹고 사는 게 보장된다. 물론 사무실 임대료 도 못주는 변호사와 망하는 개업의사도 있다.

대기업과 공기업은 어떠한가? 여기도 위의 세 가지 조건이 거의 들어맞는다. 다만, 자격증이 없어 혼자 개업할 수 없고, 교수처럼 정년이 길게 보

장되지 않는 단점이 있다. 모두가 공부를 잘해야 한다는 공통점이 있다.

경제학 이론을 빌려 설명해 보면 위의 영역들은 모두가 일정한 '경제적 지대Economic Rent'를 뜯어 먹고 사는 구조다. 임대인이 건물을 월세 내어서 임차료Rent를 받는 것과 똑같은 식이다. 건물이 있기에 가능한 일이다. 마찬가지로 의사·변호사라는 자격증을 가진 직업을 갖게 되면 건물이 있어 꼬박꼬박 월세 받을 수 있는 것처럼 경제적 이익을 얻을 수 있는 것이다. 심지어는 불법적으로 자신은 일 안하고 자격증만 빌려주고 매월 일정액을 받는 사람들도 있다. 어쨌든 자격증의 힘이다. 물론 자격증 없는 당신이 변호사가 아닌데 변호사 일을 하게 되면 당장 변호사법 위반이 된다.

●『변호인』을 통해 본 이익집단과 면허의 경제학[*]

영화『변호인』은 경제학적으로도 많은 생각거리를 제공해 준다. 주변에서 쉽게 찾아볼 수 있는 전문가집단 간의 줄다리기, 학력에 의한 차별, 공고한 전문직 시장 진입장벽 등을 아주 세심하게 그려냈기 때문이다.

"저한테 죽이는 아이템이 하나 있습니다만…. 돈 좀 빌려주이소." 영화 초반인 1981년 어느 날, 부산의 신참 변호사 송우석은 한 선배 변호사를 찾아간다. 판사로 잠깐 일하다 그만두고 변호사 사무실을 차렸지만 파리만 날리던 시절이었다. "뭔데?" 시답잖아 하는 선배의 반응에도 우석은 자신만만했다. "법이 바뀌어 이제 변호사도 부동산 등기 업무를 할 수 있다 아입니꺼."

---

[*] 한국경제신문 2014. 6. 30

우석의 아이디어는 단순했다. 법무사에게만 허용됐던 부동산 등기 업무가 변호사에게도 막 열린 상황. 그러나 당시 변호사들은 부동산 등기 업무를 하찮은 일로 치부했다. 하지만 우석은 부동산 등기 시장을 선점하면 떼돈을 벌수도 있을 것으로 확신했다. 더욱이 우석에겐 다른 법무사들에겐 없는 한 가지 경쟁력이 있었다. 변호사 자격증이란 고급 면허였다. 전문직 면허제는 일반인들에게 엄청난 진입장벽이다.

영화 속에선 학력이나 학벌도 면허와 비슷한 진입장벽으로 작용한다. 우석이 부동산 등기 업무 같은 틈새시장을 찾을 수밖에 없던 것도 고학력이라는 일종의 사회적 면허를 취득하지 못해서였다. 동창 모임에서 우석은 이렇게 답답함을 토로한다. "서울대, 연대, 고대! 내 상고 출신은 끼워주지도 안해."

– 승승장구의 비밀

이처럼 공급이 비탄력적인 시장은 다른 시장과는 다른 특징을 지닌다. 기존 공급자가 기회비용 이상으로 얻는 몫이 많이 생기기 때문이다. 공급이 제한돼 있거나 탄력성이 낮은 생산요소에서 발생하는 추가적 소득을 보통 '경제적 지대'라고 부른다. 한국사회에서 학력이나 학벌을 통해 얻는 기회비용 이상의 이득이 있다면 그 또한 일종의 지대다.

우석은 부동산 등기 전문 변호사로 지역에서 승승장구한다. 그러나 몇 달 후 우석의 지대도 차차 위협받기 시작한다. 주변의 다른 변호사들도 하나둘씩 부동산 등기 업무에 뛰어든 것. 그는 전문 분야를 '세금'으로 바꾼다. "내 또 상고 출신 아이가. 돈 계산엔 빠삭하다."

'당신의 소중한 돈을 지켜드립니다'란 문구가 박힌 명함을 들고 백방으로 뛰어다닌 덕에 우석은 세무변호사로도 이름을 날리게 된다. 대형 건설회사의 세무업무를 맡게 되면서 우석이 누릴 수 있는 지대의 규모는 더 커진다.

– 법무사들은 왜 시위를 했을까

다만 비탄력적 시장의 공급자들이 과도한 지대를 추구하다보면 사회 전체의 후생엔 악영향을 미친다. 대표적인 게 공급을 제한하기 위해 정부 등에 로비하는 행위다. 이는 정상적인 이윤추구 행위Profit Seeking 와는 다르다. 이윤추구 행위가 합리적인 경제활동으로 새로운 부를 창조해 성장의 밑거름이 된다면 '지대추구 행위Rent Seeking '는 이미 형성된 부를 더 많이 가져가기 위한 싸움에 노동력을 투입하는 일이기 때문이다. 생산이 원칙적으로 증가할 수 없는 상황에서 시장독점적 권리를 확보하기 위해 투입하는 비용은 새로운 가치를 창출하지 못한다.

그가 부동산 등기 업무를 시작하자 법무사들이 모여 "송우석은 물러가라"는 시위를 벌인 것도 이익단체의 지대추구 행위라고 볼 수 있다. 자신의 영역을 지키기 위해 다른 시장참여자를 밀어내려는 행동이기 때문이다. 때때로 이런 전문성을 갖춘 특정 이익집단의 요구를 정부나 시장참여자들이 어쩔 수 없이 수용하는 일도 생긴다. 이를 '포획이론Capture Theory '이라고 한다. 이 경우 소수의 전문집단에 이익이 집중돼 전체 경제엔 비효율성을 초래하게 된다.

12년간 공부해서 나온 당신의 성적표를 냉철하게 인정해야 한다. 만약 12년 공부해서 이류·삼류대에 갔다면 그게 바로 당신의 공부적성이라고 인정함이 옳다. 물론 처녀가 임신해도 할 말이 있다고 이런 저런 사정이 있을 수는 있다. 학업기간 중 부모의 사업 부도로 경제적으로 어려운 형편이 되었다든지, 교통사고로 정상적인 학업을 하기에 건강이 좋지 않았던지 등등….

하지만 어찌되었든 공부적성이 떨어지는데, '공부'를 통해서 '정원'을 뚫고 들어가는 경쟁을 계속하고 있는 건 바보나 할 짓이다.

그러면 어찌해야 되는가? 그냥 초라한 현실을 인정하고 자리에 주저앉아야 되는가? 여러분에게 말랑말랑한 위로가 필요한가? 필자는 이미 도전과 경쟁에도 '철학과 전략'이 있다고 강조한 바 있다.

대학 진학의 기회비용(월세가 드는 경우)

시골에서 고등학교를 졸업한 '갑'이 수도권에 있는 대학에 진학하는 데는 연간 등록금을 포함한 교육비로 1,000만 원이 든다. '갑'이 대학에 진학하지 않고 취업했다면 연간 2,000만 원을 벌 수 있었다. 단, 갑이 진학하고자 하는 대학과 취업할 수 있었던 회사는 모두 집에서 멀리 떨어져 있어 월세를 내야 하지만 그 비용은 500만 원으로 동일하다고 한다. 이 경우 대학 진학의 기회비용은 교육비인 1,000만 원이 아니라 교육비와 포기한 소득 2,000만 원의 합인 3,000만 원으로 봐야한다.

*한국경제교육학회 경제교육연구 제18권 「기회비용과 합리적 선택」_ 장경호

● 잘하는 것으로 경쟁하라

첫째, 공부적성이 아닌데 공부에 탁월성을 보이는 사람과 공부로 경쟁하지 마라. 머리 싸매고 토익 공부한다고 강남역 근처를 백날 돌아다녀 봐야 헛수고일 뿐이다. 공부적성이 탁월한 이들은 고교 시절 이미 단어, 문법 등 영어의 상당부분이 마스터 된 상태이다. 그러니 부질없는 스펙경쟁에 매몰되지 말고 자신의 '경쟁우위'를 찾아야 한다는 근본으로 돌아가라.

물론 1만 시간을 들여서 꾸준히 성실히 노력하면, 7급 또는 9급 공무원 시험에 합격할 수 있다. 왜냐하면, 공부적성이 변변치 않더라도, 공무원 시험처럼 게임의 규칙이 명확한 영역에서는 1만 시간 정도 들이면 행정고시에 합격하긴 어려울 수 있어도 이 정도 시험에 합격할 수 있다.

우리나라는 기형적으로 대학교 진학률이 높은 나라다. OECD 국가들 중 1위로서 80%에 육박하고 있다. 일본은 51%, 호주는 25%다. 그런데 사회에 발을 내딛기도 전에 등록금 대출로 4천만 원 가량의 빚을 짊어지면서도 대학교를 진학하는 이유는 대졸자와 고졸자의 평균 임금이 현저한 차이가 나기 때문일 것이다.

그러나 본인이 '공부적성'이 없는 것으로 의무교육인 초 · 중 · 고등학생 기간을 통해 판단이 가능한 상태에서 사회에서도 역시 공부 적성이 없는 것으로 생각되는 이른바 '경쟁력 없는 대학'에서 학위를 취득하는 것은 본인뿐 아니라 사회적으로도 낭비다. 시간과 비용만 4년이 초과로 투입됐을 뿐이지 실제로 사회에서 그들에게 원하는 역할은 고졸자에 해당하는 역할이며 그에 해당하는 임금이 지급될 뿐이다. 따라서 본인이 공부적성이 없는 것으로 생각된다면 굳이 20대 초반에 남들하듯 대학에 다녀야 하는지에 대해 고민해봐야 한다. 그렇다고 공부적성이 없는 사람은 공부를 안 해도 된다는 것으로 오해하면 안 된다. 앞서 설명했듯이 지식기반사회로 변화가 이루어지고 이미 많은 부분이 변화된 지금 평생 교육은 선택이 아니라 필수다. 대학에 가지 않더라도 MOOC*나 방송통신대학 등 공부를 지속할 수 있는 방법이 점차 다양화 되어가고 있다.

● 남들이 가지 않는 길로 가라

둘째, 소문난 잔치에 먹을 것이 없음을 명심하라. 친구 따라 강남가지 마라. 백남준은 '일등이 아닌 남들과 다른 길을 가라'고 다음과 같이 말했다. "우리나라는 올림픽과 예술을 혼동하고 있어요. 무조건 이겨야 한다고 밀어붙이고, 1등을 너무 좋아하는 거 같아요. 다름이 중요하지 누가 더 나은가는 문제가 아닙니다. 미로와 피카소는 그림이 서로 다른 것이지 누가 더 잘하는 게 아니지요. 다른 것을 맛보는 것이 예술이지 1등을 매기는 것이 예술이 아닌 것입니다."

---

* MOOC. 온라인 대중공개 강좌(Massive Open Online Course)를 의미한다. 인터넷을 통해 대학강의를 무료나 싼값에 이수할 수 있는 새로운 대학교육시스템이다. 미국의 하버드, MIT, 스탠포드 등 50개 이상의 최고 대학들이 참여하여 현재 발전 진행형인 교육 시스템이다. MOOC에는 세 가지 타입의 활동이 일어나는데, 첫째는 동영상을 통한 직접적인 강의활동이고, 둘째는 토론방이나 상호평가 퀴즈·시험과 같은 과제다. 마지막은 과제를 채점하는 행위다. 온라인 강좌이기 때문에 시험에 부정행위를 방지하는 것이 중요한 해결과제로 떠오르고 있다. 현재 MOOC는 학점을 인정하지 않고 있기 때문에 과도기적 단계라 할 수 있다. 그러나 카카오톡이 그러했듯, 비즈니스 모델이 구현되면 폭발적인 성장을 하게 되고 컨텐츠들이 풍부해지면서 MOOC를 통해 배울 수 있는 지식들이 점차 넓어질 것이다.

"숲을 걸었다. 길이 두 갈래로 갈라졌다. 나는 인적이 드문 길을 택했다. 그리고 모든

것이 달라졌다."_ 로버트 프로스트(Robert Frost)

다음 20개 각 항목에 대해 스스로 질문을 던지고 자신의 상태를 점검해보라.
A4 용지를 꺼내 써보라.

- 현재 내가 처한 환경(가정형편, 친교관계, 지식수준, 건강상태 등)은 어떠한가?
- 어떤 점은 만족스럽고 어떤 점은 불만족스러운가?
- 거울에 비친 나의 모습을 보면서 어떤 생각을 하는가? 스스로가 좋은가 싫은가?
- 나는 현재의 처지를 있는 대로 받아들이는가? 아니면 세상 탓으로 불만스러운가?
- 세상은 살만한가?
- 내가 좋아하는 일과 잘하는 일은 무엇인가?
- 똘똘한 적성(Talent)을 몇 개 찾아냈는가?
- 훌륭한 신념과 태도(Attitude)를 갖고 있는가?
- 있다면 나의 어떤 태도가 훌륭한가?
- 현재 나를 짓누르는 근심과 걱정은 무엇인가?
- 장기적 비전이 있는가? 없다면 왜 없을까?
- 있다면, 비전의 실현을 위한 현실적 목표가 수립되어 있는가?
- 최근 어떤 일에 도전(Challenge)하고 있는가?
- 최근 도전에 성공한 사례가 있다면 무엇인가?
- 다양한 지식(Knowledge) · 기술과 경험을 쌓고 있는가?
- 최근 어떤 책을 읽었고 어디를 여행해 보았는가?
- 스스로 생각할 때 운(Luck)이 좋은 사람인가?
- 매사에 끊임없이 '공부하고 일하고 친교와 봉사'하는 활동에 노력(Efforts)하는가?
- 세상에 어떤 유용한 가치를 만들어 내려고 하는가?
- 세상에 남기고 가고 싶은 것은? 어떤 사람으로 기억되기를 원하는가?

사람들이 미친 듯 열광하던 튤립 사재기*를 기억하라. 처음에는 대박이었을지 모르지만 곧 피 튀기는 레드오션Red Ocean으로 변한다. 한의사가 된 잘 나가던 대기업 연구원 사례를 기억하라. 쥐떼가 우~하고 몰려가는 길이 아니라 남이 가지 않는 길을 가라. 특히 그 길이 앞으로 '뜰 시장'이면 여러분의 인생은 성공이라는 이름으로 화려하게 펼쳐지게 된다. 현재를 열심히 살면서도 미래에 관심 갖고 공부하고 준비해야 하는 이유가 여기에 있다.

국가 간 전쟁은 대부분 불평등한 상태에서 시작되고 상대 국가와 싸워 승산이 있다고 판단된 경우에 발발한다. 따라서 전쟁에는 상대를 압도할 만큼의 강한 전력Power 또는 선제공격으로 상대방 전력을 충분히 약화시킬 수 있다는 자신감이 필요하다. 제2차 세계대전을 일으킨 독일이나 임진왜란을 일으킨 일본의 사례가 그러하다.

만약 전쟁에서 Power힘, 전투력, 전력가 승리를 뜻한다면 약자는 결코 상대적 힘의 차이가 클 때 강자를 이길 수 없을 것이다. 그러나 역사는 그렇지 않은 예를 보여준다. 이순신 장군은 명량해전에서 13척의 전함을 가지고도 지형지물과 조선 수군의 강점이었던 화포를 잘 활용해 왜선 133척

---

* 튤립 파동(Tulip mania)은 17세기 네덜란드에서 벌어진 과열 투기현상으로, 사실상 최초의 거품 경제 현상이다. 황금시대를 영위하고 있던 1630년대 네덜란드에서는 수입된 지 얼마 안 되는 터키 원산의 튤립이 큰 인기를 끌었고, 사재기까지 벌어졌다. 꽃이 피지 않았는데 미래 어느 시점에 특정한 가격에 매매한다는 선물거래까지 등장했다. 튤립은 숙련된 장인이 버는 연간 소득의 10배보다 더 비싸게 팔려 나갔다. 뿌리 하나가 8만7000유로(약 1억6000만 원)까지 치솟았다(현재가치). 그러나 어느 순간 가격이 하락세로 반전되면서 팔겠다는 사람만 넘쳐 거품이 터졌다. 상인들은 빈털터리가 되었고 튤립에 투자했던 귀족들은 영지를 담보로 잡혀야만 했다. 이러한 파동은 네덜란드가 영국에게 경제 대국의 자리를 넘겨주게 되는 한 요인 되기도 하였다.

을 물리치고 큰 승리를 거뒀다. 약자도 종종 이기는 것이다. 문제는 과연 어떻게 이기느냐 하는 것이다.

정면승부를 걸 수 없다면 상대방의 전력을 억제하는 방법을 선택해 약점을 집요하게 파고들어야 한다. 즉 상대방의 약점 위주로 전력을 강화하는 방법을 선택해야 하는데, 이것을 흔히 '비대칭 전략'이라고 부른다. 1999년 미국 합동전략 검토보고서 Joint Strategy Review 에서는 적대국이 미국을 대상으로 추구할 비대칭 전략을 '미국이 예상하지 못한 방법을 사용하여 미국의 강점을 회피하고 약화시키며 미국의 취약점을 노리는 전략'으로 정의하고 있다.

약 2,500년 전 손자孫子는 "전쟁에서 용병은 기본적으로 적을 속이는 것詭道"이라고 하여 심리적 · 정보적 차원에서 비대칭 전략의 중요성을 강조하였다. 기원전 약 420년 전 펠로폰네소스 전쟁 시 아테네의 지도자 페리클레스는 적국인 스파르타의 지상 전력이 월등히 우세하다는 사실을 인식함으로써 육지에서의 결전을 회피한 채 철저히 해양 전략으로 일관하는 비대칭전략을 추구하였다. 13세기 징기스칸과 그 후손들은 적보다 뛰어난 기동력 · 작전템포 · 정보 · 훈련 · 사기를 바탕으로 전격전을 수행하여 제국을 건설할 수 있었다. 북한의 비대칭 전략에서 보듯 현대전도 마찬가지다.

〈그림 17〉은 대칭과 비대칭의 예를 도식화한 것이다. 대칭이란 A와B 두 행위자가 보여주듯이 그들의 전략적 선택이 마치 거울에 비춘 것처럼 동일한 것을 의미한다. 그러나 이러한 경우는 현실적으로 극히 드물 수밖

에 없으며, 각 행위자들
은 서로 다른 환경과 여
건에 처하여 상대와 다
른 전략적 선택을 취하
게 될 것이다. 예를 들어

행위자A	행위자B	행위자C	행위자D
무기기술		무기기술	
군사전략		군사전략	
작전개념		작전개념	
전쟁의지		전쟁의지	

● 그림 17
대칭과 비대칭의 비교

C라는 행위자가 정치 · 경제 · 군사적으로 충분한 능력을 갖추어 무기기
술, 군사전략, 작전개념에 혁신을 꾀한다면, 다른 행위자 D는 그러한 여
건을 갖추지 못함으로써 C와 같이 다방면에서의 혁신을 추구하는 대신 국민들의
전쟁의지를 고양시키고 상대와 다른 군사전략을 추구하는데 집중할 것이
다. 이 경우 C와 D 두 행위자간에는 비대칭이 나타나게 된다.

역사학자 아렌퀸 토프트Arreguin-Toft 의 전쟁사 연구에 의하면 비
대칭전투에서 승패의 결과는 강자와 약자가 사용하는 전략의 상호작용
Interactions 에 달려있다고 한다. 즉 '전력이 아니라 전략'이 중요하다는 것
이다. 동서고금을 통해서 보면 약자가 강자와 '같은' 전략을 써서 허망하게
패하는 사례가 많다. 자신의 전력을 과신해서 전면전을 불사해서 국민들
은 전쟁노예가 되고 국가가 흔적도 없이 사라지는 비운의 역사다.

〈그림 18〉은 1800년에서 1900년 사이의 '비대칭전투에서 강자와 약자
간 전략적 상호작용의 결과'를 보여주고 있다. 강자와 약자가 '같은 전략'
Same Approach 을 취했을 경우 강자가 76%, 약자가 24% 이겼는데 반해
'반대 전략'Opposite Approach 을 취했을 경우에는 오히려 약자의 승리비

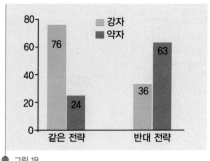

그림 18
비대칭 전투에서 전략적 상호작용

율이 63% 로 더욱 높았다.

〈그림 19〉는 '강자와 약자 간 전략적 상호작용의 승패 결과'를 보여주고 있다. 박스의 셀 안에는 예상 승자를 나타낸다. 직접적 Direct 대 직접적 또는 간접적 Indirect 대 간접적 경우처럼 양자의 전략이 같을 때 강자가 승리함을 보여주고 있다. 약자는 다른 전략을 취해야 이길 수 있다.

미국과 베트남 전쟁에서 보듯 상대적인 전력 차가 크면 클수록 강자는 더 정치적으로 취약예 : 야당의 반대, 시민들 반전 데모하고 결전의 의지가 약한 반면 약자는 정치적으로 덜 취약하고 결전의 의지가 강하다. 힘이 약하면 '죽기 살기로' 붙어야만 하는 것이다. 온 국토를 전쟁터로 만들어 곳곳에서 게릴라전을 펼치며 사즉생 死即生의 결의로 덤비는 베트콩을 이기기에 미국은 역부족이었다.

알렉산더 대왕이 페르시아 대군을 격파하고, 고구려가 수나라와 당나라를 이기며 모택동이 중국정부군을 이기고, 아프가니스탄이 소련과의 10년 전투에서 승리한 것

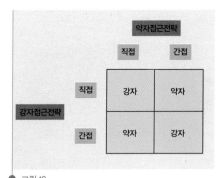

그림 19
전략적 상호작용의 승패

은 전력이 강해서라 아니라 전면전을 회피하고 장기전으로 시간 끌기, 게릴라전 등 상대와 반대전략을 취한데 기인한 바 크다. 한나라의 유방과 서초 패왕 항우의 싸움처럼, 모택동과 장개석의 싸움 결과는 대 역전극으로 모택동의 승리로 끝난다. 비행기 400대, 기관총 등 신무기를 가지고 있는 90만 대군의 국민당 군대에 비해 홍군 중국 공산당 군대은 18만 병력에 무기도 소총 10만정이 고작이었다. 모택동은 전면전을 피하고 유격전을 통해 승리했다. 반면 이라크는 자신의 전력을 과신해 미국과 전면전 대 전면전을 벌여 패배했고 사담 후세인 Saddam Hussein 은 체포되어 전범재판에 회부되어 처형당했다.

이것을 개인 간의 경쟁에 적용해 보면 전력이 비대칭일 때 약자는 비록 능력, 자질과 기량이 열세일지라도 강자와 다른 전략을 취하면서 관심 흥미, 결의 결심, 태세와 기세를 크게 나아가면 경쟁에서 승리할 수 있다. 만약 당신이 경쟁열위라면 미국 합동전략 검토보고서의 비대칭 전략 정의를 주목해보자. 비대칭 전략이란 비대칭 전쟁에서 아측 당신 의 '강점 최대화 및 약점 최소화', 적측 경쟁자 의 '강점 최소화 및 약점 최대화'인 것이다.

오늘날 한국의 약자가 강자와 같은 전략을 개념 없이 사용하고 있어 안타깝다. 한국의 '경쟁력이 떨어지는 대학'에 다니는 학생들이 '보다 경쟁력 있는' 학생들과 같은 전략으로 스펙 경쟁을 하고 있는 것이다. 명문대 대학생의 토익 성적이 930인데 지방대 학생들이 630점을 목표로 토익시험 준비를 하는 것이다. 약자는 같으면 진다. 전력이 열세일 때 같은 전략이면 무조건 진다고 역사는 보여주고 있다. 강자는 우세한 전력에다가 약자와 같은 전략이라면 승리한다.

만약 당신이 약자의 입장이라면 강자가 하듯이 토익을 공부할 게 아니라 '다른' 전략으로 실용 영어, 실용 중국어를 배우고 익혀야 마땅하다. 조금 고되고 힘들지만 MOOC 온라인 교육을 통해 스탠포드 · 하버드 · 북경대 · 동경대 등 세계 유수의 대학 강좌를 영어로 수강하고 물론 수강료 무료 수료증을 받는다. 그리고 마치 책을 읽고 독후감을 쓰듯이 MOOC 온라인 강의의 개선방법과 수강 후 배운 점과 소감 등을 정리하여 수료증과 함께 취업시장 면접관에게 제출한다. 탁월한 차별화 아닌가?

미국에서는 유치원생부터 70대의 마이클 블룸버그 뉴욕 시장에 이르기까지 코딩 Coding 을 배운다. 버락 오바바 대통령까지 나서서 코딩을 배워야 한다고 천명했다. 2012년 미국에서 45만 명이 코딩을 배웠다. 모든 것이 센서와 코딩 그리고 네트워크로 연결되는 사물인터넷 사회에서 코딩을 배워두면 간단한 소프트웨어를 직접 짤 수 있다. 앱 저작 툴이 매우 쉬워졌기 때문에 유치원생조차도 가능하게 된 것이다. 그런데 지금 미국에는 이런 코딩 능력을 갖춘 사람이 매우 부족하다. 이러한 기술 Skill 만 익혀도 취업이 보다 용이해지는 것이다.

1990년대 까지만 해도 타이피스트라는 직업이 있었다. 대체로 고등학교 졸업한 여성들이 타이피스트 자격증을 따서 사무직 직원으로 일했다. 지금이야 무슨 그런 직업이 다 있었나 싶지만 그때는 그런 직업의 유용성에 대해 아무도 의심하지 않았다. 하지만 지금은 어떠한가? 누구나 타자는 자신이 친다. 스마트폰 문자를 쳐줄 비서를 따로 고용하지 않는다. 만약 당신이 코딩 능력을 지니면 지금 당장 남과 차별화를 이룰 수 있다. 그리고 앞으로는 누구나 코딩 능력을 지녀야 한다. 스스로 코딩을 해야 한다. 프로슈머 Prosumer 의 자질 중 하나가 바로 코딩 능력이다. 페이스북의 마크 저커버그 Mark Zuckerberg 가 말했듯 컴퓨터 프로그래밍은 무엇을 하건 앉은 자리에서 새로운 것을 만들어 낼 수 있다.

● 태클의 요소들을 종합적으로 강화하라

태클 TACKLE 의 관점에서 취업역량을 강화하기 위한 필자의 조언은 눈앞의 취업에만 매몰된 부질없는 스펙 쌓기가 아니라, 여러분의 인생 전체를 놓고 태클의 요소들을 종합적이고 지속적으로 강화해나가라는 것이다. 아래 각 항목들을 입으로 되뇌이면서 머릿속으로 다음의 말이 뜻하는 바를 생각하고 상상해보라.

- 자신이 처한 환경과 자원 Resources 이 어떠하건 받아들이고
- 똘똘한 적성 Talent 을 찾아내고
- 훌륭한 신념과 태도 Attitude 를 갖고
- 장기적 비전과 현실적 목표를 세우고
- 외부 환경에 도전 Challenge 하여
- 다양한 지식 Knowledge · 기술과 경험을 쌓고
- 운 Luck 이 좋은 사람이 되도록 처신하고
- 매사에 끊임없이 '공부하고 일하고 친교와 봉사'하는 활동에 노력 Efforts 하는 것

- 이를 통해서 세상에 유용한 가치 Value 를 만들어 내는 것

바로 이것이 경쟁우위에 설 자원과 역량을 강화하는 길이다. 취업역량을 강화하는 길이며 동일한 이치로 창업역량을 강화하는 길이기도 하다. 성공과 행복으로 인도하는 길이다.

그리하여,

- 자신이 세운 비전 Vision 을 바라보며 꾸준히 노력하여 원하는 것을 성취하고 성공
- 그 성취의 결과에 기쁘고 사회에 도움이 되어 스스로 만족 행복'에 이르게 된다.

경쟁자와 차별화하는 3가지 방법

박지성은 화려한 개인기를 가진 뛰어난 골잡이가 아니지만 '두 개의 심장을 가진 사나이' 라는 수식어가 말해주듯 지칠 줄 모르는 체력과 성실함으로 운동장을 누비는 팀의 '엔진'이었으며 공간을 활용하는 영리한 움직임으로 동료를 위해 헌신하는 '팀 정신'의 상징이었다. 알렉스 퍼거슨 Alex Ferguson 감독은 "공을 갖고 있지 않을 때 그의 움직임과 공간인식은 그 나이 또래 선수들에겐 보기 힘든 아주 특별한 것이다"라고 말했다. 박지성은 팀에 없어서는 안 될 존재로 차별화한 것이다.

최근 서울대생을 상대로 한 심층조사 결과에 따르면 서울대생들은 초·중·고등학교에서 공부하는 방식 그대로 공부해야만 A+를 받을 수 있다고 고백한다. 비판적이고 창의적인 사고력은 학점과 상관없고, 오히려 성적에 방해가 된다는 것이다. 이들에게 가장 중요한 건 열정이 아니라 자기관리다. 팀 프로젝트조차 팀워크보다는 자기 주도 방식을 택한다. 미국 명문대와의 차이점이다. 여러분은 어떻게 태클해야 이들과 차별화가 가능한가?

사람들은 자신을 경쟁자와 차별화Differentiating 하는데 서투르다. 이는 대학생, 직장인은 물론이고 중견기업 CEO들 조차도 종종 그렇다. 경쟁자로부터 차별화한다는 것은 자신을 경쟁자 보다 매력 있는 사람·기업·상품으로 시장에서 부각시키는 것이다. 경영자는 상품과 서비스 시장에서 그리고 취업준비생은 취업시장에서 경쟁자 보다 자신이 좀 더 훌륭하다는 것을 부각시키는 것이다.

차별화의 초점은 시장 내에 존재하는 온갖 경쟁상품의 소음을 덜어내버리고 당신이 함께 일하기 원하는 사람들고객의 관심을 끌어내어 당신에게 집중시키는데 있다. 다음의 차별화 방법을 적용하라.

● 그림 20
차별화

● 타깃 집단
한 가지 방법은 현재 당신이

하는 노력을 특정 인구분포에 집중하는 것이다. 연령, 성별, 인종 또는 종교 등 경쟁자가 집중하지 않는 집단을 택해 당신을 차별화 할 수 있다. 만약 당신이 IT컨설턴트인데 특정 외국어 예 : 중국어 에도 능숙하다면 중국어를 쓰는 사업가를 위한 활동을 할 수 있다. 이를 통해 다른 IT컨설턴트들과 확실히 차별화되며 당신을 훨씬 매력적인 전문가로의 길로 인도한다. 당신의 전문영역은 어떤 집단에 적용할 수 있는가? 취업이건 창업이건 전직이건 이치는 동일하다.

● 타깃 산업

다른 방법은 특정산업에 집중하는 것이다. 요즘 TV 종합편성채널 종편을 누비는 건강식품 전문 한의사, 이혼 전문변호사 등이 이런 사람들이다. 만약 당신이 15년 경험 Experience 의 치과 기공사인데 진정한 관심은 마케팅에 있다고 하자. 당신은 현직을 그만두고 소셜미디어 마케팅 회사를 시작할 수 있다. 이미 흔한 소셜미디어 전문가가 되는 게 아니라 치과영업를 위한 소셜미디어 전문가가 되는 것이다. 당신은 이미 치과사업은 속속들이 알고 있고 이미 그 분야에서 15년간 근무경력을 신뢰의 자산으로 활용할 수 있다.

어쩌면 당신은 치과의사들과 또 일한다는 게 달갑지 않을 수도 있다. 하지만 최소한 그게 당신이 가장 잘 알고 있는 것이다. 당신은 이미 당신이 알고 있던 영역보다 훨씬 더 많은 수입을 빠른 시간 내에 이루어 낼 것이다. 당신이 단골고객 몇 명만 확보해도 당신은 다른 영역으로 확장을 시작할 수 있다. 그 시점에 당신은 진정으로 함께 일하기를 원하는 고객들에게 초점을 맞추고, 하고 싶지 않은 치과 일을 위해서는 사람을 고용하거나 계약 팀을 구성해서 일을 시키면 된다.

● 가치 부여

다른 쉬운 방법은 당신의 경쟁자와 '다른 또는 나은Different or Better' 상품이나 서비스를 제공하는 것이다. 전동 치솔을 사면 치약 끼워주는 패키지 상품에서 보듯 '상품 또는 서비스 묶음Bundling'으로 더 많은 가치를 제공하면, 더 많은 고객을 끌게 된다. 회계부서 직원일지라도 디자인 작업도 할 수 있다면 나은 가치를 제공하는 것이다. 또는 당신의 경쟁자가 따라하기 어려운 특정 영역에 전문화하는 것도 한 방법이다. 고객이 그 차이를 인식하고 그것이 사실이라는 것을 믿도록 소통해야 한다.

저자 오찬호가 대학교에서 강사 활동을 하며 만나온 이십대들의 모습을 그린『우리는 차별에 찬성합니다』에는 KTX 비정규직 여직원이 정규직이 되길 원하는 것은 '도둑놈 심보'라는 표현이 있다. 비정규직 고용 형태의 불합리는 전혀 고려의 대상이 안 된다. 처절하게 노력해도 취업이 안 되는데 비정규직이 바로 정규직이 된다는 사실에 많은 이들은 박탈감을 넘어 격렬한 분노마저 느낀다. 상위권대와 지방대 학생은 대학에 가기위해 들인 노력과 그 결과수능점수가 다른데 똑같이 취급받는 것은 어불성설이다. 당연히 차별 대우를 받아야 한다. 자기가 기울인 노력과 그 결과, 즉 학력 및 여러 스펙의 가치를 인정받으려 안달한다. 흔히 '스펙 쌓기'라는 형태로 자신을 통제하고 희생하면서 자기 계발에 몰두한다. 그리고 그것을 기준으로 세상만사를 평가한다. 나보다 '덜' 노력하고 성과가 부족한 사람은 나보다 전적으로 부족한 존재이며, 당연히 '덜' 대우받아야 한다. 심지어 인격적으로 모욕하기까지 한다.

모두가 이런 생각을 갖고 한 방향으로 쥐떼처럼 우~하고 몰려갈 때 당신은 이런 비정상적인 현상에서 벗어나라. 이러한 냉혹한 '괴물 같은 삶'이 아니라 따뜻한 '인간다운 삶'을 추구하라. 남을 짓밟고 나만 잘 먹고 잘 살면 된다는 '치졸한 tackle'로부터 함께 더불어 성공하고 행복할 수 있는 '위대한 TACKLE'의 삶의 방향으로 걸어갈 것을 기대한다. 바로 이러한 곳에 진정한 차별화가 있는 것이다.

스스로 브랜드가 되라

● 퍼스널 브랜딩의 시대

이제 우리 사회도 점차 내 밥벌이 활로는 내가 직접 팔을 걷어붙이고 개척해야 하는 시대가 된 것이다. 이제 더 이상 누군가가 개척해 놓은 길에 들어서서 밥벌이를 할 수 없다면 자기 스스로 활로를 개척해야 한다. 구직자가 취업을 할 때 잘 관리된 자신의 퍼스널 브랜드 Personal Brand 로 회사와 연봉협상을 한다면 훨씬 자연스럽게 협상이 이루어 질 것이다. 또 계약과 체결이 많은 비즈니스 세계에서 자신의 이름이 보다 많은 사람들에게 긍정적으로 알려져 있다면, 이 역시 다른 사람들보다 좋은 조건에서 비즈니스가 이루어 질 것이다.

결국 지금 우리가 살아가고 있는 세상에서 자신의 '이름값'은 경제생활에서 절대적인 역할을 수행하고 있고 바로 자신의 브랜딩 값이 연봉과 직결되는 것이다. 이제 청년들은 고유한 퍼스널 아이덴티티 Personal Identity 를 찾고, 스스로가 '이름값'을 만들고 키워나갈 수 있도록 퍼스널 아이덴티티를 브랜드화해야 한다. 직장에서 보장된 정년 기간 동안 일하다가 퇴직금으로 여생을 보낼 수 있는 시대가 아니다. 치솟는 물가와 언제 잘릴지 모르는 불안 불안한 상황 속에서 자기 자신의 이름값을 높이는 방법이 곧 자신의 연봉과 미래와 직결된다는 사실을 깨닫고 준비해야 한다.

우리가 살고 있는 이 시대는 참으로 경쟁이 치열하다. 대학입시를 치르기 위해 자신의 이야기를 스토리텔링 해야 하고 젊은이들은 취업을 위해 없는 스펙까지 만들어야 한다. 이 세상은 1등도 꼴찌도 없는 곳이다. 단지 지금도 무한경쟁 안에 있을 뿐이다. 자기 자신에 대한 브랜딩은 정말 필수 요소다. 어디를 가든 누구를 만나던 이미 그 사람의 모든 요소들이 비즈니스 세계에서 성공 여부를 결정짓기 때문이다. 이제는 고급 승용차를 타고, 고가의 시계를 착용하는 것만으로 상대방에게 믿음과 신뢰를 줄 수 있는 시대는 지났다. 그보다 먼저 자기 자신의 이름을 알릴 필요가 있다.

이제는 퇴직 후 얼마 남지 않는 통장잔고 대신 자신의 분야에 맞게 전략화 되고 올바르게 스토리텔링된 자신의 퍼스널 브랜드가 결국 자기 자신의 평생 경제능력을 책임져 주는 세상이 온 것이다.

● 포지셔닝(Positioning): 남과 차별화하는 비결
아마도 당신은 명문대학을 탑 클래스의 성적으로 졸업했거나, 또는 당

신의 경험과 업무성과가 탁월할 수도 있다. 또는 비록 일류 대학을 졸업하지 못했어도 성장과정에서 근면과 노력이 남 보다 앞서가는 길이라고 배웠을 것이다. 이러한 접근의 문제점은 이게 그냥 평범한 길이라는 것이다. 만약 당신의 경쟁자들도 역시 열심히 공부하고 일한다면, 당신은 같은 수준에서 경쟁하고 있는 것이 된다. 더 열심히 일해야 하는가? 또는 더 효율적으로 현명하게 일해야 하는가?

브랜딩은 차별화를 이루게 해준다. 당신이 나비넥타이를 매야 한다는 것이 아니다. 당신이 부각될 수 있도록 포지셔닝 자리매김 하는 데 있다. 개인브랜딩을 통해 당신의 잠재력을 드러내기 시작할 수 있다. 톰 피터스 Tom Peters 는 "나이, 직책, 하는 일과 관계없이 우리 모두는 브랜딩의 중요성을 이해해야 한다. 우리 모두는 'Me Inc.' 나 회사 의 CEO다"라고 강조했다.

통상 대부분의 식견 있다는 부모들도 그들의 자녀들에게 "남들이 어떻게 생각하는지 신경 쓰지 마라"고 말한다. 성실하고 근면하라고 한다. 노력이 빛을 발할 거라고 한다. 주체적으로 살라고 한다. 수많은 자기계발서도 그러하다. 하지만 이것은 대단히 단견일 뿐 아니라 어리석은 조언이다. 우리는 다른 사람들이 우리에 대해 좋게 생각하게 할 필요가 있다. 근면성실하라는 게 틀린 말은 아니지만 당신이 경쟁자들 중에서 두드러질 다른 방법이 있다.

한편 사람들은 자신의 강점과 약점에 대해 잘 알지 못한다는 연구결과가 있다. 사람들은 자신들이 다른 사람들에 의해 어떻게 인식되고 있는지를 제대로 알지 못하거나 또는 괜찮은 사람으로 보이기 위해서 무엇을 해야 하는지에 대해서도 잘 알지 못한다고 한다.

대부분의 대학 졸업생들은 마치 '일반의약품'처럼 '일반명칭'으로 불리는 상품인 셈이다. 한 마디로 자신의 이름이 없는 셈이다. 그냥 수많은 '취업준비생' 중의 하나에 불과하다. '일류대 출신' 또는 '10학번' '여학생' 마치 이런 식에 불과하다. 이들이 진정 취업을 원한다면 해야 할 일은 '스펙 쌓기'가 아니라 그들의 이름을 갖는 것이다. 코카콜라는 부드러운 곡선을 가진 병에 독창적인 로고가 새겨지고 설탕이 들어간 '톡 쏘는 탄산음료'다. 이것은 코카콜라가 수십 년간 일관성 있게 조합한 시각과 감각의 총체다. 이를 코카콜라의 '브랜드 속성 Key Brand Attributes'이라고 한다. 펩시콜라나 선키스트 오렌지 주스의 속성과 차별화된다. 이렇듯 취업준비생 각자는 이러한 차별화된 속성을 갖추고, 잠재적 고용주에게 그들에 대해 "저는 이렇게 달라요"라고 말할 수 있어야 한다.

당신의 개인브랜드를 위해 무엇을 할 것인가? 전단지에 사진과 이력을 써붙여 넣어 뿌리고 다닐 것인가? 세상에 이용할 수 있는 플랫폼 페이스북·링크드인·트위터와 같은 소셜네트워킹을 '스테이크를 써는 사진을 올리고 허세를 부리기 위한 장소'로 낭비하지 말라. 그것을 당신의 개인브랜드를 전파할 수 있는 훌륭한 플랫폼으로 활용하라. 온라인에는 숨을 장소가 많지 않기에 당신이 주말에 무엇을 했는지를 알려준다. 또는 당신이 진정 원하는 일자리에 놓고 인터뷰를 하게 될 때 갑자기 떠오를 수도 있다. 당신의 최근 포샵한 사진을 친구들과 공유하는 대신, 어떻게 하면 미래의 잠재적인 동료에게 당신을 좋은 인상으로 포지셔닝하면서 교우할 것인지를 고려하라.

매일 당신과 정기적으로 만나는 사람들을 넘어 개인브랜딩 할 새로운 기회를 만들라. 가족 · 친구 · 지인 · 직장 동료의 개인적인 네트워크에 당신을 제한하지 마라. 소셜미디어와의 네트워킹은 당신을 더욱 큰 네트워크의 일원으로 만들고, 당신의 브랜드 인지도를 증대시켜준다. 당신의 취미 · 전문성 · 종사분야 등에 관한 블로그를 개설하고 글을 쓰기 시작하라. 전문적인 분야와 니치마켓 Niche 으로 갈수록 당신의 전문분야와 관심분야 안에서 생각의 리더로서 자리매김 Positioning 하게 된다. 취미에 대한 블로깅보다는 추후 당신의 커리어에 영향을 미칠 뭔가를 갖고 작업하는 기회로 삼으라. 한편 다른 블로그나 웹사이트에 당신의 지식을 나누는 작업을 통해 당신이라는 브랜드를 공고히 알리게 된다.

지금 당장 당신의 개인브랜드를 만들기 시작하라. 경쟁자들이 닭처럼 머리를 처박고 열심히 일한 대가가 올 것이라 기대하고 있을 때 당신은 지식과 전문성을 갖고 개인브랜드를 건설하라. 당신의 지식을 전하기 위한 것 지식 블로그 이건 사람들과의 관계를 지향하는 것 관계 블로그 이건 하지 않는 것 보다는 하는 게 낫다. 큰 노력을 기울이지 않아도 일정 행운이 따르면 미래 당신에 대한 수요를 창출할 수 있다. 브랜딩은 이름과의 연관성을 만들기 위해 일정 시간이 소요되므로 지금 당장이라도 시작하는 게 좋다.

● 지식인이 될 것인가? 관계인이 될 것인가?

만약 당신이 똘똘한 적성 Talent 을 발견했다면, 태클 TACKLE 을 통해 키워야 할 역량 중의 핵심역량은 바로 태도 Attitude 와 지식 Knowledge 이다. 태도는 자연과 인간이 뒤섞여 사는 세상을 향해 당신을 드러내는 모습이다. 그래서 자연스럽게 세상 사람들과의 '관계'를 결정짓는 요소가 된다. 그리고 우리가 동물과 달리 만물의 영장으로서 위대한 인류문명을 이룬 것은 바로 '지식'의 힘에 있다고 해도 과언이 아니다. 당신의 어떤 태도와 지식을 갖고 있는지가 당신을 성공으로도 실패로도 이끈다.

'지식인'과 '관계인'이 무엇인지를 여러분이 익숙하게 알고 있는 블로그를 통해 설명해보겠다. 여기서 지식인은 '네이버 Naver 지식인'을 뜻하지 않는다. 블로그에는 지식블로그와 관계블로그가 있다. 지식블로그의 특성이 지식인의 특성, 관계블로그의 특성이 관계인의 특성이라고 생각하면 이해가 쉬울 것이다.

지식블로그	관계블로그
정보(지식)을 제공하는 블로그 어떻게 나의 블로그가 상위에 노출될 것인지가 관심	서로 정보를 교환하는 블로그 어떻게 소셜 네트워크에 있는 사람들과 좋은 관계를 맺을 것인지가 관심

관계블로그의 운영전략의 포인트는 '첫째 협력블로그와 고객층에 초점을 맞춘다. 둘째 기존 고객의 유지와 성장에 초점을 맞춘다. 셋째 컨텐츠는 선물하듯 기쁜 마음으로 준다'이다.

정답은 관계에 있다. 좋은 관계를 맺고 있다면 다소 좋은 컨텐츠가 아니더라도 그 블로그를 계속 이어 갈 수 있다. 지속가능경영의 핵심이다.

당신은 어떤 사람인가? 네이버 상품검색처럼 당신도 인물검색 상위에 랭크되고 싶은가? '든 사람, 난 사람'이 되고 싶은가? 경쟁전략의 숨겨진 비밀은 자신을 드러내지 않고 남과 좋은 관계를 유지하는데 있다. 그래서 적은 노력만 기울여도 남들의 인정과 칭송 속에 지속적인 경쟁우위를 확

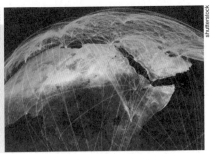

● 그림 21
고속도로 연결망(좌)과 비행기 항공연결망(우)

보하는데 있다. '헛똑똑이'가 아니라 '된 사람'이 되는데 있다.

● 네트워크의 허브가 되라

지금 당신은 재능과 헌신에 비해 제대로 인정받지 못한다고 불평불만하고 있지는 않는가? 만약 그렇다면 당신의 주제와 분수를 다시 살펴볼 것이며, 세상 이치를 좀 더 헤아려 볼 것이다. 노자는 '어떤 자리에 오르지 못함을 서운하게 여기지 말고 자리에 오를 것을 두려워하라'고 일찍이 설파했다.

당신을 정점으로 하는 피라미드 조직의 모습이 멋져 보이는가? 진정 성공과 행복을 함께 누리고 싶다면 그런 모습이 아니라 당신을 좋아하고 존경하며 당신이 잘되기를 진심으로 소망하는 사람들과 함께 섞여 있는 네트워크의 모습을 그려보라. 모든 사람들이 당신을 중심으로 촘촘하고 긴밀한 네트워크를 형성하고 있는 멋진 모습을….

사회는 결국 관계 네트워크라 표현할 수 있다. 각각의 점들은 개개인이자 사회구성원이고 여러 개의 선들은 그 점들의 가족이나 친구 등의 사회

관계다. 사회학자 밀그램 박사는 "지구상의 어떤 두 사람도 평균 다섯 사람을 거치면 서로 아는 사이가 된다"는 6단계의 분리를 주장하였다. 전염병과 소문이 쉽게 퍼지는 이유를 예로 주장한 이 논리는 '사회=관계'라는 것을 다시 한 번 입증해주는 말이다.

● 성공과 '낯선 사람 효과'

사람을 많이 아는 게 좋을까? 아니면 조금 알더라도 알차게 아는 게 좋을까? 리처드 코치는 '낯선 사람 효과'라는 개념을 제기했다. 이는 사람을 많이 알고 지내면 취업·사업 성공의 가능성이 높다는 주장을 담고 있다. 이러한 사람 효과는 사람들 간의 연결인 네트워크가 전제가 된다. 네트워크의 구성요소로는 '강한 연결' '약한 연결' '허브'가 있다.

강한 연결은 가족, 친구, 동료들을 말하고 약한 연결은 낯선 사람, 뜸하게 아는 사람 등을 지칭한다. '허브'는 그룹이라는 개념으로 조직·모임 등을 말한다. 우리는 살아가면서 강한 연결, 약한 연결 그리고 몸담고 있는 수많은 허브에 속해 있는데 그 중에서 우리를 새로운 세상으로 연결해 주는 역할은 약한 연결에서 많이 발생한다. 이러한 약한 연결이 발생하는 스팟은 수많은 허브가 되기도 한다. 네트워크 구성요소에 하나를 더 추가 한다면 슈퍼커넥터다. 일명 '마당발'이라 부르는 사람들로 네트워크 구조에서 노드의 역할을 한다.

6단계 법칙에 의하면 대부분 정규분포 중심 6단계만 거치면 어떠한 목적지_{사람}에도 도착할 수 있다고 한다. 불특정 다수가 한 명의 주식중개인에게 우편을 전달하는데 어떻게 전달되는지에 대한 연구를 간략하게 도식

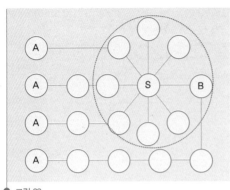

그림 22
6단계 법칙

화하면 〈그림 22〉와 같다.

〈그림 22〉에서 A는 우편을 보내는 불특정 다수다. S는 우편을 중간에 전달하는 사람들 중에 노드의 역할 '수퍼커넥터'다. B는 최종적으로 우편을 받는 주식중개인이다. 점선은 '허브'고, 네트워크를 확대하면 이 전체가 허브가 될 수도 있다.

낯선 사람 효과를 전략적으로 이용하는 사람들은 성공에 가깝게 갈 수 있다. 그 행동지침은 슈퍼커넥터가 되거나 아니면 슈퍼커넥터를 최대한 많이 알고 지내는 것이고 허브에 속하기 위해서 새로운 사람들이 많이 모이는 장소나 모임에 적극적으로 동참해야 한다. 그런데 문제는 잘 알지 못하는 단순히 얼굴만 아는 또는 대화를 해봐야 고작 몇 시간밖에 되지 않는 사람을 다른 사람에게 추천하거나 무턱대고 투자를 할 수 있을까? 여기에는 진화생물학적 중요한 표면적인 요소 평판·신뢰가 자리 잡고 있다. 이에 대해 존 휘트필드John Whitfield는 책 『무엇이 우리의 관계를 조종 하는가』에서 그 이유를 심도 있게 설명하고 있다.

가난한 사람들지역, 지구은 너무 강한 연결에 집착하여 가난을 벗어나지 못하는 측면이 있으므로 새로운 일, 취업과 밀접한 관계가 있는 약한 연결을 만들어 나가는 게 중요하다. 낯선 사람 효과를 운Luck과 관련지어 보면, 운은 약한 연결을 통해서 들어오므로 혼자서 부지런하게 자신 일만하지 말고 운이 들어 올 수 있는 채널, 즉 약한 연결과 허브를 최대한 많이 만들어 둬야 한다.

레이먼드 조는 『관계의 힘』에서 "관계란 자신이 한 만큼 돌아오는 것이네. 먼저 관심을 가져주고, 먼저 다가가고, 먼저 공감하고, 먼저 칭찬하고, 먼저 웃으면, 그 따뜻한 것들이 나에게 돌아오지"라는 말을 하였다. 무엇이든 먼저 주고, 가고, 무엇을 하고, 웃는 등의 행위를 하는 것이야 말로 어떠한 관계를 형성하고 유지하는 데에 있어서 가장 중요하다는 것을 한마디로 표현하였다.

겸손하면 이룰 것의 절반을 이미 이룬 것이다. 그리고 성실히 묵묵히 노력하여 때가 되면 주위 사람들의 칭송 속에 원하는 자리에 올라 있는 자신을 발견하게 될 것이다. 네트워크의 어떤 지점에 가려고 기를 쓰지 마라. 주위 사람들이 당신을 그곳으로 보내줘야 비로소 가는 것이다. 자랑하지 말고 자랑스러운 사람이 되라.

● 스스로 브랜드가 된 평범한 사람들

전국노래자랑 국민MC 송해. 우리나라에 아이 어른 할 것 없이 송해 씨를 모르는 사람은 없을 듯싶다. '전국노래자랑'의 바로 그다. 2014년에 90세라고 한다. 현재 우리나라 코미디언 중 구봉서 씨91세 다음으로 나이가 많다. 코미디언 800여명 중 600여명이 일없이 전전하는데, 여전히 현역으로 전국 방방곡곡을 누비고 있다.

"전국~~" 한 번 외치면 1천만 원이 통장에 들어온다. 상하반기 특집이라도 하면 2천만 원이 입금된다. 대한민국 원로배우 중 최고의 예우를 받고 있다. 어림잡아 전국노래자랑만으로 1년에 6억 원을 버는 셈이다. IBK 기업은행, 질 좋은 국산 보청기, 따뜻한 매트 등 광고시장에서도 종횡무진이다. 힘들 게 번 돈을 좋은 일에 기부하는 모범적인 삶을 살고 있다.

90세가 돼서도 여전히 현역에서 왕성하게 일하는 비결이 뭘까? 일단 건강이다. 자가용 없이 대중교통을 이용한다. 전국 각지 다니며 좋은 공기 쐬고 좋은 음식 먹는다. 그때그때 스트레스 풀고 뒤끝이 없다. 늘 맑은 날씨처럼 쾌청하다. 유머를 좋아하고 많이 웃으니 젊고 창의력이 샘솟는다.

박세준 힐링바이오 대표. 초등학교도 나오지 않은 무학으로 시작하여 폐수처리시스템, 자동공압펌프, 절약형 버너 등 150여개의 발명특허를 내고 산업화하였다. 그가 최초로 발견하여 산업화에 성공한 SJP 효모균을 중심으로 바이오, 애완, 식품, 환경 분야에서 활발한 활동을 펼치고 있다. 자신의 부족한 자원학력을 또 다른 자원창의성과 관계의 힘으로 극복해냈다. 지하철광고나 신문광고에 자신을 모델로 내세울 정도로 자신을 브랜드화하고 있다.

김성주 성주그룹 회장. 재벌2세로서의 기득권을 포기하고 혼자 힘으로 새로운 세계에 도전했다. 명품은 땀과 눈물이 만든다는 믿음으로 MCM을 이끌고 있다. "내 인생에는 실패가 없다. 지금도 실패하고 실수하지만 낙담하지 않고 항상 용기를 내고 배운다"면서 "진정한 성공은 작든 크든 내가 가진 것을 이웃과 나누는 것"이라고 말하고 있다.

뉴욕을 매혹시킨 패션모델 강승현. 뉴욕 런어웨이, 최고의 무대에 오르기 위해서는 자신만의 개성이 있어야 한다. 하지만 여전히 많은 모델들이 한 번 서고 사라진다. 강승현은 동양 모델로서 차별 받는 게 아니라 '차별화'된 거라고 생각한다. 대체 불가능한 자신만의 이미지를 만들어 냈다. 자신의 브랜드를 걸고 가방 등 패션상품 디자인에도 도전하고 있다. 스스로 브랜드가 되고 나니 만사형통이다.

한한국 화백은 세계평화작가다. 그의 그림은 편당, 약 5억여 원일 정도로 인정받고 있다. UN평화기구에 큰 그림도 걸었다. 6가지의 한글서체로 글자를 붓으로 써서 그리는 서예회화라는 장르를 개발했다. 공통점은 평화를 상징하는 '세계평화'라는 1cm의 세필 붓글씨. 큰 틀의 그림을 그리고 그 안에 색에 맞게 '평화', '통일' 이라는 아주 작은 글씨들로 이루어져 있다. 세계평화라는 의미 있는 단어를 자신만의 방식으로 표현하여 스스로 브랜드가 되었다.

김태광. 35살에 책 100권을 써낸 집필의 달인. 지방대 출신 초라한 청년이 처음 쓴 원고가 출판되기까지는 400회 이상 출판사의 문을 두드린 과정이 있다. 10년이 지난 후 100권 이상의 책을 출판하게 됐다. 그리고 자신의 이름으로 된 책 쓰기를 가르치는 과정을 개설했다. 퍼스널 브랜딩으로 대표되는 나만의 브랜드를 창조하는 시대에 "모두들 갖추고 있는 스펙 쌓기에 열중하기보다 자신의 이름으로 된 책 한권이 더 빛을 발하기 때문"이라고 말한다.

남종현 회장. 숙취해소 음료의 대명사인 여명808의 아버지다. 3년간 807번의 실패 속에 808번째 도전에서 성공한 음료를 뜻한다. 끊임없는 도전을 통해 비로소 원하는 결과를 얻었기 때문에 대기업이 진출하는 숙취해소 시장에서 지금까지도 1위를 수성하고 있다. 여명808 외에도 450여개의 지적재산권을 가지고 있다. 미국, 일본 등 세계 10대 발명전을 석권했으며 발명 아이디어 경진대회에도 참가하여 후학 양성에도 힘쓰고 있다.

이상헌. 25가지 병을 가진 채 역경을 이기고 책 135권 저술. 시인이자 칼럼니스트인 그는 어려서부터 25가지의 병을 가지고 있었다. 혈액순환 장애, 폐결핵, 신우신염, 위암, 기억상실 등 고등학생이 되자 머리카락이 모두 빠져버렸을 정도로 심각한 상태였다. 의사에게 더 이상 가망이 없다는 이야기를 듣고 죽음에 대한 두려움이 극대화 되던 때, 두려움을 잊고자 그가 선택한 일은 책을 읽는 것이었다. 책을 통해서 희망을 찾고 행복을 배워갔다.

박상원 미주한인재단 전국 총회장. 대한제국 말기인 1903년, 조선청년 100여 명이 긴 항해 끝에 미국 하와이에 도착하였다. 그로부터 약 100년 후인 2005년 미국정부는 1월 13일을 국가 기념일인 '미주 한일의 날'로 제정하였다. 그것은 미주한인재단의 노력덕분이다. 박총회장은 얘기한다. "소수자로서 권익을 보호받기 위한 행사가 아니다. 한인들은 미국의 또 다른 주인이다. 도산 안창호 선생은 물었다. 당신은 주인인가 손님인가?"

이돈희. 어버이날, 노인의 날 만든 이. 고등학생 때 가정을 위해 불철주야 애쓰는 아버지들도 카네이션을 받을 자격이 있다고 생각해 1천 명이 넘는 사람을 만나 10월 8일을 아버지날로 만들고, 이대학보에 광고를 해 5월 8일이 '어머니날'에서 '어버이날'이 되도록 했다. 대학생 때는 한창 젊은 나이임에도 불구하고, 모든 사람은 노인이 된다는 사실을 이미 깨닫고 '노인의 날'을 만들었다. 그가 노인의 날을 만든 지 29년 만에 법으로 제정되었다.

안도현. 전 세계 66개국 방문한 청년 도전가. 프랑스 스포츠유통 1위 그룹 옥실란의 한국 개발사업 본부장으로 재직 중인 그는 부동산, MBA, 교육학까지 섭렵했고 영어, 터키어, 프랑스어, 힌두어 등을 구사한다. 고교 1학년 시험에서 커닝을 했다는 오해를 받았고 반항심에 고교 내내 백지를 제출해 내신이 0점. 전화위복이 되어 미국의 주립대에 입학했고 미국에서 쌓은 경험과 영어실력을 바탕으로 더욱 많은 도전을 통해 경험을 쌓았다.

신석균. 한국의 에디슨. 한국발명학회장이며, 평생 5천 건을 발명해 1천 여 건 특허와 실용신안 의장을 등록하였다. 93년부터 국제 발명전시회에서 수상한 131개의 메달로 세계 최다 발명상 기록으로 기네스북에 등재되어있다. 그는 5살 때 우산에 셀로판지로 창을 낸 '창 달린 우산'을 만드는 것을 시작으로 발명의 길에 접어들었다. "밥은 굶을 수 있어도 발명을 하지 않고는 하루도 살 수 없습니다."

김명수. 1천 명 이상 인물 인터뷰를 한 전문기자. 참신하고 특별한 사람을 취재하고 그를 알리는 일을 10년 넘게 해오고 있다. 인물 인터뷰만 지속적으로 하다 보니 그가 쓴 인터뷰가 언론과 방송의 주목을 받게 됐다. 스스로를 소통전문가, 스토리텔러, 작가적 재능이 융합된 인터뷰 전문기자라 칭하며 수많은 경험이 지금의 자신을 만들었다고 얘기한다. "세상에는 수많은 사건 사고가 있지만 누가 뭐래도 세상을 움직이는 중심은 사람이다."

박희영. 인맥의 달인. 그의 인맥은 약 3만 명 정도로, 휴대폰에 저장된 사람만 1만 명, 카톡 친구가 5천 명 정도다. 최고위 과정 16개 수료, 현재 운영하는 것도 6개다. "만나는 사람들을 배려하고, 먼저 찾아가서 친구가 되려고 노력을 했다"고 한다. 그는 27년의 공직생활을 했음에도 불구하고 어느 자리에서든 사람을 즐겁게 하고 스스로를 낮추면서 웃음을 준다. 유머경영을 교육하며 인맥을 더욱 더 넓혀가고 있다.

조영관. 도전한국인 운동본부 본부장. 경제교육전문가, 경영학 박사, 시인, 기자, 자원봉사 리더, 도전의 아이콘, 방송인, 금융인 그의 이름 앞에 붙는 수식어를 일일이 열거하자면 열 손가락으로도 모자란다. 한 마디로 압축하면 미래형 인간이다. '과거에서 배우고 현재에서 노력하는 미래가 밝은 남자'라고 말하는 그는 도전정신 확산 전문가로서 스스로 끊임없이 도전하면서 타인의 도전을 격려하고 가슴 뛰게 해주는 삶을 만들어 주고 있다.

CHAPTER
04

놀라운 축복의 비밀:
"세상은 풍요롭다. 손만 뻗으면 된다."

최선을 다하라

"매일 아침 톰슨가젤은 깨어난다. 가젤은 가장 빠른 사자보다 더 빨리 달리지 않으면 잡아먹힌다는 것을 안다. 사자는 가장 느린 가젤보다 더 빨리 달리지 못하면 굶어죽는다는 것을 안다. 당신이 사자냐 가젤이냐 하는 것은 문제가 되지 않는다. 다시 해가 뜨면 당신은 뛰어야 한다."_ 토마스 L. 프리먼 『세계는 평평하다』 중에서

아프리카 세렝게티 초원에 가면 사자와 톰슨가젤이 함께 산다. 그들은 날마다 달리고 또 달린다. 사자는 굶어죽지 않기 위해, 톰슨가젤은 잡아먹히지 않기 위해 죽을힘을 다해 달린다. 생과 사를 가르는 것은 엄청난 차

이가 아니라 단 한 발짝 차이. 한 발짝만 더 앞서가면 안전한 피신처를 찾아 쉴 수도 있고, 한 발짝만 더 쫓아가면 맛난 고기를 배부르게 먹을 수도 있다. 우리가 진정 살아 있길 원한다면 지금 하는 일에 최선을 다해야 하는 이유다.

레이건 전 미국 대통령은 가난했을 뿐 아니라 대학도 좋은 곳을 나오지 않았다. 영화배우도 이류 배우로 치부되었다. 그러나 그는 미국과 미국 국민을 진실로 한없이 사랑했다. 레이건의 인생을 통해 우리는 스스로 보잘 것 없는 사람이라고 생각하는 어떤 사람도 고결하고 거룩한 생각을 품고 굽힘없이 목표를 추구해 나가면 기적 같은 일을 성취할 수 있음을 배운다. 그렇다. '슈퍼 스타 Super Star'가 되려면 '슈퍼 비전 Super Vision'을 가져야만 한다.

항상 '할 수 있다'는 신념으로 살아가는 자는 반드시 성공한다. '필생즉사, 필사즉생 必生卽死, 必死卽生'의 충무공 정신이다. '성공 DNA = 주일불이 主一不二'다. 즉, 마음을 오로지 한 군데로 집중하는 것이다. '하늘은 스스로 돕는 자를 돕는다'고 했다. '할 수 있다'는 믿음을 갖고 미션 M 과 비전 V 을 실천 Practice 하면 누구라도 MVP가 될 수 있다.

● 1등하긴 어렵지만 누구나 리더가 될 수 있다

자리에 앉아 관리·감독하는 리더가 아닌, 세상 사람들에게 선한 영향력을 행사하는 리더는 누구라도 될 수 있다. '믿음과 사랑'을 지닌 리더는 그렇지 못한 사람과 보는 것이 다르다. 그냥 자신이 보고 싶은 것을 보는 평범한 사람과는 시각차가 있다. 패러다임이 다르다. '프레임'이 다르다.

> ## '프레임'이 다른 사람
>
> 이들은 땅바닥을 파헤치는 닭처럼 눈앞의 것에 급급하지 않는다. 망원경을 지녔다. 그
> 래서 비전을 갖고 멀리 볼 줄 안다. 쌍안경을 지녔다. 현실진단을 정확히 한다. 백미러를
> 지녔다. 뒤를 돌아볼 줄 알고 실패의 전철을 밟지 않는다. 사이드미러를 지녔다. 옆을 볼
> 줄 안다. 타산지석과 반면교사를 실천한다. '3人行 必有我師'의 지혜를 알며 배려, 경청,
> 공감, 소통의 능력이 있다. 그리고 현미경을 지녔다. 자기 자신의 주제와 분수를 안다.

"당신이 배를 만들고 싶다면 사람들에게 목재를 가져오게 하고 일을 지시하고 일감을

나눠주는 일을 하지 말라. 대신 그들에게 저 넓고 끝없는 바다에 대한 동경심을 키워

줘라!"_ 생택쥐페리

퍼듀대학 공대 졸업생 대상으로 관계와 관련하여 5년에 걸친 연구를 진
행한 곳이 있었다. 그 연구결과로 성적이 우수한 상위그룹 학생들과 하위
그룹 학생들 간의 연봉차이는 200달러에 불과하였다. 반면에 대인관계능
력의 상·하위 간 연봉차이는 무려 33%에 이르렀다. 하버드대학에서는
해고된 사람을 대상으로 연구를 한 결과 '업무능력 부족'보다는 '관계능력
부족'이 두 배 많았다고 한다. 하버드의 연구의 경우는 퍼듀대학의 확장판
이라 볼 수 있다.

성적과 업무능력의 뛰어남을 잣대로 사람들에 대한 기준을 삼고 있다.
위의 두 연구결과들을 볼 때에 얼마나 쓸모없는 행동이었는지를 보여주고
있다. 학교에서 높은 성적을 받는 것은 중요하다. 그러나 대학이라는 장소
는 고등학교 때와는 다른 상위의 전공학습을 통해 자신의 지식을 발전시

킴에 있어 필요한 곳이지만, 또 다른 의미로는 작은 사회활동의 장이라 할 수 있다. 여러 사람들을 만나면서 대인관계능력을 향상시킬 수 있는 곳이기도 하다.

아무리 우수한 능력의 직원이라도 관계가 원만하지 못하면 그것은 '개인과 개인'에서 '개인과 팀'으로 '개인과 회사'에 까지 그 영향이 적지 않을 것이다. '미꾸라지 한 마리가 도랑을 흐린다'는 말이 있듯이 우수한 직원 한 명을 위해 회사 전체의 인원을 희생하기보다는, 전체를 위해 우수한 한 명을 버릴 수 있다는 것이다. 즉 '관계의 능력'이 '승리의 비결'이라는 것이다.

구하라 그리고 감사하라

● 구하라 했으니 구하라

성경에서 "구하라 찾으라 문을 두드리라"고 했다. 각자 받은 달란트에 최선을 다하면 행복에 이를 수 있다. "구하는 자에게 '좋은 것'으로 주시지 않겠느냐"고 하셨으니 말씀대로 살면 된다. 받은 달란트가 무엇이든 기뻐하고 감사하며 날마다 달란트를 개발하며 최선을 다해 사는 것이 행복에 이르는 지름길이다. 그렇지 못하면 '쓸모없는 인간'이 되고 만다.

미국 워싱턴 성광교회 이희돈 장로는 아무리 중요한 의사결정이라도 5분 이상 고민해도 답 없으면 기도한다. 고민거리가 만만해질 때 까지 기도한다. 마치 인디언들이 기도하면 반드시 비가 내리듯이 말이다. 인디언들은 비가 올 때 까지 기도하지 않던가.

● 그리고 감사하라

성공은 '감사Thank'라는 말에서부터 시작한다. 모든 일 하나하나 감사함을 느낄 수 있어야 한다. 감사함을 느낄 줄 모르는 사람은 없다. 그러나 감사함을 애써 모른척하고 외면하는 사람은 성공할 수 없고, 행복할 수 없다. 감사함을 느끼는 것은 어렵지 않다. 깊은 생각으로 감사함을 불러일으킬 수 있고, 아주 사소한 것에 먼저 감사하게 된다면, 큰 감사거리를 만나게 된다.

"감사하는 사람은 밤하늘을 올려다만 봐도 감동한다."_ 칸트

또한 자기 자신에게 감사할 줄 알아야 한다. 성 어거스틴은 "인간은 높은 산과 우주의 태양과 별들을 보고 감탄하면서도 정작 자신에 대해서는 감탄하지 않는다"라고 하였다. 그만큼 자기 자신에게 감사하는 것은 아주 중요하다. 일상에 대해 감사할 줄 알아야 한다. 사람은 숨을 쉬는 것에 대해 무신경하다. 관심을 가지지 않으면 깨닫지 못하는 부분이다. 이러한 숨 쉬는 것과 마찬가지로 관심이 없다면 떠오를 수 없는 감사함이 존재한다. 그렇기에 일상 그 자체를 감사할 수 있어야 한다.

세상의 많은 사람들은 날마다 똑같은 단조로운 삶을 단순히 이어간다. 기도와 감사로 하루를 정리하라. "아~오늘도 보람찬 하루를 마쳤습니다. 감사합니다"라는 짧은 감사의 독백, 일기 또는 기도로 하루를 마치고 잠자

리에 들도록 하자. 아침에 눈을 뜨면 즉시 "아~오늘도 귀한 하루를 주시니 감사합니다. 정말 감사합니다"라는 짧은 외침 또는 기도로 하루를 시작하라.

"좋은 날이면 어때 나쁜 날이면 또 어때 내겐 오늘도 좋은 일이 생길거야. O~kay! good day is okay. Bad day is okay. What's the difference?"라고 매일 아침마다 외친다. 명함을 주고받을 때 언제나 그 명함엔 'okay'가 찍혀있다. 남들이 내게 이메일을 보낼 때 모두가 내게 'okay'라고 축복해준다. 나 또한 그런 축복의 마음으로 이메일을 쓴다. 그리고 내가 다시 태어난 날 11월22일을 잊지 않으려 애쓴다. 이메일 주소에 아예 넣었다. 필자는 okay1122@로 시작하는 이메일 주소를 6년째 사용하고 있다.

사람들과 함께 감사함을 느낄 수 있어야 한다. 장작도 함께 쌓여 있을 때, 더 잘 타는 법. 가족끼리, 동료들끼리 감사를 나누면 30배, 100배의 결실로 다가오게 된다. 옛말에 "슬픔은 나누면 반이 되고 기쁨은 나누면 배가 된다"고 하였다. 이러한 기쁨을 나누고 감사할 줄 알아야 한다. 하루의 일을 마치고 잠이 들기 전에 감사함을 느낄 수 있어야 한다. 대부분의 사람들이 짜증과 걱정을 안고 잠자리에 든다. 잠들기 전의 저녁 감사는 모든 것에 대한 용서를 통해 마음을 편안하게 하고 잠자리에 들게 해준다.

이러한 감사함의 마음으로 내 자신에 대해 다시 한 번 돌아볼 수 있고, 사람들에 대한 미움을 없앨 수가 있다. 사람은 사람을 미워해서는 안 된다. 미워하는 것은 곧, 관계를 좋지 못한 것으로 바꾸어 간다는 말이다. 관계는 한 번 이어지면 끊을 수가 없다. 자신이 어떠한 생각을 하느냐에 따라 그 관계를 감사할 수 있고 미워할 수도 있는 것이다. 모든 것은 자신의 생각과 마음가짐에 달린 것이다.

● 이것 또한 지나간다

새에게 날개는 무거우나 그것 때문에 날 수 있고, 배에게 돛은 무거우나 그것 때문에 항해할 수 있다. 당신이 어깨에 짊어진 채 견디고 있는 삶의 무게도 고통스러운 '짐'이 아니라 도리어 당신을 강하게 해주는 '힘'이 될 수 있음을 생각하자. 고난과 역경을 당신의 인생경영의 날개와 돛으로 삼아 시련에도 의연하고 담대하게 나아가라. 이것 또한 지나간다.

● 맞잡은 두 손 놓아도 원수를 만들지 마라

세상을 살다보면 이런 저런 이유로 불편한 이별에 봉착한다. 사업 파트너 간에 미래의 멋진 비전과 사명감을 공유하고 나아가다가도 금전문제 등 각종 이해관계가 상충할 경우 자신의 이익만 좇아 상대에게 상처를 입히는 일이 생기게 된다. 한 솥 밥을 먹던 고용주와 종업원 사이가 고소 고발로 이어지는 불편한 처지에 놓이게 되기도 한다. 하지만 그 어떤 경우라도 원수가 되지는 않겠다고 스스로 다짐하라. 점잖고 인격적으로 헤어져라.

"홧김에 공격하지 않는다.(Lesson No. 1. Never attack in anger.)"_ 영화 『마스크 오브 조로(Mask of Zoro)』 중에서

● 아무리 하찮은 인간도 쓸모가 있다

그리고 아무리 하찮은 인간도 쓸모가 있음을 명심하라. 당신 주위에 저질스런 인간이 있을 수 있다. 하지만 언젠가 그의 도움이 필요할 때가 있다. 완전히 관계를 끊어버리면 아쉬울 때 그런 류의 사람을 찾는데 기회비용이 든다. 누군가 배은망덕 하거나 혹은 당신의 부탁을 들어주지 않아 섭섭한 마음이 들었을지라도 그와 사무적인 관계를 유지해두라. 그의 얼굴이 꼴 보기 싫다고 그가 나오는 모임마다 나가지 않는 우를 범해서도 안 된다.

자신과 생각이 다르다고, 성격이 맞지 않는다고 타인과의 관계를 모두 단절한다면 작은 세상 안에 자신을 가두는 꼴이다.

'미술시간이 되었다. 나에게는 색종이가 한 장 있었다. 색종이를 네모나게 자르다 보니 선이 맞지 않았다. 선에 맞게 자르다 보니 옆이 삐뚤어져 또 잘라냈다. 그러다 보니 내 손에 작은 한 조각의 색종이만 남았다.'

나와 다르다고, 맞지 않다고 다 잘라버리면 내 손에는 아무것도 할 수 없는 작은 한 조각의 색종이만 남아있게 된다.

주라 먼저 주라

누군가 똑똑한 사람이 있다. 그렇다고 해서 그가 마땅히 다른 사람의 존경을 받아야 하는 것은 아니다. 똑똑한 건 자기 자신에게 좋을 뿐이다. 재물과 권력이 많은 것도 마찬가지다. 자신의 지식, 재물과 권력을 남을 위해 잘 사용할 때 비로소 존경받을 가치가 있는 것이다. 그러니 누군가 재물이 있다고 유세를 떨 것도 아니고, 뭔가 떡 고물이라도 떨어질까 그 앞에서 머리를 조아리는 것도 우습다. 남에게 베푸는 사람을 존경하고 스스로 베푸는 사람이 되도록 노력하라.

당신은 당신에게 '뭔가 주는 사람'과 '뭔가 부탁하는 사람'중에서 어떤 사람을 더욱 중요한 인맥으로 생각하는가? 아마도 전자일 것이다. 받는 걸 싫어하는 사람은 없다. 만약 당신도 그러하다면, 뭔가 먼저 주는 사람이 되라. 남에게 소중한 인맥이 되고 싶다면 먼저 주는 사람이 되라.

남을 돕는 습관이 몸에 밴 사람은 남을 돕는 자가 도움을 받은 자 못지 않은 혜택을 누린다는 사실을 잘 알고 있다. 세상의 가장 값진 선물은 시간과 마음을 주는 것이다. 따뜻한 말, 작은 호의가 오래 남을 수 있다. 자신이 어떤 믿음을 갖고 있든, 생이 끝났을 때 아는 사람들의 삶에 중요한 영향력을 미쳤다는 자부심을 갖고 살아야 한다. 사랑을 주고받고 심신이 건강하고, 선택권을 가질 수 있을 만큼의 부와 그 모든 것을 즐길 수 있는 시간이 있는 것이 진정한 부다. 나폴레온 힐

"싸워서 이기는 법만 배우지 말고 베푸는 법을 배워라."_ 김흥기

하지만 아무에게나 마구 퍼주지 마라. 고마워 할 사람에게 씨를 뿌린다는 심정으로 주라. 성경에는 '남에게 베풀기를 좋아하는 자는 풍족하여 질 것이요. 남을 윤택하게 하는 자는 자기도 윤택해지리라'라고 쓰여 있다. 쉬운 영어로 표현하면 다음과 같다. The more you give, the more you will gain. 더 많은 씨를 뿌리면 더 많은 결실을 거둘 수 있다는 이치다. The more you plant, the more you will harvest.

그렇다. 씨는 심으면 계속해서 우리에게 산출물을 줄 것이다 The seed will keep on producing. 이를 믿는다면 여러분은 무엇을 해야 하는가?

- 여러분은 좋은 씨를 심어야 한다. You need to plant good seeds.
- 그 씨는 좋은 땅에 심어져야 한다. The seeds should be planted on good ground.
- 여러분은 좋은 날씨를 기도해야 한다. You have to pray for weather condition.

● 번성의 파워

우리의 인생이 바로 이러하다. 여기에 매우 중요한 비밀이 숨어 있다. '먼저 주라. 하지만 아무에게나 마구 퍼주지 마라. 고마워 할 사람에게 씨를 뿌린다는 심정으로 주라.' 배은망덕한 사람에게 주고 나면 은혜가 원수로 돌아오는 경우가 생긴다. 이런 사람들로부터 실망과 배신감이 쌓이면 착한 사람이 세상을 경멸하는 기가 막힌 일들이 생겨난다. 오죽하면 '준 것은 물에 새기고 받은 것은 돌에 새기라'고 했을까.

은혜에 감사할 줄 아는 사람, 잘 성장할 사람, 그리고 잘 심는 사람 즉, 잘 주는 사람에게 심어야 여러분에게 돌아오는 축복을 받을 수 있다. 이게 바로 '번성의 파워 The Power of Multiplication'다. 만약 당신이 누군가를 돕거나 무엇인가를 주었다면 그에게 부족한 것은 없는지 살피고 마치 좋은 날씨를 기도하듯이 또 도와주라. 이러한 축복을 받기 위해 간절히 원하고 기도하라. 여러분은 얼마나 많은 시간, 얼마나 많은 날을 기도하는가? 간절함이 하늘에 도달해야 한다. '지성이면 감천'이란 말이 바로 그 뜻이다. 정성을 다하면 어찌 하늘도 감동하지 않겠는가?

그리고 미래에 추수를 원한다면 심는 건 지금 해야 한다. 지금 당장 '씨 뿌리기의 파워'Power of Seeds를 시작해야 한다. '내게는 가진 게 없어. 돈이 없어'라고 말하면 안 된다. 당신이 줄 수 있는 건 너무나도 많이 있다. 여러분이 경제적으로 곤궁하거나 시련과 곤경에 처한 것은 번성의 파워를 미처 깨닫지 못하고 실천하지 않았기 때문일 수 있다. 주위에 밝은 미소부터 주기 시작하라.

● 세상에 공짜는 없다

'공짜 점심은 없다'는 말이 있다. 인간관계는 끝없는 거래다. 심리학자 조지 호만스George Homans는 교환이론을 통해 "인간과 인간의 교제는 본질적으로 사회교환social exchange의 일환"이라고 설파했다. 인간관계에 있어 기본도 안 되어 있는 사람들과의 관계가 오래 지속될 리가 없다.

얻어먹는 걸 당연시 여기는 몰염치한 사람들이 있다. 특정 직업군에 많다는 특징이 있다. 대체로 자신들이 갑이라고 여기는 사람들이다. 예전 군부통치시절에 '육사 위에 여사'라는 말이 있었다. 전두환 보다 이순자가 더 높다는 것이었다. 지금은 '박사 위에 밥사'라는 말이 있다. 사람들에게 밥을 많이 사라. 술 얻어 마신 건 금방 잊어 먹지만 밥 얻어먹은 건 오래 기억하는 법이다. 인색하고 쪼잔한 사람이 되지 말라. 진정 당신이 바라는 모습이 '큰 사람'이라면 통도 큰 '통 큰 사람'이 되라.

● 달라고만 해서는 안 된다

달라고만 해서는 안 된다. 절대 안 된다. 성공이 저 멀리 달아나도록 초 치는 격이다. 필자가 한 때 오케스트라의 상임대표로 제안 받은 적이 있 다. 학창시절 팝송에 미쳤었고 친구들과 그룹사운드도 했던 필자로서는 오케스트라 운영이라는 게 매력적인 제안으로 여겨졌고 척박한 우리나라 문화예술계에 뭔가 기여를 할 수 있다는 생각에 가슴이 설레었다. 더구나 당시 CEO 합창단 단장도 맡고 있었기에 그 기쁨은 남달랐다.

필자가 상임대표를 맡기로 하면서 오케스트라 이름은 'Joyful Harmonic Orchestra'로 변경했다. 2관 60인조로 작지 않은 규모의 오케 스트라였다.

주위에 이 소식을 알리니, 축하의 말 대신에 대뜸 "그거 돈 많이 내야 할 텐데 그 돈으로 저희나 좀 도와주시지"라고 말하는 것이 아닌가. 참 당혹 스럽기도 하고 유쾌하지 못하였다. 다른 곳에서도 같은 반응을 보였다. 이 미 그들 단체에는 재정적인 지원은 물론 이런 저런 봉사를 해오고 있는 중 인데, 상대의 기쁜 일에 축하의 말을 건네는 게 아니라 자신들을 도와달라 는 말만 한 것이다.

● 상대방에게 줄 것을 먼저 생각하라

필자의 지인만 해도 마찬가지다. 어느 날 필자에게 찾아와 자신이 투자 한 기업이 있는데, 매우 우수한 보안기술 제품이니 사업을 도와달라는 것

이었다. 국내에 보안기술은 국가정보원의 보안인증이 필요한 만큼 국정
원에서 먼저 사용하게 해주면 좋겠다는 것이었다. 자기 사업이 얼마나 훌
륭한지 등등 자기 사업에 대한 얘기만 2시간 여 동안 하였다. 그의 설명을
듣는 내내 필자의 머릿속에는 두 단어의 짧은 영어가 떠올랐다.

'So what?'

명문대 출신에 고시 합격 그리고 법조인의 길을 걷고 있는 그가 이 정도
밖에 제안하지 못하는 것이다. 무엇이 문제일까?

일방적으로 도와달라고만 하는 것은 현실인식이 부족하다. 자신의 이익
만 챙기려고 해서는 얻을 수 있는 게 적거나 없다. 물론 필자의 지인이 자
신의 이익만을 구했다고 생각하지는 않는다. 하지만 어쨌든 자신의 목적
관철을 위해서는 상대방이 무엇을 원하고 있는지에 대해 먼저 생각해보는
지혜를 가져야 한다. '저 사람은 지금 무엇을 원할까?' '내가 줄 수 있는 게
뭘까?' '내가 도와 줄 수 있는 게 뭘까?' 이 고민이 선행되어야 한다. 만약
잘 모르겠거든, 질문을 해서라도 상대의 애로와 고민을 파악해야 한다. 그
래서 도와 줄 게 있으면 주고, 만약 무엇을 원하는지는 알겠는데 여러분이
줄 게 없다면 그걸 어떻게 만들어서 줄 것인지 창의적으로 고민해야 한다.

필요한 정보, 누군가와의 연결, 원하는 직책 등 상대방에게 도움이 될
만한 것, 필요한 것을 주라. 이 경우 허접한 직책만 주고 사람을 부려 먹으
려 하면 안 된다. 특히 시민 봉사단체의 경우 줄 것이 없다보니 별 것도 아
닌 직책을 갖고 이리 재고 저리 재는 경우가 많은데 특히 유념할 일이다.
그리고 여러분의 애로사항 해결을 위해 누군가의 도움이 필요한 경우 가
능한 빨리 그에게 주기로 한 것을 주라. 어차피 주기로 한 것 빨리 주면 될

것을 차일피일 미루다 보면 오해도 생기고 오히려 일을 그르치는 경우가 생기게 된다.

● 상대가 받고 싶어 하는 것을 주라

"남편이 내게 고마워했으면 좋겠어요." 어느 부인이 내게 한 말이다. 그렇다. 사람들은 너나 할 것 없이 남들로부터 인정받기를 원한다. 하물며 남도 그런 판에 아내가 남편으로부터 인정받고 싶은 감정이야 어찌 보면 당연하다. 생각해 보라. 남에게 인정받기는 매우 어렵지만, 남을 인정해주기는 매우 쉽다는 것을…. 돈 안들이고 효과 만점인 게 바로 감사와 인정과 칭찬이다. 중요한 건 인정과 칭찬에도 방법이 있다는 것이다. 상대방이 받고 싶어 하는 것을 주는 것이다.

예를 들면, 부하 직원이 리포트를 잘 썼다고 칭찬하는 것 보다는 그 리포트가 당신에게 큰 도움이 되었다고 감사하는 게 매우 효과적이다. 상대방의 영향력을 인정해 주는 것이 바로 그 사람의 자아 실현감을 느끼게 해주기 때문이다. 아브라함 매슬로우Abraham Maslow 의 욕구 단계이론을 기억하는가? 맨 윗 단의 욕구가 바로 자아실현 욕구이지 않은가?

● 줄 때는 화끈하게 주라

그리고 줄 경우에는 화끈하게 주어야 한다. 도와준다고 말만 해놓곤 이게 '술에 물 탄 듯' '물에 술 탄 듯' 돕는 것도 아니고, 안 돕는 것도 아닌 식으로 하면 상대방의 도움을 받기 어려워진다. 명심하라. 당신만 똑똑한 게 아니라는 것을…. 세상 사람들은 바보가 아니다. 세속적인 표현 그대로

• TACKLE •

'홀딱 벗고 도와준다'는 말 대로 실천하라.

이런 경우도 있다. 여러분이 기업체의 총무부서 직원이라고 생각해보자. 사내 연중행사에 외부 5인조 실내악단을 초대한다. 행사조건을 조율하던 중에 실내악단의 리더 겸 매니저가 "저희는 열 번 초청연주 하게 되면, 한 번 정도는 무료 봉사할 생각이 있습니다"라고 얘기 하였다. 그 때 여러분이 그걸 역이용해서 "먼저 한 번 무료로 해주면 10회 초청해주겠습니다"라고 얘기하는 것은 서로에게 좋지 않다.

이것은 서로에게 불신을 키우고 다른 선의의 제안조차 의심하게 만든다. 서로 좋은 기회를 잃게 된다.

● 어떻게 해야 플러스 섬을 만들어 낼까?

총무부서 직원은 "저희가 열 번 초청해드리면, 한 번 정도는 무료 봉사해 주실 거죠?"라고 물어야 하고, 실내악 매니저가 먼저 제안하는 경우라면 "경기도 어려운데, 저희가 이번 달 먼저 한 번 무료연주를 해드리면, 다음 달부터 10회 정도 초청해주겠습니까?" 이렇게 선제적이면서도 상호 호혜적인 제안을 하는 게 가치 Value 를 만들어 내는 '플러스 섬 Plus Sum 게임'이다.

● 은혜를 갚아라

받기만 해서는 안 된다. 선한 마음으로 후의를 베풀어도 갚을 줄 모르는 사람들이 많다. 한두 번은 넘어가지만 삼 세 번은 기대하기 어렵다. 인간은 신이 아니다. '감정의 동물'이다. 희노애락의 감정이 있기 때문이다. 우리 주위에는 큰 은혜를 입고도 작은 보답도 하지 않는 멀쩡하게 생긴 사람들이 생각 보다 많다.

여러분이 누군가로부터 부탁을 받았다고 치자. 당신 혼자 힘으로 그 청탁을 온전히 해결할 수 있겠는가? 세상은 그렇게 단순하지 않다. 누군가에게 또 부탁을 해야 한다. 당신이 신세를 지게 되는 것이다. 힘들게 도와줬는데 상대방이 감사하다는 말 한 마디 없으면 당신은 그 사람을 앞으로 또 도와줄 것인가?

은혜는 반드시 갚아야 한다. 결초보은이라는 말이 있지 않은가? 은혜를 재정적으로 갚을 형편이 되지 않는다면, 몸으로 라도 때워주는 정성이 매우 중요하다. 결혼식, 시상식 등 기쁜 일은 물론이고 상가 집에는 빠지지 말고 가라. 특히 상대방이 잘 나갈 때가 아니라 어려울 때는 꼭 가서 슬픔을 함께 나누라. 필자만 하더라도 누가 참석했고 누가 불참했는지 기억하고 있다. 화장실 갈 때 마음과 올 때 마음 다르다는 서글픈 말이 있다. 어려울 때 도와준 사람에게 반드시 보답하라. 수많은 사람들이 당신을 외면했지만 그는 당신을 도왔다.

자신도 알지 못하던 사이 자신에게 돌아오던 배려가 끊겼다면, 그리고 잘 연결되던 통화가 잘 안 된다면 그건 자신에게 돌아가던 혜택이 누군가 다른 사람에게로 돌아갔다고 보면 틀림없다. 씨를 심는 사람은 늘 심는 법이기에 자신에게 돌아오던 씨가 끊겼을 뿐 누군가에게 그 씨는 여전히 가고 있는 셈이다.

평생 전화 않다가 자기가 아쉬울 때, 어려울 때만 전화를 해선 좋은 것으로 돌아오길 기대하는 도둑놈 심보를 쓰레기통에 버려라. 왜 주위를 둘러보면 아무도 없는 고립무원이 되는지 스스로 고민하고 반성해야 한다.

● 재능과 나눔

두 명의 낚시고수 옆에 사람들이 모여 들어 낚싯대를 드리우고 앉았지만 고기는 쉽게 낚이지 않았다. 두 명의 고수 중 한명은 방해를 받지 않고 혼자 낚시를 했다. 하지만 다른 한명은 고기 낚는 비법을 알려주고 "열 마리를 잡을 때마다 한마리만 주고 열 마리가 되지 않으면 주지 않아도 됩니다"라는 제안을 하고 옆에 있는 사람들에게 차례로 비법을 전수했다.

날이 저물자 이 낚시꾼은 열성적으로 가르치느라고 물고기를 한 마리도 잡지 못했다. 하지만 그의 바구니에는 물고기로 가득했다. 게다가 비법을 전수받은 사람들은 모두 그의 친구가 되었으며, 여기저기서 존경의 눈길로 그를 불렀다. 그와 반대로 또 다른 한 명의 낚시꾼은 남을 위해 봉사하고 누리는 기쁨을 전혀 알지 못했다. 그의 곁에는 아무도 다가서지 않았다. 하루 종일 혼자 낚시에 골몰하던 그의 바구니는 비법을 전수하느라 낚시할 시간을 다 써버린 동료보다 훨씬 적은 양의 물고기가 담겨 있었다.

뛰어난 재능을 갖고 있다 해도 다른 사람들과 나누지 못하면 활용성이 작고 큰 성과를 내기 어렵다. 남에게 내가 가진 것을 나눠주고 봉사하는 것은 내 것을 더 크게 만들고 여러 사람들과 더불어 많은 성취를 이루는 길이다. 복은 나눌수록 커진다

담을 넘을 수 있다.
한계를 극복할 수 있다.

T A C K L E

자유롭고 평화로운 세상에서 고결한 영혼, 건강한 육체와 정신, 뛰어난 지능과 따뜻한 감성, 긍정 마인드, 지혜롭고 자애로운 부모, 풍요로운 양육조건을 가지고 태어나는 것만으로는 충분하지 않다. 중요한 것은 이러한 축복을 어떻게 활용하느냐에 있다. 입에 은 스푼을 물고 태어났어도 비천한 나락으로 떨어질 수 있고 개천에서 났어도 여전히 용으로 승천할 수 있다.

그래서 인생은 살만하다. 환경 탓할 거 없다. 현재 대한민국 땅에서 살아가는 청년이라면 비참한 전쟁과 기근과 질병이 만연한 사회에서 살아가고 있지 않다. 남의 나라 식민지 국민으로 살아가고 있는 것도 아니다. 누구나 꿈과 희망을 품고 열심히 하면 성공할 수 있는 자유의 땅에서 살고 있다.

박새의 사례를 기억하자. 혹시 '나는 왜 이런 형편일까?'라고 한탄하는가? 서식지의 환경이 척박할수록 지능과 생존본능이 뛰어나다는 것을 당신의 자부심으로 여기라. 온실 속의 화초 신세가 아님을 다행으로 여기라. 처한 환경이 척박하고 가진 자원이 부족하다고 좌절하지 마라. 현실에 안주하지도 마라. 누구나 환경의 제약을 깨치고 밖으로 뛰쳐나갈 수 있다. 담을 넘을 수 있다. 한계를 극복할 수 있다.

필자의 은사님인 강석규 호서대학교 설립자 겸 명예총장은 1913년 빈농의
아들로 태어나 많이 굶었고 중학교는 갈 엄두도 못 내어 독학으로 서울대 공
대에 입학하여 총학생 회장을 거쳤다. 중고등학교와 전문대, 대학교를 설립했
고 초등교사 6년, 중고교사와 교장 18년, 대학교수 16년, 총장 30년 총 70년
간 교육 분야에 종사했다. 평생 '하면 된다. 할 수 있다'의 신념을 몸소 실천하
고 전파했다. 『성공의 습관』이란 저서를 통해 "한 번 주어진 인생인데 해보지
도 않고 포기한다면 너무나 불쌍하지 않은가?"라고 우리에게 묻고 있다.

● 경쟁에서 이기는 법

취업난이 가중되고 있다. 취업이 쉽지 않음을 잘 알고 있다. 국가경제가 좋
아지기를 넋 놓고 기다리고 있을 수만도 없다. 문제의 해결은 스스로 해야 한
다. 어차피 경쟁사회. 경쟁에서 이기는 법을 배우면 된다. 스펙 Spec 이나 능
력이 아닌 역량 Competences 을 키워라. 그리고 당신이 승리할 가능성이 높은
곳으로 가라. 미래 변화에 관심을 갖고 뜨는 시장 Markets , 뜰 분야로 가라.
골리앗과의 싸움에 앞서 사울 왕이 갑옷을 입혀줬을 때 다윗은 자신의 몸에
맞지 않는다며 벗어 던지고, 자신의 주특기인 돌팔매에 쓸 강가의 돌을 골라
들었던 사실을 기억하자. 돼지도 폭풍의 길목에 서면 날 수 있음을 기억하자.
쥐떼가 '우~'하고 한쪽으로 몰려가는데 생각 없이 뒤따라가면 여전히 쥐에
불과하다. 제로섬 Zero Sum 시장에서 절대로 승리할 수 없다. 공부 적성 없는
데 승부가 빤한 경기를 하고 있는 건 바보나 할 짓이다. 가진 게 없을수록 게
임의 규칙이 불확실한 곳으로 가라. 복싱보다는 이종격투기를 하라. 세계경
영 대우 김우중 회장이 그랬듯 아프리카, 남미, 중앙아시아로 가는 것이다. 그

곳에는 경쟁자가 없었다고 했다. 의사 · 변호사 자격증 따서 정해진 '정원'안에 들어가는 뜯어먹기 경쟁이 아니라, 새로운 길을 열어가는 플러스 섬 Plus Sum 게임을 하면 된다. 그러면 건강하고 행복하게 오래오래 잘 살 수 있다. 여기까지가 1단계다.

하지만 나 혼자만 '잘 먹고 잘 살 수가 없다'는데 세상의 어려움이 있다. 세상은 그렇게 만들어져 있다. '혼자만의 역량'을 키우는 것으로 잠시 경쟁에서 승리할 수 있겠지만 인생에서 성공과 행복을 함께 얻기는 어렵다. '개처럼 벌어서 정승처럼 쓰라'는 얘기는 이제 옛말이 되었다. '정승처럼 벌어서 천사처럼 써야하는 시대'가 되었다. 이제 기업에게도 더욱 더 큰 사회적 책임과 봉사가 요청되고 있다. 고기가 물을 떠나서 살 수 없듯이 기업도 사회를 떠나서는 존재할 수 없기 때문이다. 기업이 그러하듯 당신도 무인도의 로빈슨 크루소가 아니다.

유한양행의 설립자 유일한 박사. 1926년 유한양행을 설립했고 국내 최초로 종업원 지주제를 실시했다. 기업은 사회를 위해 존재한다는 신념하에 아들 유일선에게 "대학까지 졸업시켰으니 앞으로는 자립해서 살아가라"라는 유언을 남겼다. 그리고 전 재산을 사회에 환원했다.

전설의 기부왕 척 피니 Chuck Feeney 는 록펠러, 카네기의 책을 읽으며 '참된 부가 무엇인가'에 대해 고민을 했다. 사업 번창 후 돈을 '얼마나 빨리 그리고 효율적으로 쓸 수 있는가'를 성공의 평가기준으로 세웠다. 그리고 자신의 '돈'이 아니라 '척 피니'라는 '사람'으로 평가받기를 원했다.

여러분은 자신을 둘러싼 사회의 제도와 문제에 관심을 가져야만 한다. 여러분이 아무리 개인 역량 Competences 을 강화하고 열심히 산다고 하더라도 이것만으론 부족하다는데 삶의 어려움이 있다. 전쟁이 나면 어떻게 되는가? 화폐개혁이 실시되면? 사유재산제가 무너지면? 정치인이 제때 필요한 법을 마련하지 않으면? 정치가 잘못되면 여러분의 삶이 엉망이 될 수 있다. 예를 들면, 근로소득세와 법인세를 왕창 올리면 직장 다녀봐야 헛짓이고 밤낮없이 사업해봐야 다 정부에 빼앗기고 만다. 정치에 늘 관심을 가져야하는 근본적인 이유가 바로 여기에 있다.

여러분의 삶에 간섭하는 정치를 비난만 하지 말고 무엇을 하건 간에 삶의 현장에서 끊임없이 그들을 감시하고 비판하고 견제하라. 여러분의 피와 땀이 헛되지 않도록 늘 감시하라. 여러분 중 누군가는 책임 있는 정치의 길로 나서야 한다. 욕만 해대서는 우리사회의 발전과 미래를 담보하기 어렵기 때문이다 그리고 남은 자들은 성숙한 시민으로 그들을 지지하면 된다. 정치인이 깨끗하고 고고하게 살기를 기대하긴 매우 어렵다. 정치영역이 그렇기 때문이다. 시민들은 깨어 있어야 한다. 하지만 삶의 무게가 무겁다. 먹고 살기 고달프다. 직접 나서고 깨어 있기 어렵다. 우리가 건전한 시민단체를 도와줘야 하는 이유가 바로 여기에 있다.

● 당신 인생의 마지막 문장은?

'나는 사는 동안 내가 할 수 있는 모든 것을 다 했다.' 프랑스 대통령을 지낸 조르주 퐁피두 Georges Pompidou 의 묘비명은 '후회 없는 최고의 인생을 살다 간 사람'만이 적을 수 있는 인생의 마지막 문장이란 생각이 든다. 약간은 오만하게까지 느껴지는 통쾌한 생의 총결산이란 생각이 든다. '우물쭈물하다가 내 이럴 줄 알았다'는 노벨상 수상 작가이자 극작가였던 버나드 쇼 Bernard Shaw 의 인간적 회한이 담긴 묘비명과 비교하면 더욱 그렇다. 당신은 인생의 마지막 문장을 무어라 쓰고 싶은가?

윤석철 서울대 명예교수가 알프레드 테니슨Alfred Tennyson의 시 『The Oak』에 빗대어 멋진 강의를 한 적이 있다. 윤 교수는 '발가벗은 힘 Naked Strength'을 멋지게 재해석하고 있다.

나뭇잎을 다 떨군 겨울나무는 자신의 몸을 가릴 것이 없다. 한 때 무성했던 나뭇잎과 나뭇가지에 둥지 틀었던 새, 그늘 밑에 와서 쉬던 사람들조차 모두 떠나고 없다. 오직 자신의 벌거벗은 몸, 둥치와 가지만으로 겨울을 나야 한다.

사람도 마찬가지다. 사회적 지위나 재산, 명예, 권력, 배경 및 친교관계의 도움없이 명함없는 자신이 갖고 있는 본래적인 힘과 의지, '발가벗은 힘'만으로도 우뚝 설 수 있어야 한다. 그것만이 진정한 당신의 것이다. 그 힘으로 당신을 세우고, 경쟁을 헤쳐 나가며, 혼자만의 성공을 넘어 남들과 함께 하는 것이 진정한 행복을 창조하는 것이 아닐까 싶다.

새로운 한 해가 시작될 즈음에, 김홍기

———
세상 모든 지식과 경험은 책이 될 수 있습니다.
책은 가장 좋은 기록 매체이자 정보의 가치를 높이는 효과적인 도구입니다.

갈라북스는 다양한 생각과 정보가 담긴 여러분의 소중한 원고와 아이디어를 기다립니다.

– 출간 분야: 경제 · 경영/ 인문 · 사회 / 자기계발
– 원고 접수: galabooks@naver.com